그날까지 외과 의사

차트에 담지 못한 기록들

그날까지 외과 의사

강구정

사이언스 북스
SCIENCE BOOKS

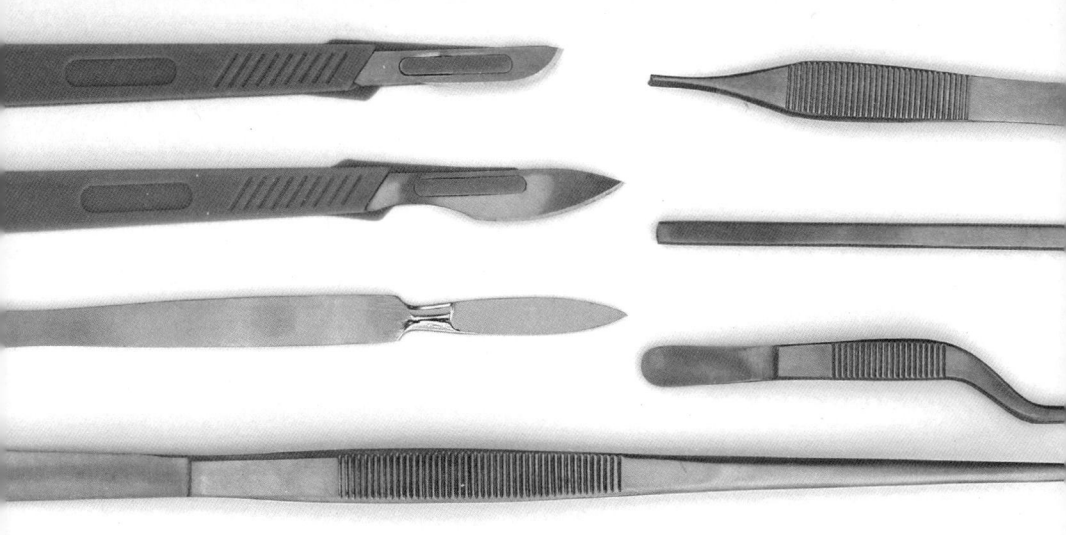

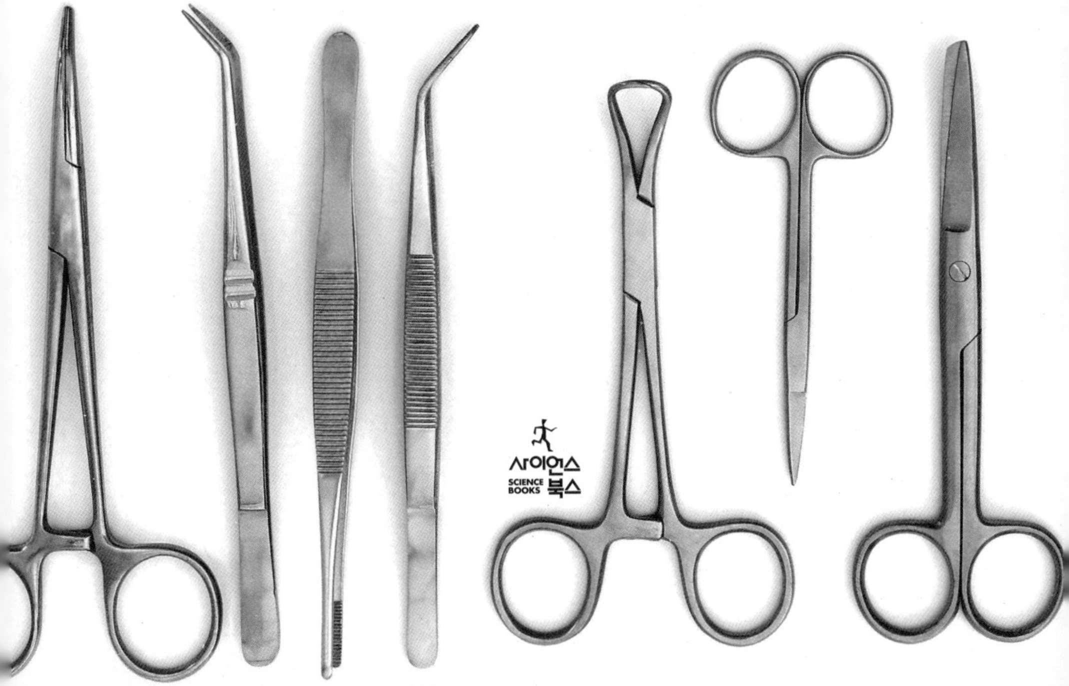

내가 만났던 모든 환자와 가족,

환자를 두고 고락을 같이 한 병원 식구들,

학회에서 경험과 지혜를 나누었던 동료 선후배 외과 의사들,

그리고 언제나 곁에서 지지하고 헌신해 준

아내에게 감사를 표합니다.

머리말: 바뀐 것과 바뀌지 않은 것

지금까지 살아오면서 나의 상황과 선택은 고정되어 있지 않고 끊임없이 바뀌었다. 선택의 기로에서는 그동안 품어 왔던 생각이 밑바탕이 되었지만, 최종 선택은 그 순간의 판단과 환경의 영향을 받았으며 모두가 내 뜻대로 된 것은 아니었다. 의예과 때는 수필과 소설 같은 문학에 빠져 책 읽기에 많은 시간을 보냈다. 본과에 진학해서는 생리학과 정신 의학을 깊이 들여다보았다. 고학년이 되면서 질병의 원리를 탐구하는 즐거움과 함께, 환자와 공감하고 연민을 나누며 살아가겠다는 생각으로 내과를 전공하겠다는 꿈을 품고 인턴을 시작했다. 그러나 인턴 과정 중 외과에 덜컥 붙잡혀 외과를 전공하게 되었다.

외과 전문의로서 초기에는 유방암에 관심을 갖고 축소 수술로 변화하는 유방암 수술을 익히며 국내외 유방암 관련 학술 대회에 참가하고 논문도 쓰면서 본격적으로 진로를 잡으려 했지만, 소속한 과의 여건이 바뀌어 난이도 높은 수술을 해내야 하는 간담췌(간·담도·췌장) 외과를 주전공으로 하게 되었다. 외과의 꽃은 간담췌 외과라고 생각해 오던 터라 내심 기쁘기도 했다. 이 길로 들어선 이후에는 어려운 간담췌 수술을 잘하기 위해 부단히 노력해야 했다.

간담췌 외과에 입문하던 1990년대 중반까지 간암, 담관암, 췌장암 등에 대한 근치적 수술은 수술 후 사망률이 높았고 생존율도 좋지 않았다. 간 이식은 이제 막 시작 단계였다. 1990년 시작된 복강경 수술도 여러 분야로 확장되어 가고 있었다. 나는 이왕 이 길로 들어선 만큼, 이 분야의 어려운 다섯 가지 수술을 모두 확립하고 서울의 유수 기관과 맞먹는 결과를 이루어야겠다는 목표를 세웠다. 바로 다양한 복강경 수술, 안전한 간 절제술, 안전한 췌십이지장 절제술, 간문부 담관암 수술, 간 이식이다.

우선 이승규 교수의 간 수술과 간 이식 수술을 보기 위해 서울아산 병원을 찾았고, 다나카 고이치(田中宏一) 교수의 생체 부분 간 이식을 배우기 위해 두 달간 교토 대학교 병원에 머물면서 견학했다. 이때 간문부 담관암 수술에서 최고 성적을 기록해 온 니무라 유지(二村雄次) 교수의 수술을 보기 위해 간 나고야 대학교 병원에서, 당시에는 한 달에 한 건 정도 있었던 간문부 담관암 수술을 견학하는 행운도 누렸다. 간 수술과 간의 손상에 관한 실험을 위해 미국 듀크 대학교 병원 간·담·췌장 및 간 이식 외과에서 1년간 실험 연구 및 임상 연수를 할 수 있었던 것은 큰 행운이었다. 여기에서 연구와 임상 모두에 탁월했던 지도자 피에르알랭 클라비엔(Pierre-Alain Clavien) 교수를 만나 안전한 간 절제 수술의 기초를 확립할 수 있었다.

듀크 대학교에 연수 중 존스 홉킨스 대학 병원에 잠시 머물면서 췌장암 수술의 대가 존 캐머런(John Cameron) 교수의 췌십이지장 수술을 견학한 것도 췌장암 수술의 안정화에 초석이 되었다. 그는 수술을 돕는 전임의(펠로)들에게 한국에서 온 나를 소개하면서 인천 상륙 작전을 지휘한 더글러스 맥아더(Douglas MacArthur) 장군의 지혜를 그들에게 들려주었다. 수술 중 그와 나눈 대화를 통해서도 거장의 자세와 품격이 어떠한지를 알 수 있었다. 배움의 과정에서 어느 곳에 가든지 열심히 가르쳐 주었고 나는 열심히 배웠다. 10여 년이 지나 처음에 목표했던 다섯 가지 수술을 거의 확립했다. 간담췌 외과에 들어온 여러 전임의 및 젊은 교수들의 헌신에 힘입은 결과다.

간암 수술을 안정화하고 적극적으로 시행하면서 간암 조직과 임상 데이터를 모았다. 같은 병기의 환자들이 암을 완전히 뿌리 뽑는 수술을 잘 마쳐도 왜 어떤 환자는 장기간 재발 없이 잘 살아가고 어떤 환자는 일찍 재발하는가에 의문을 품게 되었다. 이 비밀을 풀 열쇠는 환자가 가지고 있는 기본 유전자와 새로 발생한 간암 유전자 사이에서 개인마다 다른 특성에 있으리라 생각했다. 간암 조직을 떼어낸 직후 곧바로 섭씨 -170도의 액체 질소 탱크에 냉동 보관해 유전자 분석을 도모하고자 했다. 수백 명의 수술이 이루어졌을 때 국내 생명 과학 연구자의 도움으로 수백 건의 정상 간 조직과 간암 조직의 유전자 데이터를 각각 얻었다. 수만 개나 되는 유전자 데이터를 확보했지만, 임상 결과나 예후와 결부해 그 연관성을 분석하는 작업은 넘어야 할 또 다른 큰 산으로 다가왔다.

데이터를 들고 이 분야 연구를 선도하는 메이요 클리닉의 루이스 로버츠(Louis Roberts) 교수를 찾아갔다. 여기서 6개월간 머물면서 중국에서 온 내 또래의 의사 출신 생물 정보 통계학자 선지푸(孫之福) 교수를 만나 방대한 유전자 데이터를 다각도로 분석해 보았다. 그러나 복잡하게 엉킨 실타래를 풀어내는 작업은 쉽지 않았다. 유전자 연구와는 별개로 1년의 반이 겨울이며 1월에는 섭씨 -40도를 오르내리는 조그만 시골 도시 로체스터에 자리잡은 메이요 클리닉이 어떻게 미국 최고의 병원이 되었는지 그 역사와 시스템을 들여다 보게 된 것도 큰 행운이었다. 여기서 미국 국립 보건원(National Intitute of Health, NIH)에서 거액의 국가 예산을 들여 연구하는 암 유전체 지도(The Cancer Genome Atlas, TCGA) 프로젝트의 책임자인 로버츠 교수와 맺은 인연으로 공동 컨소시엄에 참여해 그동안 보관했던 간암 조직과 임상 데이터를 제공해 그 연구를 완성하는 데 기여하게 되었다. 그 결과는 생명 과학 연구 분야의 최고 학술지인 《셀(*Cell*)》과 《네이처(*Nature*)》에 연이어 발표되었고 나와 연구를 같이 해 온 안근수 교수와 함께 공동 저자로 이름을 올릴 수 있었다.

의과 대학에는 의료 윤리 교육이나 의료 인문학 교육이 있지만, 강의 중심의 교육만으로는 한계가 있다. 수술 후 부수적인 치료를 위해 다른 과에 의뢰했을 때나 수술을 의뢰받은 환자들의 이야기를 들으면서 특히 젊은 의사들이 환자에게 사용하는 어휘나 화법, 태도가 좀 무례하다는 생각을 자주 하게 되었다. 이를 계기로 5~6년 전부터 본과 2, 3학년 학생을 대상으로 간접적인 인성 교육 방안을 고려하게 되었고, 의료 인문학 교육의 일환으로 '의사와 문학, 그리고 예술'이란 과목의 책임을 맡아 왔다. 의사로서 환자에게 어떤 어휘를 사용하고 어떤 태도를 유지해야 하는가에 대한 신념이 있지만, 그것을 학생들에게 주입하는 방식이 먹혀드는 세대가 아니라고 생각했다. 대신 내가 접하고 읽었던 의학 관련 에세이나 소설 등 고전 양서를 독서 후 발표, 토의하게 하며 필요할 때만 논평하는 식으로 수업을 진행했다. 이 기획은 주효해 제한된 수강자 명단에 들어가려면 명절 열차표 구매처럼 수강 신청 첫날 '광클릭'을 해야 한다고 실습 나온 학생이 나중에 들려주었다.

지금까지 살아오면서 어떤 선택이든 그 이후에는 이전에 보지 못했던 새로운 세계가 펼쳐졌다. 생각과 경험이 다양해지면서 선택 이전에 그리던 것보다 훨씬 넓고 깊은 세상이 내 앞에 열렸다. 한 봉우리를 넘으면 더 높은 산이 나타났고, 다시 오르는 길은 고되었지만 아름다운 풍경을 수없이 감상하며 즐거움을 느꼈다. 치료하기 어려운 간담췌 질환을 진단받고 당황하는 환자들과 고민하며 치료해 가는 과정에서 수술은 물론 수술 전후 환자나 가족과 나누는 대화마저 '치유의 예술'이라 생각하며 그 세계에 푹 빠졌다. 경험하고 치료한 환자들의 데이터를 가능한 한 꼼꼼히 기록하고 분석한 후 학술 대회에 발표했다. 때로는 격려를, 때로는 비평을 받았다. 다른 발표자의 이야기에 귀 기울이며 공감하거나 비평을 더하는 학술 대회는 참가자와 학술 단체 모두가 발전하고 환자들에게 더 나은 진료를 제공하기 위한 발판이 되었다. 이렇게 의학과 의술의 발전 과정을 몸소 체득하면서 탁월한 국내외 학자들과 교분을 나눈 것은 큰 소득이고 기쁨이었다. 이 모든 과정 중에서도 내가 만난 환자들은 나의 가장 좋은 스승이었다.

상황과 생각이 바뀌면서 선택 또한 달라졌지만, 바뀌지 않은 것이 하나 있다. 대학생 시절 『성경』에서 읽고 가슴 깊이 새긴 가치관이다.

"너희는 목숨을 위해 무엇을 먹을까 무엇을 마실까 몸을 위해 무엇을 입을까 염려하지 말라. 너희는 먼저 그의 나라와 그의 의를 구하라. 그리하면 이 모든 것을 너희에게 더하시리라."

'그의 나라와 그의 의'란 외과 의사인 나에게 무엇인가? 그것은 내 앞에 다가온 환자에게 최고의 진료로 아픈 곳을 낫게 하고 건강을 회복해 기쁘게 일상으로 돌아가게 하는 일이라고 생각했다. 최고의 진료를 위해 배움에 힘썼다. 공자(孔子)의 말대로 배우고 익힘이 즐거웠기 때문이다. 배움의 목표가 생기면 세계 어느 곳이든 찾아 나섰다. 힘들기도 했지만, 성취와 즐거움도 많았다.

수술대 앞이나 중환자실 앞에서 마음을 가다듬을 때, 간혹 환자를 극적으로 살려내고 벅찬 기쁨에 젖을 때, 그리고 예상치 못한 전개로 환자를 잃고 깊은 상실감에 젖을 때마다 나는 메모장을 꺼냈다. 짧은 문장이라도 지나간 마음의 흔적을 남기고자 했다. 회의차 서울을 오르내리던 고속 열차와 국제 학술 대회로 향하는 비행기 안에서도 환자 진료에 관한 생각들을 정리해 기록해 왔다. 이 기록들을 다듬어 한 권의 책으로 묶었다. 여기 기록 중에는 자랑처럼 보이는 것도 있고 내어 보이기 민망한 내밀한 내용도 있어서 낯뜨겁기까지 하지만, 진정성을 담아야 한다고 생각하며 그대로 두었다. 간 이식에 관한 글이 많이 포함된 것은 간 이식 환자를 두고 고민이 깊었으며 가장 극적이었기 때문이다.

대학 병원의 외과 교수로서 환자 진료와 수술, 학생과 전공의 교육, 학술 대회 발표 준비와 논문 작성에 절대적으로 많은 시간을 쏟아야 했다. 정시에 출퇴근하고 가정에서 남편과 아버지의 역할을 다하면서 다가오는 일과 일정을 소화하고 전문성에서 도약하기란 불가능했을 것이다. 병원 업무와 가정사가 겹치면 늘 몸은 병원과 환자 앞에 서 있었고, 예정된 학술 대회에서의 역할을 감당할 수밖에 없었다. 특히 젊은 시절과 중년의 한가운데, 남편과 아버지로서의 역할을 필요로 할 때 나는 너무나 자주 그 자리에 없었다. 그럼에도 불구하고 늘 참고, 지지하고 후원해 준 아내와 바르게 커서 가정을 꾸리고 사회에 튼실히 자리 잡은 자녀들에게 깊은 고마움을 전한다. '그의 나라와 그의 의'를 이루는 데 힘을 쓰니 먹을 것, 마실 것과 입을 것을 모두 챙겨 주시는 하나님의 인도하심에 진심으로 감사를 드린다. 이 글을 쓰는 데 많은 조언과 더불어 교정 과정에서 탁월한 식견으로 충고하거나 도움을 준 안근수 교수, 친구 최성재 선생과 장희석 변호사에게 깊은 감사를 표한다.

마지막으로 서투른 원고를 꼼꼼히 챙겨 윤기가 흐르도록 다듬어 근사한 책으로 엮어 준 ㈜사이언스북스 편집부에도 감사드린다.

2025년 6월

강구정

차례

머리말: 바뀐 것과 바뀌지 않은 것
7

**1부
나를 찾아가는 여정**

외과 의사 인생의 전환점
21

다시 찾아온 기회
31

간암 유전자를 찾아서
39

인생은 짧고 의술은 길다
51

명의보다 명(名)시스템의 시대
59

까칠한 의사, 인자한 의사
71

수술보다 어려운 싸움
79

청진기 하나로 얻은 행운
91

코로나 바이러스 전투의 최전선에서
101

격리된 외과의: 코로나와 함께한 15일
111

2부
메스 하나로 죽음에 맞서며

나눔으로 피어난 생명
133

간 이식이 바꾼 한 가정의 운명
141

생사를 가른 간 이식의 순간들
153

혈액형의 벽을 넘어
173

치열한 고민과 값진 기쁨
181

무엇을 희생할 것인가?
191

환자와 신사용 가방
199

그리고 평화한 나날이
207

설악산 산행과 간암 환자 치료
215

3부
치유를 향한 길, 의술과 예술

치유의 예술
231

거장의 지혜, 천재의 선율
239

외과 의사, 역량의 절정기는 언제일까?
247

세렌디피티
255

예정인가 우연인가?
263

의사와 전문가 정신
275

무너진 필수 의료
283

한국 의료의 도약과 도전
289

한국의 의료 황금닭을 더 키우려면
297

아름다운 마무리
309

맺음말: 그게 인생이지
317

후주
320

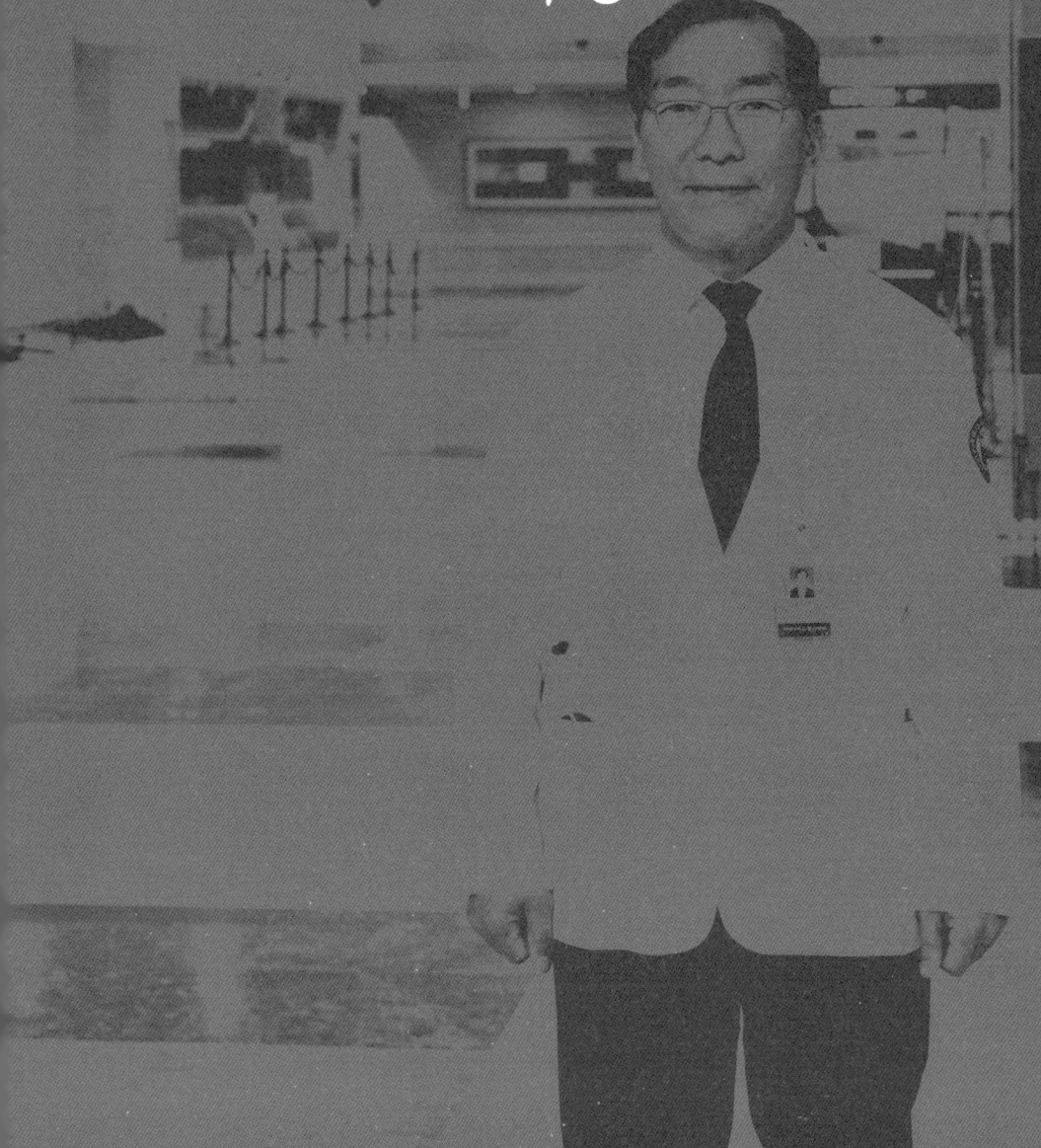

1부
나를 찾아가는 여정

외과 의사 인생의 전환점

간 절제 수술을 안전하게 진행하려면, 첫째, 간의 해부 구조를 이해하고 수술 전에 절제 범위를 상정해 남은 간으로도 살아갈 수 있을 만큼의 기능을 유지해야 한다. 둘째, 절제하는 동안 출혈이 적어야 한다. 간은 해부학적으로 눈송이 모양으로 배열된 간세포 결합체 사이에 담관, 간동맥, 간문맥 및 간정맥이 거미줄처럼 얽혀 있다. 그러니 간을 절제하면 피가 계속해서 흘러나올 것임은 자명한 일이다. 이를 막기 위한 첫 실험 논문이 지금으로부터 120여 년 전 《외과 연감(Annals of Surgery)》에 발표되었다.[1] 간으로 흘러 들어가는 혈관을 일시적으로 압박해 환자의 손상된 간엽 절제에 성공할 수 있었다. 스코틀랜드 글래스고의 외과 의사 제임스 호가스 프링글(James Hogarth Pringle)의 업적이다. 이 수술은 사람에게 적용하기 전 토끼 실험을 통해 성공 가능성을 확신했다. 그래서 요즘도 간혈류 차단법을 프링글 기법(Pringle maneuver)이라고 부른다. 이 기법으로 간동맥, 간문맥 및 담관을 함께 압박해 출혈을 줄이고 간 절제 수술에 안정을 기하게 되었다.

그러나 프링글 기법으로 간혈류를 차단하면 간에 피가 공급되지 않아 손상을 초래할 수 있다. 혈류를 언제까지 차단해도 안전한지에 대한 기준은 1980년대까지 명확히 밝혀지지 않았다. 또한 뇌사자의 간 이식이 활발히 시행되면서 이식을 위해 떼어 놓은 간을 차가운 보존액에 보관하는데, 이 또한 언제까지 보관해도 되는지가 확립되지 않은 시기였다. 내가 전공의(레지던트) 수련 때부터 가졌던 의문이다. 이러한 주제를 '간 허혈 재관류 손상(liver ischaemia–reperfusion injury, LIRI)'이라고 한다. 이것은 간뿐만 아니라 심장, 신장 이식에서도 중요한 주제다. 관련 논문을 찾아보니 미국 듀크 대학교 병원의 간·담·췌장 및 간 이식 외과 피에르알랭 클라비엔 교수 팀의 연구가 가장 앞서 있었다.

어느 날 도서관에서 의학 학술지를 뒤지다가 간 이식 분야의 국제 교류 연구원 모집 광고를 보고 곧바로 편지를 보냈다. 당시만 해도 종이 우편을 이용했기에 지금처럼 빠른 교신이 이루어지지 않던 시기로, 긴급한 경우는 특급 우편이나 페덱스를 사용했다. 몇 주가 지나 사전에 시간을 정한 뒤 미국에서 걸려온 국제 전화로 인터뷰를 진행했고, 듀크 대학교 병원 간담도·간 이식 외과의 교환 방문 연구원으로 최종 선정되었다. 졸업할 때 외국 의과 대학 졸업자를 위한 미국 교육 위원회(Educational Commission for Foreign Medical Graduates, ECFMG) 인증을 받아 두었던 것이 선발에 중요한 역할을 했다.

이후 출국 준비로 몇 주 동안을 정신없이 보냈다. 2주 전에는 간문부 담관암 수술이 큰 부담이었는데, 선배 J 교수님과 함께 근 10시간 동안의 노력으로 거의 완벽하게 마쳐 한숨 덜었다. 수술 결과는 수술이 마무리될 무렵 어느 정도 가늠이 된다. 수술이 깔끔하지 못하면 이후 합병증 발생 빈도가 높아지며 환자를 돌보는 데 많은 시간이 소요된다. 미국 연수를 앞두고 제대로 수술을 마쳐 큰 위안과 함께 자신감을 얻었다. 일주일 전부터는 본격적으로 미국행 준비를 시작했다. 중간중간 환송 회식이 발목을 잡는다. 그냥 조용히 보내 주는 편이 더 나을 텐데, 우리네 정서상 먼 길을 떠나는 사람을 그냥 보낸다니 도리가 아니라고들 한다.

IMF 금융 위기 직후라 환율이 크게 올랐고 아이 셋과 함께 떠나야 했기에, 당장 얼마간의 생활비라도 마련하기 위해 살던 아파트를 전세로 내놓아야 했다. 출발을 일주일 앞둔 이틀 동안 가져갈 물품을 정리하고 이삿짐을 챙기면서 '일은 하던 사람이 해야 한다. 아무리 사소한 일도 전문가가 아니면 제대로 해내기 힘들다.'라는 지론을 다시금 확인했다. 시간이 흘러도 진척이 별로 없었다. 밤늦게까지 짐을 가방에 챙겨 넣고 이삿짐은 따로 박스에 정리했지만, 일이 줄어들지 않았다.

드디어 이삿짐을 옮기는 금요일이다. 나는 오전에 진료 예약이 잡혀 있었다. 집에서는 인부들이 이삿짐을 옮기는 작업을 진행하고 있었지만, 나는 병원에서 마지막으로 환자들을 만났다. 간암이나 담도암 수술 후 재발 징후가 있는 환자들은 1년 뒤에 다시 볼 수 있을지 장담하기 어렵다. 특히 "오늘이 마지막인가요?"라는 한 환자의 물음에는 마음이 먹먹해져 차오르는 눈물을 억제하기 힘들었다. 오후에 집으로 돌아오니 짐은 대부분 따로 마련한 장소로 옮겨져 있었다. 남은 짐은 이민 가방에 마지막으로 넣을 물건과 처가에 맡겨 두어야 할 물건들뿐이었다. 그것을 정리하는데도 자정을 넘도록 씨름해야 했다.

일요일 오후에는 고향의 아버님을 뵈러 갔다. 간 이식 수술의 대부 토머스 스타즐(Thomas Starzl) 박사는 자전적 에세이 『퍼즐 인간(The Puzzle People)』에서 새로운 일을 시작하기 전, 부친이 계시는 생가에 들러 축복을 받고자 먼 길도 마다치 않고 고향 시카고를 꼭 방문했다고 한다. 나도 저녁상을 앞에 놓고 아버지께 축복 기도를 부탁드렸다. 평소 자식들이 교회에 나가시라고 권유해도 항상 "나는 절대 교회에 안 간다. 너희들이 나를 따라와야지."라며 거절하시던 당신이지만, 이때는 주저하지 않고 기도를 해 주셨다.

고생만 하시다 세상을 떠나신 어머니의 모습이 아련히 떠올랐지만, 옆에 앉아 계시는 새어머니와 꼭 한번 미국 구경 오시라고 말씀드리고 밤 10시에 다시 집을 나섰다. 2시간 정도 머문 셈이다.

출국 당일은 대구 공항에서 새벽 7시 비행기를 타야 한다. 점검

할 일이 많아서 아무리 메모해도 부족한 것 같았다. 무언가 빠뜨리면 발사 73초 만에 폭발했던 우주왕복선 챌린저 호처럼 일이 크게 꼬일 듯한 불안감도 있었다. 예정된 시간에 맞춰 서울발 뉴욕행 비행기에 탑승한 후 몇 시간이 지나 비로소 평온을 찾을 수 있었다. 의과대학 시험 준비로 분초를 다투며 노트를 뒤적이다 시험지를 받아들면서 "이제는 어쩔 수 없다."라며 담담해지던 그때처럼, 여객기 좌석에 앉고 나서야 분주했던 지난 며칠을 모두 잊게 되었다. 창문 밖으로 보이는 알래스카 산맥을 스키장이라며 좋아하는 아이들을 보며, 가족을 새로운 세계로 인도하는 아버지로서의 자랑스러움이 밀려왔다.

**

미국 동남부에 위치한 노스캐롤라이나 주는 무더운 날씨와 풍부한 강수량 덕분에 농업이 발달한 지역이다. 특히 담배 농사로 유명한 이 지역에서 담배 수집상으로 시작해 담배 제조사, 나중에는 작은 수력발전소에서 생산한 전기를 중앙으로 모아 각 가정으로 공급하는 에너지 회사까지 설립해 남북 캐롤라이나 전체를 아우르는 대기업으로 일군 한 가문이 그 부(富)를 사회에 환원하고자 교육 사업에 투자한 것이 듀크 대학교다.

듀크 대학교가 있는 더럼은 아름드리나무가 빽빽이 들어선 인구 약 25만 명의 소도시다. 1920년대 중반, 듀크 사의 창업자인 워싱턴 듀크(Washington Duke)는 자신의 뜻을 친구에게 설명하고 넓은 숲이 있는 언덕을 기증받았다. 그는 언덕을 중심으로 학교를 설계했고, 가장 먼저 '듀크 채플(Duke Chapel)'이라는 예배당 터를 마련한 뒤 캠퍼스를 하나씩 확장해 나갔다. 그는 목사, 법관, 교육자, 의사를 사회에서 가장 중요한 지도자 그룹으로 보고 이 네 가지 직업군의 인재 양성에 집중했다. 따라서 듀크 대학교의 시작은 신학 대학, 법과 대학, 문과 대학, 의과 대학을 중점으로 육성하는 단과 대학이었다.

뉴욕, 보스턴, 워싱턴 D.C. 같은 북부 대도시와 달리 상대적으로 농촌 지역에 위치한 이 대학교는 교육, 생산, 경제 여건이 낙후된 볼티모어 남부에서 플로리다에 이르는 지역을 이끌 지도자 배출을 목표로 삼았다. 그 목표는 어느 정도 달성되어, 듀크 대학교는 이제 미국을 넘어 세계적으로도 저명한 지도자들을 배출하는 대학으로 자리매김했다. 워터게이트 사건으로 불명예 퇴진한 리처드 닉슨(Richard Nixon) 대통령, 그리고 현직 대통령의 성추문 사건이었던 '르윈스키 스캔들'을 수사한 케네스 스타(Kenneth Starr) 검사가 이곳 로스쿨 출신이며, 이 외에도 유명한 의사와 의학 연구자가 수없이 많다. 특히 의과 대학과 메디컬 센터는 캠퍼스의 절반 이상을 차지할 정도로 규모가 크고, 대학 명성의 중심에서 각종 연구와 진료를 선도하고 있다는 사실을 이곳에 머물며 실감하게 되었다. 한편 최근에는 동부 지역 대학 연맹 리그에서 매년 선두를 달리는 농구가 유명하다.

듀크 대학교의 명성을 상식 수준에서만 알고 있던 나는, 막상 도착해 보니 전원 도시 한가운데 울창한 숲으로 둘러싸인 캠퍼스, 그 안에서도 최고의 시설과 연구 환경을 갖춘 병원에서 공부하게 되었다는 사실에 안도감과 자부심을 느꼈다. 더럼에서 10킬로미터 떨어진 소도시 채플힐에는 미국에서도 역사가 깊고, 한국 유학생이 많은 200년 전통의 노스캐롤라이나 주립 대학교가 위치해 있다. 이 두 명문 대학교는 여러 면에서 경쟁 관계에 있었다.

더럼과 채플힐, 그리고 15킬로미터 정도 떨어진 노스캐롤라이나 주 주도인 롤리까지 세 도시를 선으로 연결하면 연구 삼각 지대(research triangle)라고 불리는 지역이 형성된다. 우리나라로 치면 대덕 연구 단지 같은 이곳에는 인근 명문 대학과 연계한 생명 과학 벤처 산업 단지가 들어서 있다. IBM을 비롯해 세계에서 가장 큰 제약 회사 중 하나인 글락소스미스클라인(GlaxoSmithKline, GSK), 그리고 통계 분석 소프트웨어로 유명한 SAS 인스티튜트(SAS Institute)의 연구 단지도 이곳에 있다. 내가 연수할 당시에는 인구 17만 명 남짓이었던 더럼은 도시 전체가 아름드리나무 숲에 뒤덮여 있어 시가지 전체를 조망 가능한 장소는 듀크 채플과 병원 11층 등 몇 군데뿐이었다. 도시 생활에 익숙한 사람은 자기가 파 놓은 굴만 기어 다니는 두더지 같은 단조로운 일상에 답답함을 느끼나, 전원 생활을 꿈꾸는 사람에게는 이상적인 평온함을 제공하는 곳이었다. 아파트 임대료와 물가가 비교적 저렴하고 교통 혼잡이나 공기 오염이 없다는 점에서 우리 가족은 이곳의 생활에 매우 만족했다.

볼티모어에 있는 존스 홉킨스 의과 대학은 근대 의학의 산실로 유명하다. 로베르트 코흐(Robert Koch)가 세균을 발견하고 소독 개념이 정립된 이후, 존스 홉킨스의 창립 교수 중 한 명인 윌리엄 할스

테드(William Halsted)는 1890년대에 소독된 수술 장갑을 처음으로 사용하고 유방암 수술의 기초를 확립하는 등 의학 발전에 크게 기여했다. 인턴 제도를 처음 시행하는 등 최고의 의학 연구를 이끌어 온 존스 홉킨스 의과 대학에서 초창기부터 교수들을 모셔 와서 적극 지원해 온 듀크 대학교는 급속한 성장을 거두었다. 전 세계 의과 대학의 필수 교과서인 『외과학(Textbook of Surgery)』의 저자 데이비드 새비스톤(David Sabiston)도 존스 홉킨스 출신이자 듀크 대학교 외과 주임 교수로서 30년간 외과 의사, 의학자 및 병원 행정가로서 일해 왔다.

우리나라에서 가장 유명하고 시설이 좋은 대학 병원은 수도 서울에 있지만, 미국은 다르다. 중동 왕족이나 석유 부자들이 자가용 비행기를 타고 진료를 받으러 가는 곳은 춥기로 유명한 북부 미네소타 주에 위치한 인구 12만 명의 작은 도시 로체스터에 있는 메이요 클리닉(Mayo Clinic)이다. 이 병원도 1800년대 말 시골 벌판에 외과 의사 메이요 형제가 최고의 진료와 의학 연구를 목표로 설립해 많은 독지가들이 헌납한 기금으로 병원과 연구 시설을 확장하며 미국 최고의 병원 반열에 올랐다. 듀크 대학교 병원도 플로리다와 남부 지역뿐만 아니라 중동이나 남아메리카의 부자들이 진료 받으러 오는 곳이기 때문에 스페인 어나 아랍 어 전문 통역인이 여러 명 상주하고 있었다.

나의 지도 교수인 피에르알랭 클라비엔은 스위스 제네바 출신의 외과 의사로, 간암 및 간 이식 연구와 임상 분야의 떠오르는 스타였다. 한국에서 그의 수술이나 연구 논문을 읽으며 동경하던 내가, 이제 그가 이끄는 연구 환경에서 함께 배우고 일할 수 있게 되었다는 사실이 감격스러웠다. 또한 우리 가족이 새로운 삶을 경험할 곳으로 생각되어 꿈에 부푼 안착이었다.

**

듀크 대학교 병원 의학 연구동에서 생쥐 간의 허혈/재관류 실험에 몰두한 결과 6개월 만에 좋은 결과를 얻어 이듬해 《외과 연감》에 논문으로 발표했다.[2] 이때 쥐 실험을 통해 간 손상을 어떻게 최소화할 수 있을까 고민하던 시간이 한국에 돌아와서 간 절제 수술과 간 이식 수술의 안전을 이루는 초석이 되었다. 또한 클라비엔 교수에게서 간 절제 수술, 간 이식 수술에 대한 판단 기준과 수술을 신속하게 진행하는 방법을 배웠다. 연수를 마치고 돌아오던 해 그는 모국 스위스 취리히 대학교 병원의 외과 주임 교수로 돌아갔고, 이후 외과계의 최고 저널인 《외과 연감》의 편집 책임을 맡아 현재까지도 활동하고 있다. 간담췌 외과 분야의 세계 학회에서 거목으로 자리매김한 그와 나눈 교분은 나의 국제 학회 활동에도 큰 힘이 되어 주었다.

다시 찾아온 기회

처음 메이요 클리닉에 갈 마음을 먹은 계기는 10년 전 조교수 시절, 도서관에서 의학 학술지를 뒤지던 중 맨 뒤편 광고를 본 후였다. 미국 밖에서 전문의 자격을 취득한 외과 의사를 구한다는 광고였다. '간 이식 임상 전임의' 1년 과정을 마친 후 본국에 돌아가서 일할 사람을 찾고 있었다. 단, ECFMG 인증을 받은 사람이어야 했다. 이 자격증은 미국 밖 의과 대학을 졸업한 사람이 미국에서 전공의 수련을 받을 수 있도록 자격을 인정해 주는 증서다.

나는 혹시 필요할지 몰라 의과 대학 졸업 당시 의사 국가 면허 시험과 비슷한 시기에 이 시험을 치러 합격해 두었다. 2년이 지나면 유효 기간이 소멸되는 TOEFL 시험을 근년에 다시 치렀고, ECFMG 인증도 받아 둔 상태였기에 신청만 하면 받아들여지리라 생각했다. 당시 간 이식 연수를 계획하고 있었기에 더할 나위 없이 좋은 기회라 여겨 그날로 필요 서류를 준비해 메이요 클리닉으로 보냈다.

2주일 정도 지나서 페덱스로 서류 봉투가 날아왔다. 합격이었다. 의과 대학 졸업 후 7년 차 수련 과정에 있는 의사와 같은, 예상 밖의 고연봉을 제공하면서 말이다. 그런데 단서 조항이 있었다. 내가 속한 기관에서 연수 기간 제공되는 연봉은 메이요 클리닉에 기부해야 한다는 조건이었다.

필요 서류와 기부금 3개월치를 보낸 지 석 달이 지나 비자 발급을 위한 마지막 서류가 마침내 왔다. 그러나 실망스럽게도 그 서류는 내가 보낸 ECFMG 자격증은 더 이상 유효하지 않고, 내가 졸업한 이후 바뀐 미국 의사 면허 시험(United States Medical License Examination, USMLE)을 통과 후 받은 ECFMG 자격증이어야 한다고 했다. 최근 미국 이민법이 바뀌어 이전 ECFMG 자격증으로는 더 이상 의사 자격으로 취업 비자를 발급하지 않는다는, 필라델피아 ECFMG 본부에서 발행한 근거 조항을 동봉하고 있었다. 이로써 내가 기대했던 메이요 클리닉의 간 이식 임상 전임의 과정은 무산되었다. 1년이란 세월을 더 기다린 뒤에야 마침내 미국 동남부의 명문 듀크 대학교 병원으로 연수를 떠날 수 있었다.

듀크 대학교 병원에서 간 수술, 간 이식에 필요한 실험과 임상 연구를 할 수 있었다. 귀국 후 이를 바탕으로 많은 간 절제를 시행했고,

간 이식 수술법도 확립했다. 10년이 지나 다시 6개월의 안식월을 얻은 까닭은 그동안 절제 수술 후 초저온 액체 질소 탱크에 보관해 두었던 암 조직에서 유전자를 추출해 간암 유전체의 발현이 환자 예후에 미치는 영향을 연구하기 위함이었다. 10년이라는 세월이 지나니 메이요 클리닉에 대한 좋지 않았던 기억이 전혀 떠오르지 않았다.

**

연말 송년회를 마치고 돌아온 밤, 왼쪽 옆구리에 심한 통증이 찾아왔다. 배를 움켜쥔 채 침실에서 나와 거실 마룻바닥에 엎드려 소리 내어 신음했다. 15분 정도 버텼지만, 도저히 견딜 수가 없어 아내와 아들을 깨워 응급실로 향했다. 직감적으로 요로 결석이라는 생각이 들었다. 복부 컴퓨터 단층 촬영(computed tomography, CT) 결과 왼쪽 신장 아래에 있는 요로 결석이 맞았다. 마약성 진통제인 페티딘(pethidine) 주사를 맞고 통증이 가라앉아 집으로 돌아온 후 몇 주 동안은 그날 저녁과 같은 통증은 없었다. 결석이 있다는 사실을 알게 되어서인지 왼쪽 옆구리가 좀 불편하다는 생각이 가끔 들었다. 3주쯤 지난 어느 날, 수술 중 경미한 통증을 느껴 수술 직후 다시 CT를 해 보니 결석이 처음 위치보다 4~5센티미터 더 내려와 있었다. 그러나 방광까지 도달하려면 여전히 상당한 거리를 둔 채였다.

메이요 클리닉 방문 연구 일정이 6주 뒤로 잡혀 있었다. 엎친 데 덮친 격으로 미국 체류 중 혜택을 받기 위해 가입한 의료 보험은 한국에서 진단된 질병은 미국에서 문제가 생겨도 혜택을 받을 수 없다고 했다. 과도하게 높은 의료비 때문에 한국에서 수술 받고 가는 미국 교민을 여러 번 보았고, 나도 담낭 결석을 가진 환자를 여럿 수술했다. 치솟는 환율까지 고려하면 출국 전 요로 결석을 반드시 해결해야만 하는 절박한 상황이었다. 출국을 다음 학기나 1년 뒤로 미룰까 하는 생각도 했지만, 직장이나 가정의 형편을 고려하면 여러모로 곤란했다. 살아오면서 내가 배운 것이 하나 있다면 만사에는 다 때가 있다는 사실이다. 나는 돈보다 때를 놓치는 것이 더 큰 손실이라 생각하며 살아왔다.

비뇨기과 교수는 크기가 4~5밀리미터 되는 결석은 체외 충격파 쇄석술에 잘 깨지지 않는다고 했지만, 깨지지는 않더라도 흔들리면서 더 잘 내려갈 수도 있다는 설명을 실무자인 전공의에게 듣고 매주 한 차례씩 세 번 충격파 쇄석술을 시도했다. 출국을 3주 앞두고 찍은 CT에서 결석은 방광에서 6~7센티미터 위쪽에 있었다. 이때 요로 결석 치료에 가장 경험이 많다는 P 교수님에게 자문을 구해 보라는 조언을 받았다. 전화를 드려 미국에 몇 달간 연수를 떠날 계획을 말씀드렸더니, 내 처지에 공감하시고는 방광 내시경으로 결석을 깨거나 끄집어내는 게 좋겠다며 CT 사진을 보지도 않고 수술을 잡아 주셨다. 출국 5일 전에 입원해 시술을 받고 그다음 날 퇴원하는 일정이었다.

마지막 쇄석술을 마치고 일주일이 지난 다음 방광 내시경 시술을 위한 입원 예약일에 CT를 해 보니 결석은 요관과 방광이 만나는 부위까지 내려와 있었다. 그 사진을 P 교수님에게 보여 드리자 결석이 거의 다 내려왔으며 90퍼센트 이상의 확률로 자연 배출되겠다고 했다.

　외과 의사지만 수술을 포함한 적극적인 치료는 가능한 한 최후의 수단으로 삼아야 한다는 신념을 지켜 왔던 나로서도 그냥 기다리는 편을 선택했다. 더욱 위안이 되었던 점은 그전까지 보였던 결석 상부 요관의 확장 소견이 사라졌다는 사실이었다. 신장에서 걸러진 소변이 이제는 큰 저항 없이 흘러내린다는 증거다.

　출국 일자를 2주간 미루어 놓았기에, 남은 보름 동안은 더는 걱정하지 않고 진료도 계속하며 필요한 물품을 챙기는 등 준비를 이어갔다. 그동안 간 이식 수술, 암 수술도 했기에 외래 진료실에서 관리해야 할 환자도 적지 않았다. 떠나기 전 마지막 진료를 받는 환자들에게 6개월간 돌보지 못하게 된다는 사실을 알리면서 출발 3일 전까지 진료했다. 아직 빠지지 않은 결석이 내려오기를 바라면서 틈틈이 물을 많이 마시기도 했다.

　고환율 시대에 달러를 한 푼이라도 아끼려고 아내는 갖가지 가재도구를 챙기고 있었다. 토요일 저녁 마지막으로 모든 짐을 싸며 밤늦도록 정리를 했다. 그런데 자정 무렵 시작된 하복부 통증이 점점 격렬해지더니 이제는 심한 구토를 동반하며 변의까지 느끼게 했다. 지금까지와는 비교할 수 없을 정도였다. 결석을 내려 보내면서 일어나는 통증 전달 신호는 동시에 구토와 변의를 함께 느끼게 하는 것 같았다. 미국 도착 후를 대비해 준비해 둔 페티딘과 비(非)마약성 진통제 디클로페낙 소듐(diclofenac sodium)을 아들을 시켜 엉덩이에 주사로 두 차례 맞고 나서야 통증이 가라앉아 밤잠을 잘 수 있었다.

새벽 5시에 통증이 다시 심해져서 주사를 맞고 잠을 두어 시간 더 잤다. 내일 미국행 비행기를 타는 것은 무리라 생각하며 항공사에 전화했으나 주말에는 사무실 문을 열지 않는다는 녹음 음성 응답만 들을 수 있었다. 2주 전 상담했던 P 교수님에게 전화해 지난밤 상황을 설명한 후 내일 아침 출국 비행기가 예정되어 있다고 이야기했다.

"예약 변경하지 마세요, 내일 무사히 출국하도록 해 드릴 테니 조금만 기다려 주세요. 병원에 전화한 후 전화를 할 테니."라고 하셨다. 금방 전화가 다시 왔다. "지금 곧바로 응급실로 가세요. 수술실에서 마취 후에 결석을 꺼내도록 하지요."

곧바로 병원 응급실로 가 간단한 검사 후 수술실로 실려 가서 수술대에 누웠다. 마취과 당직 선생은 "걱정하지 마세요. 잠깐 주무시고 일어나시면 됩니다."라고 말했다. 그 말대로 잠깐 잤다가 깬 듯한데 그곳은 회복실이었다. 비뇨기과 선생님이 성공적으로 결석을 깨서 제거했다고 이야기해 주었다. P 교수님도 오셔서, 결석이 마지막에 살짝 얼굴을 내밀고 있었는데 작은 겸자로 집어 당겨도 잘 나오지 않다가 초음파 탐촉자(probe)를 대서 조금 깨고 나니 쉽게 빠졌다고 설명했다.

안도의 한숨을 쉬면서 응급실 부속 대기실로 왔다. 그대로 집에 가도 될 것 같았다. 끼워 놓은 도뇨관이 자꾸 요의를 느끼게 해서 오래 두기가 불편했다. 환자가 도뇨관을 빼 달라고 호소하다가, 관이 빠지지 않게끔 방광 안에 물로 부풀려 놓은 풍선을 그냥 잡아당겨 상처를 입는 그 기분을 이해할 수 있었다. 응급실 인턴을 불러 요청하니 비뇨기과 당직 선생에게 확인한 후 곧바로 빼 주었다. 1시간 정도 머문 후 퇴원 수속을 했고 손수 운전해 퇴원했다.

그때까지 연구실에 머물고 계시는 P 교수님을 찾아 무엇으로도 다할 수 없다고 생각하며 나름대로 감사의 뜻을 표했지만, 끝까지 거절하셔서 나에게 큰 여운을 남겼다.

며칠째 폭탄 맞은 듯한 꼴이었던 집에 돌아와 아내와 짐을 꾸리고, 새벽 3시경에 잠시 눈을 붙였다가 7시에 김해 공항으로 출발했다. 예정 시간보다 30분 늦은 11시 30분에 김해 공항을 출발해 도쿄 나리타 공항에 도착하니 페덱스 화물기의 착륙 사고로 긴 활주로가 폐쇄되어 미국행 여객기의 이륙이 연기되었다는 소식이 들려왔다. 저녁까지 1,000명에 가까운 승객들이 공항에서 우왕좌왕했고 우리도 공항 로비에 반쯤 누워 시간을 보내고 있었다.

저녁 7시경, 항공사 고위 관계자가 결정을 내렸다는 안내 방송이 나왔다. 노스웨스턴 항공사의 로스엔젤레스행, 디트로이트행, 그리고 우리가 탈 미니애폴리스행 여객기까지 총 세 편의 항공편이 다음 날로 이륙을 연기했고, 승객들은 도쿄 시내 여러 호텔로 나뉘어 숙소를 제공받았다. 우리 가족은 항공사에서 마련한 특급 호텔에서 온천욕을 즐기며 피로에 지친 몸을 녹일 수 있었다.

다음 날 정오에 비행기는 정상적으로 이륙했고, 기내에서 맑은 정신으로 내과 교수님이 건네주신 헨리 블랙커비(Henry Blackaby)의

『영적 리더십(Spiritual leadership)』을 거의 다 읽었다. 지도자가 갖추어야 할 덕목과 피해야 할 태도를 믿음의 눈으로 정리한 이 책을 통해 많은 깨달음을 얻었다.

16시간의 비행을 거쳐 도착한 미네소타 로체스터 공항에는 중앙 대학교 내과 K 교수와 다른 연구원이 마중 나와 있었다. K 교수의 집에서 마련한 저녁 만찬으로 허기진 배를 채웠다. 길가의 깡마른 나무는 여전히 한겨울임을 시사했으나, 날씨는 듣던 것만큼 춥지는 않았고 마당의 양잔디는 초록색 잎을 뾰족하게 틔우고 있었다.

어려운 시기에 극적으로 요로 결석을 해결하고 미국 땅을 밟았다는 것이 신기하고 감사했다. 무엇보다 2박 3일 입원이 필요하던 일을 출발 24시간 전 단 몇 시간 만에 해결할 수 있었다는 사실이 믿기지 않았다. 수일간의 여정으로 지쳤던 우리를 뜻밖의 도쿄 체류로 잠시 숨을 고르게 하시고, 여기까지 안전하게 인도해 주신 손길에 그저 감사한 마음뿐이었다.

간암 유전자를 찾아서

같은 암이라도 환자에 따라 예후가 다른 이유는 무엇일까? 일차적으로는 암 진단 당시의 진행 정도, 즉 병기(病期)가 다르기 때문이다. 그런데 병기까지 같은 암이라면 왜 예후가 다를까? 저마다 갖고 태어나는 유전적 요인에 후천적 환경의 영향이 결합해 이 차이를 낳는 것이 아닐까 의문이 들었다. 그러나 이 의문을 풀려고 해도 2000년대 초반의 유전자 분석 기술은 걸음마 단계였다. 차세대 염기 서열 분석 장비(next generation sequencer, NGS)가 등장한 이후에야 단시간에 저비용으로 인체의 DNA와 RNA를 해독할 수 있게 되었다. 이때 단백질과 대사 물질을 계측하는 기술도 고도화되어 의료 빅 데이터가 망라적으로 축적되었고, 이를 분석해 의미를 부여하는 기술도 크게 진보했다.

이런 기술 혁신이 다양한 질환의 유전체(genome) 연구에 응용되면 희소 질환과 난치병의 원인을 밝히고 다인자 질환의 질환 감수성을 동정하는 데 도움을 줄 수 있다. 더 나아가 질환의 병태를 해명하고 치료 효과를 예측할 바이오마커(biomarker)를 동정하며, 유전자 기반 신약을 개발하는 등 다양한 방식으로 의학 발전에 기여할 수 있다.

나는 NGS 등장 전이었던 2002년부터 간 절제 수술을 본격적으로 늘리기 시작하면서 언젠가는 간암 유전자를 분석하려는 생각에 수술 후 간의 정상 조직, 암 조직, 그리고 혈액까지 3종 세트를 초저온 액체 질소 탱크에 보관하기 시작했다. 이때는 한국 인체 자원 은행 사업(Korea Biobank Project, KBP) 전이어서, 무쇠로 만든 질소 탱크를 사서 수술실 구석에 놓고 조직이 나오면 곧바로 작게 잘라 집어넣어 두었다.

"수술실에 이런 연구 장비를 두어서는 곤란합니다. 공간을 차지하고 안전 문제도 있지요. 다른 곳으로 옮겨 주세요."라는 수술실 수간호사의 지적을 받고 병리학 교실에 협조를 구했다. 병리학 교실의 저장실에 옮기니 그쪽 연구원의 도움으로 훨씬 편해졌다. 하지만 이제는 공동 연구로 진행하거나 비용을 내야 했다. 공동 연구를 선택했다. 이때부터 5년간 간세포암 환자의 샘플을 120여 사례 모았다. 환자의 임상 데이터도 스프레드시트 파일에 일일이 기록하며 유전자 분석 채비를 갖추었다.

당시 유전자 분석은 전령 RNA(mRNA) 발현량을 정량화하는 방식으로, 샘플당 분석 비용이 상당했다. 이 작업을 어디서 누가 해 줄 수 있을까? 학교 안에서 적절한 연구자를 찾았지만, 벤처 기업을 운영하던 그는 이내 학교를 떠나 버렸다. 논문 검색을 통해 수소문한 사람은 미국 국립 보건원(NIH)의 이주석 박사였다. 국내에는 없을까? 이주석 박사와 NIH에서 통계 분석을 담당한 적이 있는 대전 생명 공학 연구소의 추인선 박사가 적임자로 떠올랐다. 이분에게 내 의도와 계획을 설명했다. 그는 생명 과학을 전공한 부인과 함께 분석 능력은 있으나 간암 조직 샘플이 없다. 이런 행운이!

2주 뒤부터 병리과 연구원이 간에서 떼어 낸 간암 조직과 정상 조직을 소형 이송용 용기에 담아 추 박사의 부인이 근무하는 부산의 대학교 연구소로 보냈다. 분석은 3개월 후 완료되었다. 한 샘플당 약 4만 8000개의 유전자에 대한 RNA 발현량과 2만 7000여 유전자의 메틸화 정보가 제공되었다. 간암 조직과 정상 간 조직은 RNA 발현 량뿐만 아니라 메틸화 양상에서도 뚜렷한 차이를 보였다. 유전자의 프로모터(promoter) 부위, 즉 핵산 고리의 시작점이 메틸화되면 해당 유전자는 전사가 억제되어 기능을 상실하게 된다. 유전자가 존재하더라도 메틸화로 제 기능을 하지 못하는 것이다. 유전자 발현량이 증가했는데 기능이 멎어 버렸다면 이것을 어떻게 해석해야 할까? 원하던 데이터를 손에 얻었지만, 해석이라는 더 큰 산이 눈앞에 나타났다.

이 데이터를 환자의 임상 데이터와 연결하면 무언가 밝혀질까?

기존 예후 분석은 인자가 많아 봐야 30개 정도였기에 대부분 사회 과학 통계 패키지(statistical package for the social sciences, SPSS)나 통계 분석 시스템(statistical analysis system, SAS)으로 너끈히 분석할 수 있었다. 그러나 수만 개나 되는 유전 인자와 예후의 연관성을 어떻게 분석한다는 말인가? 논문 자료를 통해 국내 연구자를 탐색해 보았지만 마땅치 않았다. 그러다 듀크 대학교 연수 시절 초청 강의차 왔었던 메이요 클리닉의 그레고리 고어스(Gregory Gores) 교수와 연락했다. 미국 간 학회(American Association for the Study of Liver Disease, AASLD) 회장을 역임한 그라면 분명 적절한 연구자를 알고 있으리라 생각했기 때문이다. 전자 우편을 보내자 곧장 답이 왔다. 이 연구를 도울 적임자는 같은 과의 루이스 로버츠 교수라며 메일을 전달해 주었다. 그는 함께 연구하자는 제안과 함께 직접 연락을 주었고, 6개월 일정으로 메이요 클리닉에 머물게 되었다. 쉽지만은 않은 여정을 거쳐, 그해 여름 메이요에서 본격적인 연구에 돌입했다.

로버츠 교수는 연구보다는 임상에 집중하는 의사로 간암 및 담관암 조직이나 관련 효소, 물질에 대한 연구 방향을 지도하는 역할을 하고 있었다. 그러나 내 과제를 누가 분석해 줄 수 있을지를 모르는 상황이어서, 내가 직접 연구자를 탐색해야 했다. 미국 최고의 병원으로 손꼽히는 메이요 클리닉은 임상 진료뿐만 아니라 생명 과학 통계 분석에서도 최상의 역량을 보유하고 있다. 이곳의 생명 과학 통계 분석실에는 약 2,000명의 교수가 연구하고 있었으며, 그들을 지원하는 박사급 연구원 60여 명이 있었다. 한편 메이요 클리닉의

CTSA(Center for Translational Science Activities)는 젊은 연구자를 길러내는 산실로 유명했으며 임상 역학, 생물 통계학, 임상 연구 통계, 연구 책임자 교육 프로그램 등을 1년 연수, 혹은 2년 석사 과정으로 나누어 운영하고 있었다.

6개월 동안 교육을 이수하더라도 자격증은 받을 수 없었지만, 나는 가능한 한 많은 강의에 참여해 지식을 쌓으며 내 데이터를 분석해 줄 통계 전문가를 탐색했다. 두 달이 다 되어서야 적합한 사람을 만났다. 중국 톈진(天津)에서 의과 대학을 졸업한 후 병리학 전문의를 마치고 미국으로 온 선지푸 박사였다. 미국 의사 면허를 취득하고 다시 수련하는 과정이 여의치 않자, 미네소타 대학교에서 생물 통계학 석사 과정을 마치고 메이요 클리닉에 취직한 인물이었다.

그에게 연구 목적과 계획을 설명하자 그는 곧바로 핵심을 이해하고 분석 방식을 제시해 주었다. 가지고 있던 USB를 꺼내 컴퓨터에 꽂고 스프레드시트 데이터를 열었다. 유전자 통계 프로그램 파텍(Partek)을 배우는 중인데, 더 전문적인 프로그램인 사이토스케이프(Cytoscape)를 사용해 데이터를 프로그램에 맞게 변환한 후 분석하겠다고 했다. 얼마간 같이 지켜보았지만, 내가 익혀서 재현하기에는 너무 복잡했다. 데이터를 맡기고 이틀 후에 다시 만나기로 했다. 여기서도 공동 연구 개념으로 진행해 통계 분석 비용은 내지 않아도 되었다. 3주 동안 10여 차례의 만남을 통해 결과를 얻었다.

수만 개에 이르는 유전자 중, 어떤 것은 발현이 증가하고 어떤 것은 감소한다. 이러한 변화가 환자의 예후에 어떤 영향을 미치는가?

놀랍게도 단 하나, 혹은 소수의 유전자 변화만으로도 암 재발 여부와 생존율에 큰 영향을 미칠 수 있다. 이것을 알아내기란 파도치는 해변에서 바늘 하나 찾기만큼이나 어려운 작업이다. 그러나 바늘 하나를 찾기는 어렵지만, 고도로 정교한 컴퓨터 분석 기술을 통해 특정 질병의 예후를 결정짓는 유전자 수십 개가 시스템적으로 작용한다는 사실이 밝혀졌다. 이 분석을 통해 암의 재발에 큰 영향을 주는 mRNA 서열 10개와 메틸화된 유전자 10개를 찾아냈고, 이중에 상호 작용을 통해 예후에 영향을 미치는 유전자 12개를 최종적으로 규명해 낼 수 있었다.

남은 것은 연구 결과를 논문으로 정리하는 작업이었다. 방문 연구 비자 기한이 한 달밖에 남지 않은 상황에서 한국으로 돌아갈 채비를 하며 로버츠 교수 연구실의 한국인 연구자인 Y 박사와 데이터를 공유하며 논문 제출까지 협조를 구했다. 이 결과물을 얻기까지의 분석, 유전자 발현 패턴과 환자 예후와의 연관성, 연구 방법론과 결과까지 전체 과정을 담은 논문을 완성해 마침내 유전자 연구 논문을 주로 싣는 의학 학술지에 투고했다. 이 분야의 심사 위원은 기초 생물 의학 전문가들로 비평이 대단히 세심하고 까다롭다. 「간세포암종 재발과 연관된 유전자(Genes associated with recurrence of hepatocellular carcinoma)」라는 제목의 이 논문은 피인용 지수(impact factor)가 높은 학술지부터 제출했지만, 몇 차례 거절당한 후 마침내 피인용 지수가 높진 않으나 과학 기술 색인(science citation index, SCI)에 등재된 저널에서 게재 승인을 받았다.[1]

수술 후 지친 몸으로 간암 조직을 모으던 기억부터 유전자 분석 연구자를 찾아 전국을 헤매던 시간, 통계 분석을 위해 메이요 클리닉으로 떠나며 다짐했던 결심, 분석 전문가를 찾기 위해 동분서주하던 날들, 수많은 데이터 분석과 수정 끝에 마침내 유전자를 발견한 순간, 심사 과정에서 받은 비판에 대응하며 논문을 거듭 수정했던 과정까지, 그간의 여정이 주마등처럼 스쳐 지나갔다. 이 모든 시간을 나는 오직 목표를 향한 의지 하나로 버텨 냈다. 그렇게 많은 노력과 시간, 자원을 들였음에도 영향력이 그리 높지 않은 저널에 발표된 논문은 좀 초라해 보이기도 했다. 하지만 그 과정에서 많은 연구자와 관계를 맺었다는 소득이 있었다.

**

2012년 재선에 성공한 버락 오바마(Barack Obama) 대통령은 암 정복을 국가적 과제로 삼고, NIH 주관의 암 유전체 지도(TCGA) 프로젝트를 가속화했다. 33종류의 암 하나하나마다 책임자가 지정되었고, 간암 유전체 분석의 책임자로는 나를 초청했던 루이스 로버츠 교수가 선정되었다. 그 인연 덕분에 나도 이 프로젝트에 참가할 수 있게 되었다. 여기에는 메이요 클리닉, MD앤더슨(MD Anderson), 베데스다 국립 암 센터(NCI Bethesda)를 비롯한 미국 최고의 의료 연구 기관은 물론 하버드, 베일러, 서던 캘리포니아, 도쿄 대학교 등 세계 유수 대학의 연구자가 대거 참여하고 있었다.

우선 제일 첫 단계는 간암 조직을 모으는 일이었다. 미국 전역과 한중일 3국에서 모은 조직 샘플을 사용해 프로젝트가 진행되었다. 우리나라는 2008년부터 KBP를 시작한 덕분에 조직 확보가 비교적 수월해서, 2011년에는 간암뿐만 아니라 다양한 암 조직을 확보할 수 있었다.

나는 한국으로 돌아온 후 진료와 수술을 수행하면서 우리 병원에서 얻은 간암 조직과 혈액 152개 사례를 특수 용기에 담아 페덱스를 통해 미국으로 보냈다. 이 조직들은 NIH 암 센터에서 유효성 검사, 즉 조직이 상하지 않고 잘 보관되어 있는지를 확인하는 검사를 거쳐 유효한 샘플만 실제 분석에 사용된다. 우리가 보낸 152개 사례 중 73개 사례가 유효 판정을 받았다. 미국 전역에서 모은 샘플 중 유효성 검사를 통과한 것이 272개 사례이니 우리가 보낸 조직이 전체 자료에서 약 4분의 1에 해당했다. 단일 기관으로는 가장 많은 조직이었다.

이후 미국의 전문 기관에서 일곱 가지 항목으로 나누어 아이템별로 분석을 분담했다. 그 항목은 진유전체 염기 서열 분석(exome sequencing), 복제 수 변이 분석(copy number analysis), mRNA 염기 서열 분석(mRNA sequencing), 마이크로RNA 염기 서열 분석(miRNA sequencing), DNA 메틸화 분석(methylation), 단백질체 분석(proteomics)으로 하나하나 큰 노력과 비용이 드는 작업이었다.

2014년부터는 진행 상황을 보고하고 토의하는 화상 회의를 2주 간격으로 6개월간 진행했고, 각 분석 기관 연구원의 대면 세미나도

2014년과 2015년 두 차례 가졌다. 첫 번째 대면 세미나는 메이요 클리닉에서, 두 번째는 NIH가 위치한 메릴랜드 주 베데스다에서 열렸는데, 이 자리에서는 33개 암종을 대상으로 한 TCGA 프로젝트 전반의 연례 심포지엄과 간암 유전체 연구자들의 개별 회의도 함께 진행되었다. 나와 A 교수는 이 회의에 직접 참가하기 위해 메이요 클리닉, 그리고 베데스다에 갔다.

베데스다에서는 에어비앤비(airBnB)를 통해 인근 주택을 예약했다. 예정된 날, 로널드 레이건 워싱턴 국제 공항에 도착한 후 안내에 따라 지하철을 타고 베데스다 역에 내리니 집주인 C 여사가 혼다 어코드 승용차를 몰고 우리를 데리러 나왔다. 그녀는 대단히 친절히 우리를 맞이하며 집까지 안전하게 태워 주었다.

그녀는 매우 흥미로운 인물이었다. 디스커버리 채널의 고위 관리직으로 지식인의 품격을 느낄 수 있었다. 캘리포니아 주립 대학교 로스앤젤레스 캠퍼스(University of California, Los Angeles, UCLA)에 재학 중인 아들이 있고, 남편은 없다고 했다. 스위스 출신으로 독신으로 살다가 정자 기증을 통해 아이를 가졌다. 여기서 '정자 아버지(sperm father)'라는 용어를 처음으로 들어보았다. 이름도 얼굴도 모르고 단지 메이요 클리닉의 의사였다는 사실만 안다고 했다.

거실 벽과 고풍스러운 테이블에는 회사 관련 일로 남아메리카를 여행하면서 수집한 지역 소품들이 전시되어 있었다. 소파와 테이블은 고급스럽지는 않았지만, 매우 품위 있고 정갈하게 배치해 놓았다. 바깥에는 넓은 정원과 잘 가꾸어진 화초들이 있었고, 나무 울타리 너머로는 아름드리나무들이 신록의 가지를 늘어뜨려 정원을 감싸고 있었다.

아침 식사는 베이글과 과일잼, 치즈, 음료로 간단히 차려져 있었고, 거실 테이블 위에 놓아둔 채 그녀는 먼저 출근해 부재중이었다. 호텔 숙박비의 절반 수준으로 이틀간 머무는 동안 매우 편안했을 뿐 아니라, 전혀 다른 삶의 방식을 살아가는 사람의 일상을 간접적으로나마 느껴 볼 수 있었다.

이제 연구 데이터는 거의 완성되었고, 어느 학술지에 논문을 실을 것인가를 토의했다. 과학계 3대 학술지인 CNS, 즉《셀》,《네이처》,《사이언스(Science)》중《네이처》에 먼저 논문을 제출하기로 했다. 그러나 불행하게도 게재는 거절되었고 이후《셀》에 2017년 「간세포암종의 포괄적이고 통합적인 유전체 특성 분석(Comprehensive and Integrative Genomic Characterization of Hepatocellular Carcinoma)」으로 발표되었다.[2] 비슷한 시기에 TCGA 프로젝트의 33개의 암종별 성과를 정리한 논문도 발표되었다. 암의 세포 기원, 공통된 암화 과정, 암 종류별로 나타나는 이상 세포 신호 전달 경로(pathway)의 차이 등을 다룬 수십 편의 논문이 CNS 급의 저널에 실렸다.

버락 오바마 대통령의 정책 제안으로 시작된 이 연구는 33개 암종의 유전체를 통합 분석한 전체 유전체 지도가 「전체 유전체에 대한 범암종 분석(Pan-cancer analysis of whole genomes)」이란 논문으로 2020년《네이처》에 발표되는 것으로 10년간의 결실을 맺었다.[3] 나는 이 거대 프로젝트를 진행한 컨소시엄에 참가해, 분석에 사용된 재료와 임상 데이터를 제공한 것뿐이었지만 수백, 수천 명의 공저자 명단에 A 교수와 함께 이름을 올렸다. 가장 큰 성과는 33종류의 암, 1만 1000개가 넘는 환자의 검체를 통합적으로 유전자 분석해 각종 암에 대한 포괄적인 유전자 이상의 전체상을 해명했으며, 그러한 것들의 분자 분류가 제창되었다는 점이다. 미국은 이 프로젝트에 123억 달러(약 17조 원)를 투자했으며, 이는 국방(53퍼센트)에 이어 보건 의료(23.4퍼센트)가 두 번째로 많은 예산이 투입되는 분야임을 보여 준다.

미국에서는 전국 여러 거점에서 일반 질환부터 희소 질환에 이르기까지 다각적으로 유전체 코호트 연구를 추진하고 있으며, 기존의 유전체 코호트를 유기적으로 연결해 100만 명 이상의 연구 코호트를 구축하려 하고 있다. 영국에서는 보건청이 설립한 지노믹스 잉글랜드(Genomics England)를 중심으로 진행되었던 희귀 질환 및 암 환자의 전체 유전체를 분석하는 '100,000 유전체 프로젝트(100,000 Genomes Project)'가 이미 목표를 달성했고, 현재는 목표를 유전체 500만 개로 확장한 새로운 프로그램이 진행 중이다.

이외에도 세계 각국에서 다수의 대규모 유전체 프로젝트가 진행되고 있으며, 프로젝트 간의 소통을 위해 500개 이상의 조직이 협력해 '유전학 및 건강을 위한 국제 연맹(Global Alliance for Genomics and Health, GA4GH)'이 설립되었다. 일본 역시 일본 의료 연구 개발 기구(Japan Agency for Medical Research and Development, AMED)를 중심으로 대학, 연구소, 병원 등 전국 단위 협력 체계를 구성해 임상 정보와 개인 유전체 정보를 통합, 공유하며 유전체 의료 실현을 위한 프로젝트를 추진하고 있다.

　이러한 유전체 분석 프로젝트는 다수의 생체 시료를 바탕으로 횡단적, 종단적 분석을 통해 유전자와 질환의 인과 관계를 해명하려 한다. 따라서 각국에서는 저마다 거대 바이오뱅크 구축에 나서고 있다. 우리나라도 2008년 질병 관리청 국립 보건 연구원 산하에 국립 중앙 인체 자원 은행을 설립, 15년간 질환별로 다량의 관련 조직과 혈액 등을 보관 중이다. 하지만 시간이 지나면 생체 조직은 아무리 초저온 질소 탱크에 생체 냉동한다고 해도 유효성 검증에서 탈락해 연구 가치가 떨어진다.

　NIH의 10년짜리 암 유전체 프로젝트처럼 장기적 거대 연구를 꿈꾸고 실현하기 위해서는 통 큰 정책을 제시할 지도자와 정치적 의지, 이를 수행할 우수 인재가 있어야 한다. 현재 우리나라는 자연계 최상위권 인재의 절대 다수가 의과 대학으로 진학하지만, 졸업 후 이런 연구를 담당할 기초 의학 연구 분야에 진출하는 사람들은 가뭄에 콩 나듯 한다. 졸업생 중 우수 인력 다수가 피부 미용을 전공해 강남 개원가로 진출을 꿈꾸는 현실이 안타깝기만 하다.

인생은 짧고 의술은 길다

코로나19 바이러스가 유행하기 직전, 나는 수술 중 하늘이 빙빙 도는 어지럼증을 느끼며 그 자리에 그대로 쓰러졌다. 이틀 동안은 화장실조차 기어서 갈 정도로 몸을 가누기 힘들어, '이제 다시는 메스를 잡지 못하는 건 아닐까?'라는 생각에 낙담했다. 한 달 가까이 휴식한 끝에 일상 생활은 가능해졌지만, 이명은 지금도 계속되고 있다.

당시 어지럼증의 주된 원인은 스트레스였다고 생각된다. 쓰러지기 몇 주 전, 한 환자의 담낭 절제 수술을 집도했는데 예기치 못한 합병증이 발생해 환자가 사경을 헤매면서 그 일로 밤잠을 설치는 날이 계속되었다. 인공 호흡기로 버티던 환자는, 내가 아직 완전히 회복되기 전 어렵게 결정한 재수술 끝에 회복되었다. 회진을 위해 그가 입원한 병동에 들어설 때마다 어지럼증이 더 심해지곤 했다. 다행히 환자는 무사히 퇴원해 그에게도, 그리고 나에게도 큰 기쁨과 위안이 되었다.

올해 수술 중 또 한 번 쓰러졌다. 평형 기능을 담당하는 전정기관이 완전히 회복되지 않은 탓이다. 휴식이 필요했다. 그러나 이 휴식을 단지 회복만을 위한 시간으로 보내고 싶지는 않았다. 그동안 미뤄 두었던 인문학적 경험과 상상력을 확장할 기회로 삼고 싶었다. 하지만 어디에서, 언제?

대학 당국으로부터 3개월의 안식월을 허락받아 오래전부터 마음에 두고 있었던 스탠퍼드 의과 대학의 문을 두드렸다. '의료 인문학과 예술' 분야의 책임자인 브라이언트 린(Bryant Lin) 교수는 내 요청을 흔쾌히 받아 주었다. 인문학과 과학 기술의 교차점에서 살아가는 것을 좋아했던 스티브 잡스(Steve Jobs)가 활동한 무대가 새너제이 실리콘 밸리다. 미국 서부의 하버드라고도 불리는 스탠퍼드 대학교는 바로 그곳에 있다. 의학과 인문학을 접목해 보려는 뜻에서 출발하게 된 스탠퍼드행은 환갑을 넘긴 나이에도 나의 가슴을 두근거리게 했다.

환율이 최고점을 찍은 날, 아내와 대형 캐리어 2개씩을 들고 샌프란시스코행 비행기에 몸을 실었다. 1999년 듀크 대학교에 갔을 때도 IMF 외환 위기를 갓 넘긴 고환율 시대였고, 10여 년 전 메이요 클리닉에 갈 때도 리먼 브러더스 파산 사태 직후로 고환율이던 시절이었다. 왜 굳이 환율이 가장 높을 때, 물가도 가장 비싼 실리콘 밸리로 가느냐고 스스로 묻기도 했다. "날 때가 있고, 죽을 때가 있으며, 심을 때가 있고, 심은 것을 뽑을 때가 있다. 천하에 범사가 기한이 있고 때가 있다."라는 솔로몬의 시로 자답했다. 과실이 무르익는 그 순간을 포착해 수확해야 농부는 가장 맛있는 과일을 얻을 수 있다. 더 기다렸다가는 가을비가 1년 농사를 망칠지도 모른다. 카르페 디엠![1]

애플 사에 근무하는 조카의 도움으로 새너제이에 여장을 풀고, 전화 개통과 은행 계좌 개설, 중고차까지 필요한 모든 준비를 3일 만에 마쳤다. 도착한 지 닷새째 되는 날 칼트레인(Caltrain) 열차를 타고 팔로알토 역에 도착했다. 스탠퍼드 대학교 정문을 지나 캠퍼스를 가로질러, 과 사무실이 있는 에드워드 빌딩까지 25분가량 걸었다. 정문 양편에 줄지어 서 있는 굵고 키 큰 종려나무와 오래된 아름드리 낙엽수 숲은 고풍스러우면서도 풍요로웠고, 인공의 손길이 더해진 자연미가 넘쳐흘렀다. 우리나라 정원에서도 종종 볼 수 있는, 심은 지 오래되지 않은 산사나무 몇 그루도 눈에 띄었다. 다람쥐들이 눈앞을 가로지르며 종려나무 위를 분주히 오르내렸고, 캠퍼스 전체는 아름답고도 세련된 분위기로 가득했다.

사무원은 입구에 내 이름까지 달아 놓은 개인 연구실을 열어 보여 주었다. 고즈넉한 위치에 자리 잡은, 버튼 하나로 높이를 조절 가능한 고급 책상이 있는 연구실에 앉아 방문 교수에게 보내 준 따뜻한 환대에 감사했다. 초청 교수와 사무원이 함께 점심을 먹으며 3개월간의 계획에 대해 의견을 나누었다. 인문학 교실 행사 계획과 관련 강의 및 워크숍 등, 비교적 여유로운 일정이 담긴 이메일도 받았다. 다음 날 아침 대학 소식이 이메일로 공지되었다. 화학과 캐럴린 버토지(Carolyn Bertozzi) 교수가 2022년 노벨 화학상 수상자로 결정되었다는 내용이다. 어제 캠퍼스의 모습을 보며 "왕대밭에 왕대 난다."라는 속담을 떠올렸는데 오늘 그것을 확인한 셈이다.

**

의사 면허증과 함께 가슴에 새겼던 것은 예수의 산상 수훈 한 구절이다. "무엇을 먹을까 무엇을 마실까 무엇을 입을까 하지 말라. 이는 다 이방인들이 구하는 것이라. 너희는 먼저 그의 나라와 그의 의를 구하라. 그리하면 이 모든 것을 너희에게 더하시리라." 여기에 에리히 프롬(Erich Fromm)의 『소유냐 존재냐(To Have or to Be?)』의 핵심 가치를 더해 가슴에 패를 새겼다. 의사로서 소유(having)보다 행함(doing)에 가치를 두자는 다짐이었다. '아픈 환자들의 질병을 가장 잘 진단하고 치료하는 데 매진하면, 의식주는 염려하지 않아도 된다.' 이 패는 졸업 후 의사로서 살아가는 동안 길잡이가 되었고, 선택의 갈림길마다 무게추 역할을 해 왔다. 내과 의사가 되리라는 오랜 꿈을 접고 외과의 길에 뛰어든 것도, 듀크 대학교와 메이요 클리닉에 간 것도, 스탠퍼드 대학교에 오게 된 것도 그러한 선택의 결과였다. 지난 삶 속에서 때때로 『맹자(孟子)』「이루장구상(離婁章句上)」에 나오는 "불우지예 구전지훼(不虞之譽 求全之毀, 뜻하지 않게 영예를 얻을 수도 있고, 온전함을 구했으나 허물을 얻게 된다.)"를 경험했다.

2년 전부터 학교에서 '의사와 문학, 그리고 예술'이라는 강좌를 개설해 책임을 맡아 왔다. 외부 특강과 독서 발표를 격주로 진행하며 학생들이 환자와의 대화에서 오래도록 긍정적인 울림을 남길 소양을 제공하고자 했다. 특강 강연자로 시인, 소설가, 건축가, 신학자, 법률가, 화가, 사진가, 클래식 음악 칼럼니스트 등 다양한 사람이 참여했다. 독서 발표에서 다룬 책들은 프롬의 『소유냐 존재냐』, 헤르만 헤세(Hermann Hesse)의 『나르치스와 골드문트(Narziß und Goldmund)』, 오에 겐자부로(大江健三郎)의 『개인적인 체험(個人的な體驗)』, 버나드 라운(Bernard Lown)의 『치유의 예술을 찾아서(The Lost Art of Healing)』, 셔윈 눌랜드(Sherwin Nuland)의 『사람은 어떻게 죽음을 맞이하는가(How We Die)』, 알베르 카뮈(Albert Camus)의 『페스트(La Peste)』, 폴 칼라니티(Paul Kalanithi)의 『숨결이 바람 될 때(When Breath Becomes Air)』 등이다. 의학과 관련 없는 문학을 넣은 이유는 소설이나 문학책을 읽고 발표함으로써 강의만 들을 때보다 인문학적 상상력을 키울 수 있다고 생각했기 때문이다.

이중 폴 칼라니티의 『숨결이 바람 될 때』는 국내외에 큰 반향을 불러일으킨 논픽션이다. 그의 부친은 인도계 심장 내과 의사로, 폴은 초등학생 시절 뉴욕에서 애리조나 주의 사막 도시 킹맨으로 이사하며 교육의 혜택을 충분히 받지 못했다. 대신 사막의 바람이 시야를 뿌옇게 흐리는 주변 계곡에서 지네, 전갈, 도마뱀 같은 야생 동물과 놀고, 밤하늘을 가득 메운 수많은 별을 바라보며 자랐다. 개인 의원을 연 아버지가 진지하고 성실하게 환자를 돌보며 단숨에 지역 사회에서 존경받는 인사가 되는 모습도 보았다. 폴은 킹맨에서 공부를 이어가 스탠퍼드 대학교에서 영문학과 생물학을 전공했다. 이후 영국 케임브리지 대학교에서 과학과 의학의 역사 및 철학 석사 과정을 마치며 작가의 꿈을 키웠다. 그러나 그는 다시 의학의 길을 선택했다.

예일 대학교에서 의학을 공부한 후 친구들이 높은 수입과 비교적 편안한 삶을 보장하는 마이너 과들을 선택하는 모습을 보면서도, 그는 자신의 오랜 탐구 대상이었던 뇌에 대한 관심과 완벽을 추구하는 소명 의식으로 신경 외과를 택했다. 전공의와 전임의까지 마친 후에는 수술과 연구에서 탁월한 성과를 보여 여러 대학에서 교수로 와 달라는 요청이 쇄도했지만, 이 시기에 전이성 폐암 진단을 받았다.

폐암 진단을 받은 후에도 그는 환자 진료와 수술에 대한 열정을 식히지 않았다. 오히려 자신의 병을 치료하면서 청춘의 시간을 돌아보고, 희망과 두려움이 중첩된 글을 썼다. 그렇게 2년을 투병하다가 36세의 나이로 세상을 떠났다. 예일 대학교 동기였던 아내와 8개월 된 딸을 세상에 남겨두고서. 투병 중에도 환자들에게 투혼을 발휘한 그의 전문가적 태도, 자연과 인간에 대한 깊은 애정, 외과 의사의 정체성에 대한 성찰, 그리고 문학적 감수성은 나에게 깊은 감동을 주었다. 그에 미치진 못했지만 내가 추구해 온 지향점이 그의 삶과 너무나 닮았기 때문이다.

삶이란 무엇이고, 죽음이란 무엇인가? 폴은 짧은 삶을 진지하고 의미 있게 살았으며 죽음 앞에서도 지극히 담담했다. 그의 책에는 이런 구절이 있다.

"나는 무언가를 성취하기보다는 이해하려는 일에 더 끌린다. 무엇이 인간의 삶을 의미 있게 하는가? 우리의 정신적인 삶을 가장 잘 설명해 주는 것은 문학이다."

이 철학은 학생들에게 고전 문학을 읽도록 한 내 생각과 일치했다. 스탠퍼드 병원이나 캠퍼스를 거닐며 떠난 그의 흔적이라도 느껴보고 싶었다. 감상적인 문학 소년처럼!

조용한 연구실에서 폴 칼라니티의 책 원서를 서점에서 사 와 읽기 시작했다. 스탠퍼드 대학교의 아브라함 베르기즈(Abraham Verghese) 교수가 쓴 서문이 눈에 띄었다. 그는 이렇게 적었다. "그가 투병 중일 때 처음이자 마지막으로 만났다. 그는 작가가 되는 꿈을 품었지만, 다메섹 도상에서 회심한 사도 바울처럼 길을 돌려 의학 공부를 했다. 신경 외과의로 수련받는 동안에도 문학의 길로 다시 가리란 꿈을 잃지 않았다. 폴의 글을 읽고 또 읽으면 산문시의 대가 골웨이 키넬(Galway Kinnell)의 시와 17세기의 의사 시인 토머스 브라운(Thomas Browne)의 책 『의사의 종교(Religio Medici)』의 문장이 되살아나곤 했다."

폴의 영웅이었고 미국 근대 의학의 아버지인 윌리엄 오슬러(William Osler)가 머리맡에 두고 읽으며 자신과 함께 무덤에 묻어 달라고까지 했다는 『의사의 종교』를 전자책으로 읽어 보았다. 두껍지 않은 책이었지만, 마치 구약성서 예언서 같아서 끝까지 읽지는 못했다. 베르기즈도 그랬다고 했다. 폴의 문장이 내게 준 힘이 베르기즈가 서문에서 표현한 그것과 같다고 느껴졌기에 더 가슴이 뛰었다.

인생은 하나의 여행이다. 여행의 즐거움은 미지의 세계를 탐색하며 아름다움을 발견하는 과정에 있다. 목표를 정하고 열정을 쏟아 얻은 성취도 중요하지만, 폴의 글대로 때로는 경험 자체가 성취보다 더 의미가 있기도 하다. 그 지역의 자연과 문화를 둘러보고 그곳 사람들이 즐기는 음식을 맛보고, 그들의 생각을 엿보면서 느끼는 공감과 다름을 통해 자신을 성찰하는 것은 여행에서 얻게 되는 가장 큰 기쁨 중 하나일 것이다. 이번 방문에서는 폴 대신 그의 미망인 루시 칼라니티(Lucy Kalanithi) 교수를 만나 그녀의 삶과 생각에 대해 이야기하는 시간을 가졌다. 길지 않은 이번 방문 동안 얻은 또 하나의 기쁨이었다.

"인생은 짧고 예술은 길다."라는 말은 서양 의학의 선구자 히포크라테스(Hippokrates of Kos)가 남긴 잠언집의 첫 문장이다. 보통 아트(art)라고 번역되는 그리스 어 단어는 테크네(technē)로서, '기술'이라는 뜻이다. 루트비히 판 베토벤(Ludwig van Beethoven)에게는 작곡 테크네가 있고 히포크라테스에겐 치료 테크네가 있다. 파블로 피카소(Pablo Picasso)가 저 말을 했다면 정황상 미술을, 안토니 가우디(Antoni Gaudí)가 말했다면 건축술을 가리킬 것이다. 히포크라테스가 남긴 저 문장 바로 다음에 의사란 단어도 나오므로 원래 뜻을 짐작하기 쉽다.

"인생은 짧고 의술은 길다."

명의보다 명(名)시스템의 시대

수요일 아침 7시 30분이면 어김없이 간담췌 종양 검토 회의가 열린다. 벌써 25년째다. 시간에 맞춰 병원에 도착하려면 6시 30분에는 집을 나서야 한다. 이 회의에서는 소화기 및 간담췌 환자의 CT나 자기공명 영상(magnetic resonance imaging, MRI) 결과를 바탕으로 내과, 영상 의학과, 핵의학과, 방사선 종양학과, 외과 의사들이 모여 진단과 치료 방침을 논의한다. 위장과 대장 질환은 내시경과 CT 결과를 통해 비교적 쉽게 진단과 치료 방침을 정할 수 있지만, 간담췌 질환은 정상과 비정상, 양성 질환과 악성 질환의 구분이 어려울 때가 많다. 악성일 경우 어떤 치료를 할 것인가? 수술이 가능한가? 설령 가능하더라도 환자의 생명 연장에 얼마나 도움이 될 것인가? 이러한 질문에 대해, 각기 다른 무기를 가진 의사들이 각자의 관점에서 의견을 개진하며 가장 적절한 방법을 결정한다. 이제는 다수의 지혜가 모인 판단이 뛰어난 전문가 한 사람의 판단보다 더 정확할 가능성이 큰 시대가 되었다. 세기의 바둑 대결에서 이세돌 9단을 이긴 알파고나, 챗GPT로 대표되는 인공 지능(artificial intelligence, AI)의 발전이 이를 증명하고 있다.

환자 진료의 첫 관문을 담당하는 내과 의사는 혈액 검사와 내시경이라는 진단 무기, 그리고 약물이라는 치료 무기를 가지고 있다. 무엇보다 환자를 처음 만나 기본 검사부터 전문 검사까지 진행하며, 그 과정에서 환자에게 진단을 설명하고 때로는 설득과 위로를 병행해야 한다. 누가 어떤 의견을 개진하더라도, 일차적 책임을 맡은 내과 의사의 동의 없이는 환자에게 적절한 치료법을 적용하기 어렵다. 어느 과든 중요하지 않은 분야는 없지만, 환자의 신뢰를 얻고 마음을 움직일 수 있는 내과 의사는 병원의 기둥과도 같다.

인체 내부 기관의 구조, 기능 및 병리적 변화를 다양한 영상 검사법으로 분석하는 영상 의학과 의사는 초음파, CT 및 MRI 결과를 면밀히 살펴보는 예리한 눈을 가져야 한다. 최근에는 영상 판독을 넘어 중재적 방사선 시술(interventional radiology, IR)이라는 치료 무기를 갖추게 되었다. 중재 시술 의사는 간세포암에 간동맥 색전술을 시행해 암 조직으로 가는 혈류를 차단하고, 담도암으로 담관이 막혀 담즙이 십이지장으로 내려가지 못할 때 피부를 통해 간으로 바늘을 찔러 담즙을 배액하는 시술을 진행한다. 이런 비교적 간단한 시술이 환자에게는 수술에 버금가거나 때로는 유일한 치료법이기도 하다. 이 시술이 이루어지기 시작한 것은 불과 30여 년 전의 일이다. 그 이전에는 어떻게 했을까? 개복 수술로 종양 부위를 제거할 수 있는 경우에만 치료 가능했으며, 그렇지 않은 환자는 황달과 담도암으로 몇 달 안에 세상을 떠났다. 그러나 이제 중재적 영상 의학 의사들은 간에 발생한 작은 간세포암에 99퍼센트 알코올을 주입해 암세포를 괴사시키거나, 고주파 전류를 이용해 암 조직을 고열로 익혀 제거하는 고주파 치료술(radio-frequency ablation, RFA)도 한다. 간경변이 심해 절제 수술이 불가능했던 환자가 이 시술로 완치되기도 한다.

외과 의사는 종양을 완전히 없앨 수 있는 '칼자루'를 쥐고 있다. 그러나 칼을 써야 할 곳에 쓰고, 쓰지 말아야 할 곳에서는 쓰지 않는 선택이 수술 솜씨보다 더 중요하다. 과거에는 외과 의사의 역할이 절대적이었지만, 장비의 발전으로 내과나 영상 의학과에서 최소한의 상처로 진단과 치료를 제공할 기회가 많아지면서 외과 의사의 역할이 줄어든 것이 사실이다. 물론 내과나 영상 의학과에서 치료할 수 있는 사례는 주로 초기 단계거나 수술이 불가능한 경우다. 하지만 초기 단계라도 가장 확실한 치료를 위해 수술로 도려내는 편이 장기적으로 더 나은 선택일 수도 있다. 특히 간암, 간문부 담관암, 췌두부암과 같이 외과 수술이 유일한 해결책인 경우에는 첨단 장비와 함께 풍부한 경험, 고도의 기술을 갖춘 외과 의사가 반드시 필요하다. 이런 수술은 합병증 위험이 크며, 완치율을 극대화하기 위해서는 외과 의사의 판단과 기술이 절대적으로 중요하다.

한편 수술이 불가능하거나 수술 후 항암 치료가 필요한 때는 혈액 종양 내과에서 약품과 치료 프로토콜을 계속 업데이트하며 환자의 치료 계획을 수립해야 한다. 또한 방사선 종양학과와 핵의학과의 숨은 노력이 환자들을 직접 진료하거나, 또는 하지 않더라도 예후를 좌우하기도 한다.

개원의가 진단과 치료를 위해 환자를 대학 병원으로 보낼 때는 환자를 세심하게 돌보고 질병을 예리하게 판단할 내과 의사가 있는지를 일차적으로 고려한다. 그다음으로 중요한 것은 정확한 진단을 가능하게 하는 영상 의학과의 수준이다. 단순히 최신 장비를 갖추었는지가 아니라, 그 장비를 충분히 활용해 최소한의 검사로도 목적을 달성할 수 있는 의사가 있는가가 중요한 기준이 된다.

지혜로운 개원의는 여기에서 멈추지 않는다. 환자를 안전하게 수술하고 합병증을 최소화하면서 생명을 최대한 연장할 수 있는 외과 의사가 있는지도 고려한다. 더 사려 깊은 의사라면 풍부한 경험을 기반으로 어려운 질환을 정확하게 진단하는 병리과 의사, 그리고 최신 장비와 탁월한 기술을 갖춘 방사선 종양학과 의사가 있는지도 살펴보는 것이 이상적이다. 그러나 현실적으로 개원의가 병리과나 방사선 종양학과의 수준, 장비, 의사의 역량에 대해 충분한 정보를 가지기란 쉽지 않다. 그렇기에 많은 개원의가 최상의 진료를 기대하며 서울의 대학 병원으로 의뢰를 하곤 한다.

이런 관점에서 볼 때 현재 우리 진료 팀은 외부에는 잘 알려지지 않았지만, 내적으로 탄탄히 구축되어 있다. 각 분야의 전문가로 구성되어 오랜 신뢰를 바탕으로 최고의 진료를 제공하고 있다. 예를 들어 내과의 H 교수는 기독교 신앙을 바탕으로 질병 치료를 넘어 환자의 마음과 가정 형편까지 고려하며 진단과 치료 방법을 선택하는 사려 깊은 의사다. 그에게 환자나 의사가 상처 되는 말을 던지더라도, 먼저 허허 웃으며 분위기를 풀고, 이후 진지한 표정으로 자신의 생각을 차근히 설명한다. 그러면 상대방도 자연스럽게 "아, 그렇습니까?" 하며 그의 배려와 깊은 마음 씀씀이에 의지하게 된다.

그의 인간적인 면모를 잘 보여 주는 예로 고등학교 체육 교사로 배구 선수를 지도하던 중 간암 진단을 받은 50세 남성 환자의 사례가 있다. 그가 병원을 찾았을 때는 이미 복수가 차 올라올 정도로 병이 진행된 상태였다. 종양이 크고 남아 있는 간도 심각한 간경변을 앓고 있어, 수술은커녕 간동맥 색전술도 시행할 수 없을 정도였다. 소년 체전을 대비하느라 병원에 갈 시간을 내지 못한 탓에 진단이 늦어졌던 탓이다.

겨울을 지나 봄이 되자, 그의 배는 더욱 심하게 부풀어 올랐다. 간암이 진행되어 복수가 차면 처치 방법이 난감하다. 이뇨제를 투약하면 혈액 내 수분만 소변으로 배설될 뿐, 복강에 고인 물은 제거되지 않는다. 이는 단순히 불편한 수준을 넘어 혈액 순환 장애를 초래하고, 내장 기관이 물에 둥둥 떠 정상적인 움직임이 어려워지면서 소화 기능에도 악영향을 미친다. 결국 음식 섭취가 힘들고 심한 경우 물조차 마시기 어렵게 된다.

일시적으로 복수를 제거하는 방법으로는 굵은 바늘을 복강에 찔러 넣어 물을 뽑아내는 처치가 있다. 이렇게 하면 환자는 일시적으로 편안함을 느끼지만, 이내 다시 복수가 차오른다. H 교수는 여러 약물을 사용해 치료를 시도했고, 진료가 한적한 틈을 타서 환자와 가족을 처치실로 불러 직접 복수를 2리터가량 뽑아 주기도 했다. 그러나 어떤 치료도 효험이 없어 그는 아들의 소년 체전 출전을 보름 앞두고 유명을 달리했다. 체육 교사였던 아버지의 지도와 응원을 받으며 신나게 배구 코트를 누비리라 기대했던 아들은 이제 홀로 제주도 소년 체전에 참가해야 했다. 상주(喪主)의 몸이 된 어머니는 아들의 경기에 참석하지 못하고 집을 지키고 있었다.

그때 H 교수는 때마침 대한간학회 참석차 제주도를 방문할 예정이었고, 학회와 소년 체전 일정이 일부 겹친다는 사실을 알게 되었다. 고인의 아내가 그런 상황을 안타까워하며 이야기를 하자 H 교수는 자신이 대신 시합장에 가 보겠다며 부인의 손을 꼭 잡아 주었다.

제주도로 가는 날 공항에는 강한 바람이 불었다. 승객들이 자리에서 들썩일 정도로 비행기가 흔들리는 불안한 착륙이었지만, 다행히 무사히 착륙할 수 있었다. 서귀포에서 열린 학회 이틀째, 전공의가 진행하는 자신의 과제 발표를 마친 뒤 곧바로 일본 초청 연사의 강연이 이어졌다. 강연 주제는 간암 치료로 그의 중요 관심사였다. 그러나 이를 뒤로하고 그는 소년 체전이 열리는 제주시의 배구 시합장을 향했다. 그는 어머니를 대신해 선수들이 앉아 있는 벤치로 찾아가 고등학생인 아들의 손을 잡아 주며 선전을 당부했고, 관중석으로 가서 경기를 얼마간 지켜보기도 했다.

**

내가 간담췌 외과에 합류하면서 간·담도·췌장 질환의 진단과 치료 방향을 논의하기 위해 처음에는 소화기 내과, 간담췌 외과, 복부 영상 의학과 교수들을 중심으로 증례 검토 회의를 진행했다. 그러나 점차 증례가 늘어나면서 종양 내과, 방사선 종양학과, 핵의학과 교수들도 참여하게 되었고, 그 결과 현재까지 이어지는 간담췌 종양 검토 회의가 결성되었다.

　이 자리에서 의료진은 영상 소견을 판독하고 내과적 치료, 중재 시술 치료, 항암 치료, 혹은 수술로 치료 방향을 정한다. 내과와 외과 교수를 각각 바이올린, 첼로에 비유한다면 종양 내과는 비올라, 방사선 종양학과는 금관 악기, 핵의학과는 목관 악기에 비유할 수 있다. 이때 영상 의학과가 절반 정도는 지휘자 역할을 한다. 이들이 조화롭게 소리를 낼 때 환자의 정확한 진단과 최적의 치료 방향을 정할 수 있다. 비교적 역할이 작은 참석자들도 회의 시작 전에 어김없이 자리에 앉아 있다.

　컴퓨터 마우스 자리는 지휘자인 영상 의학과 K 교수의 몫이다. 종양 검토 회의의 핵심 멤버 중 한 명인 그는 울산의 2차 병원에서 10여 년간 영상 의학 과장으로 근무한 후, 2002년 복부 영상 의학과에 부교수로 임용되었다. 그는 2차 병원에서 일하는 동안 응급 환자를 포함한 다양한 복부 질환 진단에서 전문성을 확립했다. 그가 부임하기 전까지 위장관 질환 진단에서 초음파 검사는 효용이 없다고 여겨져 잘 사용하지 않는 장비였다. 그러나 그는 응급실로 내원한 심한 복통 환자들을 초음파 검사로 진단하려는 시도를 계속했고, 그 결과 초음파 검사로 급성 충수염을 거의 정확히 진단할 수 있었다. 소파 수술 후 자궁 출혈을 초음파 검사로 정확히 진단해 동맥 색전술로 치료한 사례를 유명 학술지에 논문으로 발표하기도 했다. 2차 병원에 근무하다가 3차 병원인 대학 병원에 오니 질환군이 달랐다. 과거에는 염증이나 외상 환자가 주였다면, 대학교 병원의 간담췌 질환은 결석이나 암 환자가 주종이다.

필름 시대에는 판독이 어려웠지만, 의료 영상 저장 전송 시스템(picture archiving and communication system, PACS) 시대인 요즘은 복부의 횡단면과 종단면을 포함해 조영제 주입 초기, 중기, 말기까지의 영상을 입체적으로 분석할 수 있게 되었다. 그러나 정확한 진단을 위해서는 영상을 보는 것만으로는 부족하다. 정상 조직과 종양 조직 내 혈류 흐름의 시간적 변화를 고려해야 하며, 같은 질환이라도 영상 소견이 다를 수 있기 때문에 결국은 경험이 중요하다. 정상과 비정상을 나누는 경계가 모호할 때는 진단이 더욱 어렵다. 때로는 처음 보는 영상도 있다. 이럴 때는 책과 논문을 찾아보며 신중하게 판독해야 하므로, 증례 검토에는 시간이 걸릴 수밖에 없다.

매주 약 15명의 증례가 토의 명단에 올라오며, K 교수는 전날까지 모든 증례를 미리 검토한 후 퇴근한다. 부임 첫해에는 이전과 다른 환경에서 새로운 영상 판독에 익숙해져야 했다. 이르면 오후 7시경 퇴근하지만, 어려운 증례들이 있을 때는 밤 10시까지 남아 영상 판독을 반복하고, 책을 뒤지며 논문을 검색해 진단과 치료 방안을 제시할 수 있어야 퇴근했다. 환자나 동료 의사에 대한 배려가 강박증에 가까울 정도로 철저했다.

수년이 지나면서 그는 경험이 쌓여 감별 진단 속도가 빨라졌고, 이제는 전임의나 전공의와 함께 검토해 해석만 해 두면 판독지 작성은 그들에게 일임할 수 있는 단계에 이르렀다. 그러나 부임 첫해인 2002년 당시에는 전공의가 부족했기 때문에 모든 판독과 판독지 작성까지 혼자서 해야만 했다.

그해 5월 말부터 2002 국제 축구 연맹 한국·일본 월드컵이 시작되었다. 거스 히딩크(Guus Hiddink) 감독이 이끄는 한국 축구 대표팀의 선전으로 도시마다 거리마다 온 국민이 열광의 도가니였다. 한국의 첫 경기인 폴란드전의 승리로 온 국민이 흥분했을 때도, 16강전 한국-이탈리아전에서 승리해 온 나라가 들썩였던 날도 화요일이었다. K 교수는 다음 날 증례 회의에서 검토할 환자가 많아 영상 검토를 위해 늦게 퇴근해 생중계를 보지 못했다.

이 회의 결과를 토대로 간암 환자들에게 다양한 간 절제 수술을 시행했으며, 진단과 수술이 어려운 담관암, 췌장암도 수술했다. 간염 이후 간경변으로 진행된 환자에게 흔히 발생하는 간암은 암이 점유한 부위뿐만 아니라 넓은 범위의 정상 간 조직까지 절제해야 하는 경우가 많다. 그러나 수술 중 초음파(intraoperative ultrasonogram)와 초음파 흡인 절제 기기(ultrasonic aspirator)가 도입되면서, 암이 점유한 부위만을 정밀하게 절제하는 일이 가능해졌다.

이 수술법은 1987년 명석하고 치밀한 성격으로 유명한 마쿠우치 마사토시(幕內雅敏) 도쿄 대학교 교수가 개발했으며, '계통적 간 분절 절제 수술(systematic segmentectomy)'이라 한다. 핵심은 암 조직 쪽으로 공급되는 간문맥, 담관들을 잘 찾아 중간 가지에서 표면까지 차근차근 절제하는 것으로, 나무에서 가지 하나를 정확하게 따내는 일과 흡사하다. 과거에는 나무의 중간 가지에 암이 자리 잡고 있더라도 이를 제거하기 위해 첫 번째 가지를 절단해야 했고, 결과적으로 나무의 절반을 잘라 내는 형국이었다. 그러나 새로운 수술법은 나무 중간 가지까지 올라가, 암이 있는 부분만 정밀하게 잘라 내는 방식으로 변했다. 이 방법을 통해 정상 간 조직을 최대한 보존하면서도 종양학적으로 안전한 절제가 가능해졌다.

이 수술에 대한 논문을 읽고 국제 학회에서 마쿠우치 교수가 발표한 영상을 보면서 늘 깊은 감명을 받곤 했다. '이것이야말로 논리적이고 합리적인 방법이다.'라고 확신하면서도 실제로 어떻게 적용할까를 두고 오랜 시간 속앓이를 해 왔다. 당시 우리나라에서 이 수술을 하는 외과 의사는 없었다. 이론적으로는 좋았으나 외과 의사가 수술 중 초음파 사용에 익숙해야 했고, 정확한 절제를 위해 필요한 초음파 장비도 없었다. 게다가 간암 환자들은 비교적 암이 늦게 발견되기 때문에 수술 가능한 경우가 극히 드물다. 간암 환자의 10퍼센트 정도가 수술 가능한데, 그중에서도 5센티미터 이하 크기의 종양을 가진 환자만이 이 수술의 적용 대상이었다.

　다각도로 준비한 끝에 마침내 첫 계통적 간 분절 절제 수술을 집도하게 되었다. 때마침 독일 하노버 대학교 간 이식 팀의 젊은 과장이 학회에 특강을 하러 왔다가 본원을 방문했다. 수술 직전 환자에 대해 토의하던 중 그는 "이런 환자를 수술할 수 있다니, 당신은 운이 좋군요."라고 말했다. 그리고 오전 8시 30분 수술이 시작되었다.

　K 교수가 본원에 합류한 2002년 이후 초음파 검사는 K 교수가 수술복을 갈아입고 도와주어서 아주 쉽게 이루어졌다. 먼저 소독 비닐을 씌운 초음파 기기로 초기 탐색을 진행하고, 종양에 혈액을 공급하는 간문맥을 찾아 긴 바늘을 찔러 넣고 푸른 염색약(indigo carmine)을 주입해 표면 염색을 시행했다. 초음파 흡입 간 절제 기구를 사용해 중간 둥치까지 차근차근 접근해 간문맥을 차단했다. 종양이 포함된 간 구역을 절제한 후, 다시 담관 조영술을 시행해 잔존 간의 상태를 확인했다. 마지막으로 아교처럼 작용하는 피브린 풀(fibrin glue)을 절제 표면에 도포해 마무리하고 나니 오후 6시였다.

　수술을 마치는 순간 이 환자가 별다른 합병증 없이 회복하리라는 확신이 들었다. 8시간 동안 물 한 모금 마시지 못하고, 한 번도 화장실을 가지 않은 채 집중했던 내 온몸에는 짜릿한 전율이 흘렀다. 설악산 용아장성을 넘어온 기분이랄까, 화채 능선에서 양폭산장 위 만경대를 타고 온 기분이랄까. 증례 검토 후 회진을 마치고 방에 돌아와 오늘의 수술을 다시금 곱씹으며 문득 참아 왔던 감정이 북받쳐 올랐다. 이 수술을 준비하며 많은 속앓이를 했지만, 주변의 협조를 얻어 내기가 정말로 어려웠기 때문이다. 기대했던 박수 소리는 없었다. 그러나 나는 마치 올림픽 금메달리스트처럼, 에베레스트 산을 처음으로 정복한 사람처럼 홀로 감격하며 눈물을 흘릴 수밖에 없었다. 그 후 15년 동안 같은 방식으로 70여 명의 환자를 수술했고, 이 데이터를 모아 분석해 발표하기에 이르렀다. 마쿠우치 교수가 확립한 이론에 진전된 기법을 추가했고, 그 결과는 세계적으로 권위 있는 외과 학술지《외과 연감》에 논문으로 게재되었다.[1] 이 발표는 첫 수술의 감격 이상으로 벅찬 기쁨을 안겨주었다. 당시까지 우리나라 간담췌 외과 의사가《외과 연감》에 논문을 발표한 사례가 손에 꼽힐 정도였기 때문이다.

간담췌 종양 검토 회의에서는 가장 흔한 간암, 담도암, 췌장암부터 간·담도·췌장의 희귀 질환까지 진단하고 수술한다. 우리는 축적된 증례를 바탕으로 연구를 진행해 국제 학술지에 논문으로 발표했고, 희귀 질환은 개별 증례 보고 형태로 논문을 게재했다. 환자의 개인사까지 세심하게 챙기는 내과 교수, 철두철미한 성격의 영상 의학과 교수, 그리고 성실하게 참여하며 의견을 나눈 다양한 교수진과 함께 어려운 증례를 검토하고 논의하고 수술하는 과정 자체가 행복했다. 한때는 명의 한 사람이 환자를 치료하던 것이 일반적이었지만, 그 시대는 이미 오래전에 지나갔다. 이제는 여러 전문 분야의 의사들, 첨단 의료 장비, 그리고 컴퓨터까지 결합된 '명(名)시스템'이 질병을 가장 정확하게 진단하고 치료하는 집단 지성의 시대, 학문적 장벽을 허무는 다학제(multidisciplinary) 시대가 되었다.

까칠한 의사, 인자한 의사

사람의 두뇌에서 좌뇌와 우뇌의 역할은 서로 다르다고 알려져 있다. 좌뇌는 이성적이며 현실적인 사고를 담당하며, 언어적이어서 좌뇌가 발달한 사람은 이름을 잘 기억하고 논리적이다. 반면 농담에는 약하다. 반면 우뇌는 시각적이고 직관적인 사고를 담당하며, 공간 지각 능력이 뛰어나고 상황 판단이 빠르다. 우뇌가 발달한 사람은 얼굴을 잘 기억하고 그림을 잘 그리며, 문학과 예술을 좋아하고 농담도 잘하는 경향이 있다.

일반적으로 좌뇌가 발달한 사람은 부정적이고 비판적인 성향이 있어 행복도가 낮다고 알려진 반면, 우뇌가 발달하면 긍정적 사고가 많아 행복도가 높다는 연구 결과가 있다. 그렇다면 좌뇌가 발달한 의사와 우뇌가 발달한 의사, 둘 중 어느 쪽이 환자의 만족도가 더 높을까?

대학교 강의 중 잠깐 쉬어갈 겸 학생들에게 이런 질문을 던져 보았다.

"중병에 걸렸을 때, 명석하고 냉철하지만 까칠한 의사, 반대로 의학 지식이나 능력은 의문이지만 마음씨가 좋고 푸근한 의사가 있다면 어떤 사람을 선택하겠는가?"

대다수 학생이 전자를 선택했다. 독일의 의사이자 시인이었던 한스 카로사(Hans Carossa)의 "환자는 의사의 기술이 아니라 그의 인간성을 보고 온다."라는 말이 더는 통하지 않는 시대인 것일까?

하지만 사람의 특징을 단순히 이분법으로 분류할 수는 없다. 명석하고 냉철한 의사는 다가가기 어렵고 까칠하게 느껴질 수 있다. 반면 마음씨가 부드럽고 고운 의사는 말 한마디만 들어도 병이 나을 듯하지만, 의학적 지식과 판단에 예리함이 떨어질 수 있다.

전자는 표도르 도스토옙스키(Fyodor Dostoevsky)의 『카라마조프가의 형제들』에서 둘째 아들 이반이나 헤르만 헤세의 『나르치스와 골드문트』에서 나르치스와 닮았다. 논리 정연하고 이지적이지만, 감성적이지 않다. 후자는 같은 작품에서 셋째 아들 알료샤나 골드문트의 성향에 가까워 논리나 수행 능력은 조금 부족하지만, 감성적이고 사람의 마음을 어루만지는 데 뛰어나다.

이지적이고 명철하면서도 마음씨까지 좋은 의사는 없을까? 분명 있기는 하다. 하지만 병원에서 수십 년간 의사로 일해 온 나조차도 판단하기 어렵다. 환자라면 더욱더 그럴 것이다. 오랜 시간 동료 의사들을 지켜보며 같은 사람이 동료 직원을 대할 때와 환자를 대할 때 전혀 다른 태도를 보이는 경우를 많이 목격했다. 의사 집단을 전체적으로 보면 감성이 풍부하고 성정이 부드러운 사람보다는 지성이 풍부하면서도 까칠한 성격의 사람이 더 많은 편이다. 이는 아마도 냉철한 분석과 빠른 결단력이 요구되는 의료 환경 때문일 것이다.

의사와 접점이 없던 사람이 갑작스럽게 질병과 맞닥뜨렸을 때, 누가 자신의 병을 가장 잘 치료해 줄 의사인지 알아내기란 쉽지 않다. 아무리 연고를 통해 소개받더라도 의사의 내면을 잘 알기란 어렵다. 물론 누가 수술하더라도 결과는 다르지 않았을 가능성이 크지만, 돌이켜 보아도 미련이 없어야 한다.

**

정보 검색에 능숙한 젊은 세대는 맛집을 찾듯이 인터넷을 활용해 다양한 정보와 평판을 기반으로 가장 잘 진단하고 치료해 줄 의사를 어렵지 않게 찾아낸다. 지식과 경험으로 진단하고 처방하거나, 수술에 비해 비교적 간단한 시술을 하는 내과 의사의 경우는 객관적으로 판단하기가 쉬운 편이다. 그러나 수술로 치료하는 외과 의사의 경우는 그 내막을 알아내기가 훨씬 어렵다. 오히려 가장 가까이에서 수술을 돕고 환자에게 처치와 처방을 내리는 전공의나 오랫동안 곁에서 수술을 지켜보는 스크럽 간호사(scrub nurse)가 교수의 세세한 수술 내용과 깊이, 어려운 상황에서도 침착함을 유지하는 성품까지 더 잘 알 수 있는 위치에 있다. 의사가 수술을 결정하고 진행하는 순간순간 바른 판단을 하려면, 축적된 지식과 경험에 더해 주도면밀한 성격, 때로는 사자와 같은 심장으로 과감한 결단을 내릴 수 있는 전문가여야 한다.

공학자나 예술가도 오랜 기간 지식과 경험을 쌓고 훈련된 전문가들이다. 그러나 그들이 다루는 대상은 주로 사물이다. 반면에 의사는 사람을 다룬다는 점에서 근본적인 차이가 있다. 따라서 의사에게는 전문적 능력과 함께 고도의 윤리 의식이 요구된다.

의료 현장에서 의사 결정에 영향을 미칠 요소들은 항상 존재한다. 많은 병원에서 많게든 적게든 의사에게 인센티브 제도를 도입하고 있으며, 부가가치가 높은 로봇 수술을 장려하는 경우도 있다. 로봇 수술 자체가 가진 장점과 한계를 인정하면서 수술을 결정할 수도 있지만, 때로는 인센티브에 사로잡혀 환자의 이익과 의사나 병원의 이익 사이에서 고민하는 상황이 발생할 수도 있다. 지금은 거의 사라졌지만, 과거에는 제약 회사나 의료 기기 회사의 리베이트가 의료계에 큰 유혹이 되기도 했다. 이로 인해 일부 의사들이 환자에게 최상의 선택 대신 자신의 이익을 우선시하는 경우도 있었다.

미국의 《유에스 뉴스 앤 월드 리포트(US News and World report)》는 1991년부터 매년 가을 미국 내 병원을 다각도로 평가해 순위를 발표하고 있다. 20여 년 동안 존스 홉킨스 병원이 1위, 메이요 클리닉이

2위를 유지해 왔으나, 최근 10여 년 동안은 메이요 클리닉이 1위를 줄곧 독점하고 있다. 메이요 클리닉은 미네소타 주 로체스터라는 인구 12만 명의 소도시에 자리 잡고 있음에도 미국의 유명 정치인, 연예인, 중동의 왕족과 부유층이 자가용 비행기를 타고 찾아오는 병원이다. 그 이유는 단 하나, 설립자인 메이요 세 부자의 철학 "환자의 이익을 최우선으로(The needs of the patient come first)"가 150년 이상 이어지고 있기 때문이다. 환자에게 가장 유익한 진료를 위해 진단부터 수술까지 신속하고 정확하게 진행하며 의사나 병원의 이익은 차후에 고려될 사항이다. 그러니 진료를 받기 위해 온종일 운전하거나 비행기를 타고 세계 각지에서 환자가 몰려드는 것이다.

메이요 클리닉에서 만난 의사들은 환자를 대하지 않는 학술 집담회나 사담에서는 냉정하거나 까칠한 모습을 보일 때도 있었다. 그러나 진료실에서만큼은 한결같이 명석하면서도 친절했고, 자신의 지식과 경험을 총동원해 환자에게 설명하며 최적의 치료를 위해 헌신하는 모습을 보였다. 내가 메이요 클리닉에서 진료받은 3일 동안 만난 의사들, 그리고 연구를 위해 나를 초대한 교수들 역시 하나같이 친절하고 감동을 안겨 주었다.

현대 사회에서 의사와 환자 간의 관계가 과거보다 훨씬 경직되었다는 점은 부인할 수 없는 사실이다. 이는 단순히 의료 환경 변화 때문만이 아니라, 사회적 변화와도 밀접한 관련이 있다. 어른과 노인에 대한 존경이나 배려가 줄어들고 있다. 지하철에서 학생으로 보이는 젊은 세대들이 약간 떨어져 있더라도 자리가 비면 먼저 치고 들어와

앉는 모습을 자주 보면서 시대가 바뀌었음을 서글프게 실감하기도 한다.

2024년 기준으로 법학 전문 대학원의 입학 인원은 2,152명이며 과거 사법 시험에 준하는 변호사 시험 합격자는 1,700명 내외다. 1980년대만 해도 사법 시험 합격자는 300명 수준이었고 검사, 판사, 변호사로 활동하는 법조인들은 어디서나 특별한 대우를 받았다. 의료 송사도 매우 제한적이었다.

지금은 그때와 비교해 법조인의 수가 거의 6배 이상 늘어났다. 우대받는 변호사도 있지만, 그렇지 못한 변호사가 절대적으로 많아졌다. 그러니 수요를 창출해 낼 길을 찾게 된다. 가장 쉽고 많이 일어난 수요가 의료 송사다. 사회적으로 큰 관심을 불러일으킨 사건도 있지만, 과거에는 그냥 넘어가던 합병증과 후유증이 의료 송사로 이어지는 사례가 급격히 늘어났다. 이런 변화로 인해 의사들은 자신을 보호하는 방어적 진료(defensive medicine)를 하게 되었다. 따뜻하게 다가가기보다는 차갑고도 냉소적으로 설명하고, 환자와의 관계보다 진료 기록과 서류 정리를 더욱 중요하게 여기게 된 것이다.

문득 나는 어떤 모습으로 환자나 동료 의사들에게 비치고 있을지 궁금해진다. 자신이 생각하는 '나'의 모습을 객관적으로 바라보기란 쉽지 않다. 가끔 진료 장면을 녹음하거나 녹화해 들어보면서 내 목소리와 억양이 원래 생각했던 것과 같은지 자문하곤 했다. 환자가 까칠하게 다가오면 법적으로 문제가 될 수도 있다는 사실을 먼저 염두에 두지만, 그것은 설명과 서류로 정리해 남겨두는 것일 뿐 진료나 대화에서는 언제나 긍정적으로 다가가고 싶다. 손을 잡아 주고, 따뜻한 한마디를 건네고 싶다. 진공관 앰프에서 나오는 맑고 따뜻한 소리처럼, 아날로그 감성으로 환자들에게 다가가려는 노력을 지속하리라 다짐해 본다.

수술보다 어려운 싸움

간담췌 외과 의사로서 주로 집도하는 수술은 간암, 담도암, 췌장암, 간 이식 등과 같은 중한 수술이다. 한편으로 외과 수술 중 가장 흔하고 간단한 편인 담낭 절제 복강경 수술도 시행한다. 담석증을 비롯한 담낭 질환은 발생 빈도가 높아, 수술 건수는 이쪽이 훨씬 많다. 담낭 절제 수술은 대부분 간단하지만, 고령의 환자가 응급 입원하는 화농성 담낭염의 경우는 쉽지 않을 때도 있다. 시간이 오래 걸리고 어려운 수술은 외과 인턴 시절에는 대개 조수로만 참여하고 전문의가 되어서도 오랜 기간 숙련이 필요하다.

한 50대 여성 담석증 환자는 그렇게 평범한 수술을 받고 다음 날 퇴원했다. 그런데 일주일 뒤 복통을 호소하며 응급실로 왔다. CT 결과 절제 부위 주변에 액체가 가득 차 있고, 바늘로 뽑아 보니 담즙이다. 어디선가 담즙이 새는 것이 틀림없다. MRI 촬영으로 담관 조영술을 시행했다. 담낭관에서 새는 것 같다. 내시경 전문가 J 교수에게 의뢰해 담관 최하부에 위치한 유두괄약근을 터 주는 시술을 했다. 해부학적으로 이 괄약근은 수축을 통해 담관 내부에 양압을 형성하는데, 이 압력이 담즙 누출의 원인이 될 수 있다.

비유하자면 흘러가는 강을 막아 댐을 만들었다고 할 때, 수문에 해당하는 구조가 담관 하부의 유두괄약근이다. 괄약근을 조여 담즙을 담낭이라는 웅덩이에 가두어 두었다가, 음식물이 내려올 때 수문을 열어 소화를 돕는다. 하지만 지금은 담낭이라는 웅덩이가 절제 수술로 없어진 상태다. 수문은 여전히 있지만, 저장할 웅덩이가 없는 셈이다. 그래서 괄약근을 터 주면 담관 내 압력이 낮아져 담관이나 담낭관 어디선가 새는 담즙이 서서히 마르게 된다.

그러나 시술 후 2주가 지나도 담즙은 계속 배 안으로 흘러나왔다. 중재 시술 팀에 의뢰해 이번에는 간을 통해 담관 안으로 작은 관을 넣어 담즙을 밖으로 배액하는 피부 경유 간 경유 담관 배액술(percutaneous transhepatic biliary drainage, PTBD)을 시행했다. 담즙이 이제 십이지장 안으로 흘러가거나, 아니면 밖으로 배출되어 담낭관을 통해 복강으로 흘러나올 담즙이 줄어들거나 없어야 한다. 그렇게만 된다면 낫는 건 시간 문제다. 그러나 열흘이 지나도 배액관의 영향으로 담즙이 줄어들긴 했으나, 이제는 오른쪽 늑막 하부에 액체가 고이고 주변에 폐렴이 진행되고 있었다. 늑막에 고인 액체를 뽑아 보니 이번에도 담즙이다. 횡격막이 간을 둘러싸고 있기 때문에 간으로 관을 삽입할 때 횡격막 아래쪽에서 접근하는데 살짝 관통한 모양이다. 이것이 심한 폐렴을 일으켰다. 늑막 쪽으로 관을 넣어 담즙을 배액하도록 했다. 폐렴은 확산 일로에 있었고 반대편 왼쪽으로까지 번졌다. 호흡 곤란이 왔다. 마침내 인공 호흡기를 달 수밖에 없었다. 3일 후에도 병세는 호전되기는커녕 날로 악화되고 있다. 이런 와중에도 다른 환자의 간암과 담관암 수술은 계속해야 했다. 집에 돌아오면 중증 수술 환자보다 간단한 절제 수술 후 사경을 헤매는 환자 생각에 잠을 이룰 수가 없었다.

왜 담관을 결찰하는 헤모록(hemolok) 클립이, 그것도 두 번이나 묶었던 녀석이 어찌하여 열렸을까? 내시경 시술로 담즙은 대부분 멈추는데 왜 계속해서 흘러나올까? 피부 경유 간 경유 담관 배액술은 왜 횡격막을 통과하게 되었을까? 늑막에 담즙이 고였다 하더라도 배액하면 좋아질 텐데 왜 폐렴으로 진행될까?

중환자실에서 3일간 지켜보았지만, 환자의 폐는 호전의 기미가 보이지 않았다. 담즙은 지속적으로 흘러나오고 있다. 결단이 필요했다. 담즙 누출 부위를 확인하기 위해 개복하느냐? 더 기다려 보느냐? 개복해 회복되면 다행이지만 악화되어 사망하면 이 일을 어떻게 감당할 것인가? 뼈를 깎는 심정으로 개복을 결정했다. 인공 호흡기를 부착한 채 환자를 수술실에 밀고 들어가 개복했다. 클립으로 두 번 고정했던 담낭관은 우유 빨대 크기의 작은 구멍을 남기고 녹아 버렸고 담도에서 맑은 담즙이 새어 나오고 있었다. 이해할 수가 없다. 아주 가는 봉합사인 PDS 5-0로 구멍을 봉합하고 나서 지혈제 서지셀(surgicel)로 담도를 싸감은 후 피브린 풀이라는 생체 접착제를 발라 더는 새지 못하도록 처치하고 나왔다. 다행히 하루가 다르게 모든 상황이 좋아지고 있었다. 폐렴도 3일 만에 좋아져서 인공 호흡기를 제거했다. 거치해 두었던 배액관도 시차를 두고 하나씩 제거했다. 환자는 음식도 섭취하고 걷기도 했다. 절개창에 염증이 걸려서 낫는데 2개월이 걸렸다.

**

처치 후 합병증이 발생하는 상황을 설명할 때 흔히 '스위스 치즈 이론'을 인용하곤 한다. 이 이론은 원래 교육학자 제임스 리즌(James Reason)이 제안한 것으로,[1] 복잡한 시스템에서 사고가 발생하는 과정을 설명하는 데 사용된다. 스위스 치즈 중 속에 구멍이 숭숭 뚫려 쿰쿰한 냄새를 풍기는 에멘탈 치즈가 있다. 이 치즈는 제조 과정에서 기포가 생기며 크고 작은 구멍이 형성되는데, 이 구멍들이 일직선으로 정렬되어 가느다란 막대가 그대로 통과할 수 있을 정도로 배열되는 경우는 매우 드물다.

이는 의료 현장에서도 마찬가지다. 환자의 치료 과정에는 여러 단계의 방어 체계가 마련되어 있어, 그중 단 하나라도 제대로 작동했다면 사고가 발생하지 않는다. 마치 에멘탈 치즈가 정상적으로는 막대를 이용해 구멍을 따라 한 번에 꿰뚫을 수 없는 것처럼 말이다.

그렇다면 어떻게 치즈의 구멍이 정확히 일렬로 뚫려 막대를 끼울 수 있단 말인가? 대형 사고는 몇 가지 잘못이 연이어 일어나거나 동시에 발생해 일어난다. 수백 명의 목숨을 앗아간 세월호 참사 역시 여러 가지 실수가 겹쳐 발생했다. 조사에 따르면 사고 선박은 수리 과정에서 복원성(무게 중심과 부력 중심)이 낮아진 상태였다. 배가 기울어질 가능성이 컸기에 출항하지 않았어야 했다. 그날 원래 배정된 선장이 휴가라서 대리 선장이 조타를 맡았다. 또한 수학 여행 온 학생들이 많이 탄 상태에서 적정 중량을 초과하는 화물을 실었으며, 화물들을 배 안에서 단단히 고정하지 않았다. 이 때문에 배가 기울어질 때 화물이 한쪽으로 쏠렸다. 그러나 승객들에게 탈출하라는 대신 가만히 있으라는 지시가 내려졌다. 배는 기울어지기 시작하고 100분 만에 완전히 뒤집혔다.

만약 선박의 복원성을 개선했더라면, 원래 선장이 조타를 맡았더라면, 화물을 과적하지 않았더라면, 과적한 화물이라도 제대로 고정했더라면, 사고 직후 선장이 승객에게 즉각 탈출하라고 했다면 이렇게 많은 희생자가 나오지 않았을 것이다. 여러 가지 실수가 겹쳐서 발생한 대형 사고다. 스위스 치즈에 아주 우연히도 기포 구멍이 일렬로 맞아떨어진 것이다.

이런 일련의 잘못이 동시에 발생하는 것은 극히 드문 일이다. 이것을 모두 우연이라고 해야 할까? 신의 섭리라고 해야 할까? 누구도 명확히 규정할 수 없다. 수술 후 발생하는 중증 합병증이나 환자의 사망 역시 하지 않아야 할 것을 하지 않고, 해야 할 것을 반드시 했다면 예방할 수 있었을지도 모른다. 그러나 생명체는 기계가 아니다. 살아 움직이는 존재이기에 아무리 프로토콜대로 하더라도 예상한 경로를 벗어날 수 있다. 의료는 살아 움직이는 생명체를 대상으로 하기에 변화에 따라 적절히 대처해야 한다.

 이 환자의 수술 후 합병증을 치료하는 동안 심한 스트레스를 받았다. 그러던 중 또 다른 일이 겹치면서 스트레스는 더욱 심해졌고, 결국 불면증에 시달리기 시작했다. 하루에 서너 시간밖에 잠을 이루지 못하는 상태가 한 달 정도 계속되던 어느 날, 직원들과 연구실 근처 식당으로 간 식사 자리에서 식탁에 앉자마자 갑작스럽게 어지러움을 느껴 앉아 있기도 힘들었다. 택시를 타고 연구실에 돌아와 몇 시간 안정을 취하니 증세는 가라앉았다. 그러나 3일 후 다시 어지럼증이 찾아왔다. 이번에는 비교적 정도가 가벼웠지만, 이후 세 차례나 연이어 반복되었다.

**

 그러던 와중 해는 바뀌고 새해 첫 수술 날이 되었다. 이날도 담낭 절제 수술이 세 건 예정되어 있었다. 그런데 세 번째 수술에서 마지막으로 피부를 꿰매던 중, 하늘이 빙빙 돌 정도로 심한 어지럼증이 찾아왔다. 결국 수술실 바닥에 드러누웠고 카트에 옮겨져 회복실로 갔다. 신경과의 어지럼증 전문가 L 교수의 즉각적인 조치로 외래 검사실로 이송되어 이석증 검사를 받았다. 머리를 특정 방향으로 흔들었을 때 눈동자가 한쪽으로 규칙적으로 움직이는 안구진탕이 있었다. 그렇지만 다른 검사에서 이석증에 일치하는 소견은 보이지 않았다. 소뇌에 이상이 있을지도 모른다는 판단으로 급히 뇌 CT를 찍었다. 다행히 동맥류나 출혈 등의 소견은 없었다. 귀를 전공한 이비인후과 N 교수 진료실로 가니 전정기관에 장애가 있다고 결론을 내렸다. 확립된 치료법은 없지만, 스테로이드를 중이로 직접 주사하는 방법을 택하기로 했다. 처치는 이 분야의 전문가에게 맡기고 따르는 것은 환자의 몫이다. 곧바로 입원했다.

3일 동안은 화장실조차 엉금엉금 기어서 가야만 할 정도로 상태가 심각했다. '이제 더는 수술실에 서지 못하는 게 아닐까?' 하는 생각에 낙담했다. 어지럼증 약 디멘히드리네이트(dimenhydrinate)와 베타히스틴(betahistine)을 동시에 복용하며 시간이 지나니 조금씩 회복되기 시작했다. 입원 4일째는 걸어서 화장실에 갈 수 있어 약간의 안도감도 가지게 되었다. 그날로 퇴원했고 열흘 정도 지난 뒤에는 다시 출근할 수 있었다.

2주가 지나면서 예정된 수술을 하나씩 진행하기 시작했다. 그러나 복강경 수술을 시작하면 어지럼증이 다시 찾아왔다. 어지럼증이 시작된 지 3일째 되는 날부터 귀에서는 여치 소리 같기도 하고, 쇠 깎는 소리 같기도 한 "치이익" 소리가 계속해서 났다. 이명이다. 낮에는 주변 소음과 섞여서인지 그냥저냥 견딜 만했는데, 밤에는 도무지 잠을 잘 수 없을 지경이다. 결국 한 달 가까이 수면제에 의존해야 했다.

수면제를 복용하고 잠을 자니 꿈이 사라졌다. 꿈은 급속 안구 운동(rapid eye movement, REM) 수면 때 꾸게 된다. 잠을 자고 나도 머리가 맑지 않았다.

수면은 보통 잠들기 시작하면서 점차 깊어지며, 약 네 단계에 걸쳐 진행된다. 가장 깊은 단계에 도달한 후에는 다시 수면의 얕은 단계로 올라오는데, 이 주기를 한 번 도는 데 약 90분이 걸린다. 이때 사람은 수면의 표면에 해당하는 얕은 단계에서 10분 정도 머물다가 다시 깊은 수면으로 '잠수'하게 된다. 성인의 경우 이런 수면 주기가 평균적으로 네 번 반복되며, 총 수면 시간은 6시간 정도가 된다. 이 정도면 일반적으로 숙면을 취했다고 본다.

하지만 이 얕은 수면 단계, 즉 가장 깨어 있기 쉬운 시점에 잠에서 자주 깨거나 그 10분간 잠을 유지하지 못하면, 충분히 잔 것 같아도 개운함을 느끼지 못한다. 특히 이 얕은 단계는 꿈을 꾸는 렘(REM) 수면과 겹치는데, 이때의 수면이야말로 뇌가 회복되는 중요한 시기다. 따라서 수면제를 복용해 꿈도 꾸지 않고 6시간 이상 잤더라도, 렘 수면이 억제된 경우에는 낮 동안 머리가 맑지 않고 마치 구름 위를 걷는 듯한 몽롱함을 느낄 수 있다.

수면제에 의존하지 않고 잠을 자려면 우선 이명을 해결해야 한다. 그렇다면 치료는 어떻게 해야 할까? 이명과 어지럼증을 함께 진료하는 의사는 나에게 "의식하지 말고 그냥 무시하면서 지내세요."라고 조언했다. 그게 과연 가능할까? 이명은 내가 의식하든, 의식하지 않든 지속되는데 말이다.

나는 매일 아침 쾌변과 함께 조간 신문을 읽는 것으로 하루를 시작한다. 이 두 가지가 이루어져야 하루가 개운하다. 그다음 국민체조 3회 후 샤워를 한다. 출근 시간에 쫓기면 그냥 샤워만 한다. 샤워 후에 일시적으로 이명이 사라지는데, 이 사실이 신기했다. 쾌변에 샤워, 이명까지 없어지니 이때가 하루 중 몸이 가장 개운한 순간이다. 낮 동안에는 여러 소음과 함께 일에 몰두하다 보면 이명을 잊고 지낼 수 있다. 하지만 저녁에 잠자리에 들면 어김없이 그 소리가 다시 나기 시작한다.

샤워는 왜 이명을 멎게 할까? '샤워할 때 물소리가 빗물 소리와 비슷하지 않은가?'라는 생각에 유튜브에서 '비 오는 소리' 동영상을 찾아 머리맡에 두고 재생했다. 유튜브에는 8시간, 10시간짜리 비 오는 소리 동영상이 무수히 올라와 있다. 신기하게도 유튜브 동영상을 튼 전화기를 머리맡에 두자 수면제 없이 아침까지 잠을 잘 수 있었다. 새벽까지 깨지 않고 연속으로! 일주일 동안 수면제 없이 이렇게 잠을 잔 후 이비인후과 진료를 받으며 이 사실을 주치 교수에게 설명했다.

"아, 그러시군요. '소리 치료'라는 게 있습니다."

그는 청력 검사실에서 내 이명 주파수를 측정한 후 시내에 있는 보청기 회사를 소개해 주었다. 나의 이명 주파수는 7,000~8,000헤르츠였다. 사람의 가청 주파수가 20~2만 헤르츠임을 감안하면 7,000헤르츠는 주파수가 꽤 높은 소리다. 가설 무대에서 앰프 설정을 잘못했을 때 스피커에서 나는 "삐익" 소리가 여기에 가깝다. 다만 귀뚜라미, 혹은 여치 울음소리 정도로 음량이 약할 뿐이다. 이명은 나의 귀 안에서만 들리고, 밖으로는 전달되지 않았다. 소음에 둔감한 사람도 있고 예민한 사람도 있는데, 나는 소음에 예민한 편이었다. 그러니 이명 때문에 잠을 잘 수가 없었던 것이다.

주치 교수가 소개해 준 보청기 회사에 갔다. 그곳에서는 미세한 소리가 나는 작은 장치를 꺼내 내게 거슬리는 이명의 주파수와 음량이 비슷하도록 조절해 귀에 걸어 주었다. 이 이명 차폐기(tinnitus masker)는 보청기처럼 생겼지만, 조금 더 작아 보였다. 정면에서는 잘 보이지 않긴 했지만, 보청기를 찬 형상이어서 처음에는 살짝 거부감이 들었다. 하지만 착용하자마자 귀와 머리가 시원해지는 느낌이 있어 결국 받아들이기로 했다. 이 장치는 내이에서 나는 이명 소리가 소뇌를 거쳐 대뇌로 전달되는 경로를 '외부 소리'로 상쇄시키는 원리를 이용한다. 처음에는 낮 동안 이명이 괴로울 때만 가끔 꼈다가 뺐다를 반복하면서 착용 시간을 점차 줄여 갔다. 시간이 흐르자 일상생활에서는 이명이 거의 들리지 않고 밤에도 차폐기 없이 잠들 수 있게 되었다. 새벽잠을 깼을 때, 즉 세상에 아무 소리가 없을 때만 괴로웠다. 이때 차폐기를 잠시 착용했다가 아침에 일어나 샤워하고 나면 소리가 사라졌다. 운 좋으면 온종일 이명이 없는 날도 있었다. 이 장치를 하루도 빼놓지 않고 3년간 사용했다. 3년 6개월이 지나니 이제 차폐기 없이도 가끔은 새벽잠을 더 잘 수 있게 되었다.

이명이 생긴 이후 주변 사람과의 대화에서 의외로 많은 이가 같은 증상으로 고생한다는 사실을 알게 되었다. 나의 경험을 들려주며 이명 차폐기를 소개하곤 했다. 비싼 기계이니만큼 보청기 회사에서는 다행히도 바로 팔지 않고 한 달간 대여해 주기도 한다. 그런데 이명이 생긴 지 수년이 지난 사람에게는 효과가 거의 없다고 했다. 그 기전은 이렇다. 내이(속귀)에서 나는 소리가 소뇌를 거쳐서 대뇌로 전달될 때 신경 세포의 회로, 즉 시냅스를 형성한다. 이는 마치 진공관이 앰프의 신호를 받아 증폭하듯, 전달된 소리를 더욱 선명하게 인식하게 만드는 메커니즘이다. 이러한 시냅스가 지속적으로 활성화되어 일정한 소리 자극에 익숙해지면 나중에 차폐기를 사용해 같은 주파수의 소리를 들려준다 해도 기존의 소리 전달 회로를 무력화할 수 없게 된다. 그래서 진공관-시냅스 회로가 굳어지기 전에, 즉 이명 발생 초기 단계에 차폐기를 사용해 이를 막는 것이 소리 치료의 핵심이라고 한다.

처음 이명이 시작되었을 때 나는 유튜브에서 '비 오는 소리' 영상을 틀어 잠을 청하곤 했다. 빗소리는 빗방울이 땅이나 사물에 부딪히며 나는 다양한 주파수와 음량을 포함하고 있다. 이중에서 이명 차단에 실제로 효과적인 소리는 이명과 유사한 특정 주파수에 해당하는 극히 일부이고, 나머지 빗방울 소리는 오히려 배경 소음으로 작용한다. 이런 점에서 무작위적인 빗소리보다는 이명 주파수에 맞춘 차폐기를 이용한 치료가 더 바람직하다.

스트레스로 인한 어지럼증과 이명으로 심각한 수면 장애를 겪었지만, 이명 차폐기를 귀에 꽂은 후로는 전과 다름없이 일상을 누릴 수 있게 되었다. 그 과정을 되돌아보니 고통 속에서 하나하나 더듬어 가며 마침내 찾아낸 해결과 치유의 이 길이야말로 참으로 놀라운 인생 여정이었다. 의사가 아닌 환자로서 나는 많은 것을 배우고 느꼈고, 감사하게도 환자들의 고통과 심정을 더욱 잘 이해하게 되었다.

청진기 하나로 얻은 행운

청진기는 심장 박동, 호흡음, 위장관의 움직임을 듣는 내과, 외과 의사와 태아의 박동 소리를 듣는 소아과, 산부인과 의사에게 꼭 필요한 의료 기구다. 청진기의 개발 역사는 이렇다. 1816년 어느 날 프랑스 의사 르네 라에네크(René Laennec)는 우연히 어린이가 나무 봉의 끝에 귀를 대고 노는 모습을 보고 공책을 둥글게 말아 여성 환자의 가슴에 대고 청진을 시도했다. 그러자 심장 소리가 명료하게 들리는 것을 확인하고 놀랐다고 한다. 그는 마분지를 말아 실로 묶고 아교를 발라 굳혀 튜브를 만들고 이를 청흉기(stethoscope)라고 명명했다. 이후 금속이나 나무가 소리가 잘 전달한다는 사실을 알게 되어 나무로 개량했다. 1855년 미국 의사 조지 캐먼(George Cammann)이 현재 사용되는 두 귀로 듣는 형태의 청진기(biaural stethoscope)를 발명해 성능을 크게 개선했고 이후 청진기는 의사의 상징이 되었다. 1980년대까지 의사의 긴 가운 주머니에는 청진기가 들어 있었다. 그러나 가운의 길이가 짧아지면서 주머니도 작아져, 의학 드라마에서도 청진기를 목에 걸고 다니는 모습이 자리 잡았다.

1970년대 말 내가 의과 대학 학생이던 시절, 내과의 상징적 인물이자 심장병 명의로 알려졌던 한 원로 심장 내과 교수님께서는 소리만 듣고도 웬만한 심장병을 구별한다는 이야기가 자주 회자되곤 했다. 그러나 심장 초음파 검사(echocardiography)와 관상 동맥 조영술(coronary angiography, CAG), 심혈관 CT 같은 고성능 첨단 장비를 사용하는 현대 의학은 이제 청진기와는 비교할 수 없는 수준의 정밀한 진단을 내릴 수 있다. 자연히 심장 내과 의사의 가운에서조차 청진기가 사라지고 있다.

첨단 장비는 특정 질환이 의심될 때 감별 진단을 하거나 질환의 정도를 평가해 치료 방침을 정하는 데 매우 유용하다. 그러나 첨단 장비를 동원하기 전에 먼저 환자의 신체를 눈으로 살피고 손으로 만져 보며 필요하다면 청진까지 한 이후에 문제의 가능성을 판단하고, 이를 바탕으로 장비를 순차적으로 활용하는 것이 바람직하다. 그래야 불필요한 검사 비용도 절감하고 더 정확하게 진단할 수 있기 때문이다.

지난해 겨울 헝가리 부다페스트 주재 한국 대사관에 근무하는 고등학교 친구에게서 몇 차례 전화가 걸려왔다. 복통이 잦다고 한다. 국제 전화를 통해 현지 의사의 진찰 소견을 자세히 들어보았다. 그의 직위는 공사(公使)로 대사(大使) 바로 다음 직급의 고위 외교관이기에 유명 사립 병원에서 진찰을 받았지만, 통증의 원인을 명확하게 밝혀내지 못했다. 분명한 것은 담석증이 있는데 담석이 통증의 원인인지는 분명하지 않으나 일단 가능성이 있기에 담낭 절제를 권유 받았다고 했다. 4월 초에도 심한 복통을 앓았는데, 현지에서 수술해야 할지 판단이 서지 않아 급거 귀국해 서울의 이른바 최고 명문 병원에서 진료를 받았다. CT, 초음파 검사, 간담도 정밀 검사(hepatobiliary scan, DISIDA) 등 가능한 검사를 다 시행한 후 내린 결론은 헝가리에서와 별로 다르지 않았다. 분명한 것은 담석증이 있다는 사실뿐, 이것이 복통과 관련이 있는지는 불명확했다.

그렇다면 어떻게 할 것인가? 헝가리에서와 마찬가지로 담낭 절제 수술을 하자고 했다. 그는 외과 의사인 내 견해를 듣고자 직접 대구로 왔다. 병력을 청취하고 검사 자료를 검토해 보니 지금까지의 진단에 동의할 수 있었다. 마지막으로 진찰대에 눕게 해 진찰했다. 복부에 수술 흔적이 있었다. 10년 전 카자흐스탄 근무 당시 진단이 늦어져 복막염이 된 후 서울에 와 충수 절제 수술을 받았다고 했다. 충수돌기염 수술치고는 흉터가 거칠었다. 불행히도 그 시기는 의료계가 의약 분업 반대 총파업을 할 때로, 전공의들이 손을 놓아 많은 병원에서 응급 수술을 비롯한 필수 불가결한 수술만 전문의가 진행하고 있었다.

그가 수술을 받은 병원도 마찬가지였다. 진단은 충수돌기염 천공에 따른 복막염이었다. 요즘은 대부분 충수 절제를 복강경 수술로 하지만, 이때는 개복했으며 수술 후 상처가 곪아 3주간 고생한 다음 회복되었고 이후로도 가끔 속이 불편했다고 했다. 손을 짚어 가며 통증 부위를 확인해 보았다. 담석으로 통증이 일어나는 부위가 아니라 배꼽 주위였다. 청진해 보니 장음이 증가해 있었다. 가져온 자료에서 복부 엑스선 사진을 보니 소장에 가스 음영이 관찰되었다. 유착에 의한 소장 부분 폐쇄증으로 추정된다. 이전까지 여러 번의 검사에서 이 소견을 이야기하는 의사는 없었다고 했다. 장 유착증은 CT나 MRI 같은 첨단 장비로도 명확히 나타나지 않지만, 병력 청취, 촉진, 청진, 그리고 단순 복부 엑스선 촬영만으로도 진단할 수 있다. 그러나 그는 헝가리에서도 서울에서도 통증 부위를 직접 눌러 보거나 청진기를 사용한 의사가 없었다고 했다. 모두 젊은 의사들이었다. 그들은 최첨단 장비를 갖추고 현대 의학으로 환자를 평가했지만, 돈 한 푼 들지 않는 기본적인 촉진과 청진은 거치지 않았던 것이다.

다음 날 곧바로 수술을 진행했다. 유착된 부분을 복강경으로 찬찬히 박리해 나갔더니 기타 줄처럼 밴드가 소장의 한 부위를 가로누르고 있었다. 이것을 자르고 유착 부위를 더 박리해 수술은 어렵지 않게 끝났다. 담석증이 있기에 담낭 절제 수술도 겸했다. 수술 이후 통증은 사라졌다.

그는 며칠 후 퇴원했고 복통의 두려움에서 해방되어 부다페스트 대사관에 복귀했다. 그다음 해 나는 프랑스 파리에서 열리는 세계 간담췌 외과 학회에 참석하게 되었다. 친구는 통증의 두려움에서 해방해 준 데 대한 감사의 표시로 나를 헝가리로 초대했다. 학술 대회에 함께 참석한 A 교수가 대한항공과 코드를 공유하는 에어 프랑스를 이용해 파리에서 부다페스트로 간 후, 체코 프라하에서 대한항공 국제선을 타는 일정으로 추가 비용 없이 귀국 비행편을 예약 변경해 놓았다. 학술 대회 마지막 날 나는 부다페스트로 날아가 고급스러운 고위 외교관 공관에서 A 교수와 이틀간 머물며 명승지와 유적지를 둘러보았다. 다뉴브 강과 강 너머 야산을 따라 주황색 지붕을 인 집들이 빼곡하게 늘어선 아름다운 풍경을 함께 내려다 볼 수 있는 비세그라드 고성(古城), 애국가를 작곡한 안익태 선생 유적지를 방문했다. 또한 다뉴브 강 양안의 고성과 건물들에 비치는 환상적인 야경을 감상하기도 했다.

2박 3일간 부다페스트 시내와 교외 유적지를 방문하며 우리는 그간의 삶에 관해 이야기를 나누었다. 그는 임용 후 지금까지 로마 바티칸, 중동, 중앙아시아, 그리고 동유럽 여러 나라에서 외교관으로 근무하면서 시시때때로 하나님의 인도를 경험했다고 고백했다. 가난하던 학창 시절 외교관이 되어 세계를 누비리라고는 생각도 못 했던 그의 이야기는, 미숙한 시골뜨기였던 청소년기를 지나 외과 의사로서 성장하며 겪은 나의 여정과 맞닿아 있었다.

마지막 날 부다페스트 공항은 인천행 직항이 없기에 체코 프라하로 이동했다. 짧은 시간이었지만 시내 구경도 하며 몇 시간 머물다가 공항으로 갔다. 7월 초순이었다. 우리는 이코노미석을 예약했는데, 관광객이 많아서인지 만석이어서 동행한 A 교수와 함께 비즈니스석으로 무료 업그레이드를 받았다. 스위치 하나로 침대가 되는 넓고 편안한 좌석에서 여러 가지 맛있는 음식도 즐겼다. 청진기 하나의 힘으로 큰 행운을 누린 셈이다.

**

중문학을 전공한 친구 권호종 교수가 소개하고 해설한 소동파(蘇東坡)의 시가 생각났다.

> 자유와 함께 면지에서 옛일을 회상하다
> (和子由澠池懷舊)

> 사람이 나서 이르는 곳이 무엇과 같은지 아는가?
> 마땅히 날아가는 기러기가 눈밭을 밟는 것과 같으리.
> 눈 위에 우연히 발자국 남더라도
> 날아간 기러기가 동으로 갔는지 서쪽으로 갔는지 어찌 알리.
> 노승은 이미 죽어 새로운 탑이 세워지고
> 허물어진 벽에서는 옛 시를 찾을 수 없네.
> 우리가 걷던 험난한 길 기억하는가?
> 먼 길에 사람은 피곤하고 절뚝거리는 나귀는 울었지.
> (人生到處知何似,

應似飛鴻踏雪泥.

雪上偶然留指爪,

飛鴻那復計東西.

老僧已死成新塔,

壞壁無有見舊題.

往日岐嶇還記否,

路長人困蹇驢嘶.)

　　사람이 어디에서 무엇을 하고 살든, 그 모습은 무엇과 같은지를 묻는 것으로 시인은 입을 열었다. 동생에게 묻고 있지만, 답을 바란 것은 아니다. 결국 자문자답(自問自答)인데, 그 대답이 걸작이다. 가을 하늘을 높이 나는 기러기, 그 기러기가 잠시 비행을 멈추고 땅으로 내려앉는다. 그런데 내려앉은 곳이 공교롭게도 눈이 녹은 진창이다. 닿음에 가장 민감한 진창이다 보니, 기러기가 조심스레 사뿐히 내려놓은 발가락과 발톱도 그 자국이 선명하다. 하늘을 날던 기러기가 잠깐 땅에 내려앉아 남긴 흔적과도 같은 것이 인생이고, 그 흔적마저도 곧 사라진다는 것이다. 기러기가 진흙 위에 발자국을 남긴 것은 누구의 뜻일까? 적어도 기러기 자신의 의지에 의한 것은 아니다. 그래서 우연(偶然)이라고 말한 것이다. 우연히 발자국을 남긴 기러기는 그 뒤로 어떻게 되는 것일까? 기러기는 다시 하늘을 날지만, 그 향방을 알 수는 없다. 하늘에서 내려와 우연히 발자국을 남기고 다시 하늘로 날아가는데 그 향방은 알 수 없는 게 기러기의 삶이요, 그것이 또한 인생이라는 것이다. 그리고 눈 진흙(雪泥)처럼 자국이 잠시 남지만 이내 왔다 간 흔적조차도 알 수 없이 사라진다. 이쯤에서 상념으로부터 깨어난 시인은 쓸쓸히 자신의 인생을 반추(反芻)한다. 6년 전 아우인 소철(蘇轍)과 과거(科擧) 시험을 보러 가다가 이곳(池)에 들렀던 일을 떠올린다. 그때 그들을 환대했던 스님은 이미 세상을 떴다. 그 흔적은 새로 만들어진 탑(塔)이지만, 이 또한 곧 사라질 것이다. 사라진 것은 이뿐만이 아니다. 스님의 방과 벽도, 그 벽에 써 놓았던 시도 사라졌다. 길은 멀고 사람은 지치고 말이 허덕이며 고생고생하며 이곳에 왔던 일들이 가물가물 떠오르긴 하지만, 이미 흔적은 사라지고 없다.

인생이란 무엇인가? 삶은 무엇이고 죽음은 무엇인가? 태어난 이상 언젠가 죽어야만 하는 것이 생명체의 숙명이다. 그러나 사람들은 흔히 자신은 죽음과 무관한 듯이 살아가다가 가까운 가족이나 지인(知人)들이 사고나 병으로 세상을 떠났다는 소식을 접하면 비로소 자신의 운명, 또 인생의 의미를 돌아보곤 한다. 어차피 죽을 운명이라면 사는 것 자체가 무슨 의미가 있을 것인가? 삶은 삶대로, 죽음은 죽음대로 의미가 있다고 위안을 하지만, 그래도 인생의 허무함을 완전히 달랠 수는 없다. 인생의 우연과 사라짐을 감각적으로 그려낸 시인의 솜씨에도 인생은 허무할 수밖에 없는 것일까?

아니다. 인생무상이라며 자포자기하는 사람도 더러 있겠지만, 살아 있는 한 인간은 노력을, 인생을 포기하면 안 될 것이다. 사실 고통과 고난과 풍파를 겪지 않았다면, 소동파가 어찌 대과의 전시(殿

試) 최종 합격자로서 지방과 중앙의 요직을 두루 거치며 아버지 소순(蘇洵), 동생 소철과 더불어 삼소(三蘇)로서 중국뿐만 아니라 우리나라에까지 문명(文名)을 떨쳤겠는가? 당송팔대가(唐宋八大家)에 소씨 가문은 3명이나 이름을 올렸는데, 아시다시피 삼소 중에서 소동파가 제일 유명하다. 이 시는 또 어떻게 보면 바로 시인의 인생에 관한 깊은 연구와 낙관적인 진취 정신을 보여 주는 것이기도 하다.

인생은 여행이다.

코로나 바이러스 전투의 최전선에서

【 2020년 2월 18일 】

　이른바 '31번 환자'가 확진 판정을 받은 다음 날부터 대구에는 코로나19 확진자가 가파르게 늘어나고 있다. 3일 후인 2월 21일 금요일 오전 7시 30분, 비상 교수 회의가 소집되었다. 대구광역시장, 4개 대학교 병원장과 관계자가 참석해 전날 밤늦게까지 이어진 감염 대책 회의의 결과를 공유하는 자리였다. 그 핵심 내용은 대구 동산 병원을 코로나 환자의 입원 치료를 위한 거점 병원으로 지정했다는 것이었다. 불길한 생각마저 들었다. 국립 대학 병원과 공공 의료 기관인 시립 대구 의료원, 보훈 병원을 제쳐 두고 왜 사립 병원을 국가적 비상 재난 상황에 내어 주어야 하는가? 지난해 4월 성서 지구에 현대식 병원을 새로 건립하며 이전보다 고급스러운 환경에서 한 차원 높은 서비스를 제공해 왔다. 옛 병원은 2차 병원으로 허가받아 운영 중이었다. 코로나19 범유행이 끝나면 이 병원이 어떻게 될지 우려되었다. 유령 동산이 되는 것은 아닌가? 한편으로는 기독교 기관으로서 이런 위기 상황에 어려운 환자를 앞장서 돌보는 일은 마치 홍수에 휩쓸려 떠내려가는 사람에게 노아의 방주를 여는 것에 비견할 만하니 참 잘했다는 생각도 들었다.

【 2020년 2월 23일 】

대한민국 역사상 처음으로 대구의 교회와 성당이 모두 문을 닫으며 예배와 미사가 중단되었다. 나는 병원에 들러 코로나19 바이러스 확산 상황 속에서도 수술한 환자와 수술을 기다리는 환자들을 만나 향후 계획을 의논하고자 했다. 병동으로 올라가는 엘리베이터에서 호흡기 내과 P 교수를 만났다.

"어이쿠, 어려운 시기에 수고가 많으십니다."

"괜찮습니다. 열심히 하고 있습니다."라고 받아넘기기에 "P 교수님도 본인 건강을 꼭 잘 챙기세요."라고 당부한 뒤 회진을 위해 병실로 갔다.

환자들도 텔레비전이나 SNS를 통해 시시각각 전달되는 뉴스를 잘 알고 있었다. 수술 후 회복 중인 환자뿐만 아니라 수술을 기다리고 있는 간문부 담관암 환자 2명과 간 이식 대기자 1명까지 모두 의

외로 동요하지 않고 상황을 담담히 받아들이고 있었다. 그러나 그 담담한 표정 너머로는 미세한 불안과 두려움이 엿보였다. 그럴 수밖에 없다. 한 번도 경험해 보지 못한 미증유의 바이러스가 상상 이상으로 빠르고 광범위하게 퍼지고 있기 때문이다. 중국 우한(武汉)에서 전해지는 뉴스의 영향이 크다.

병원에는 음압 병상이 11개 있지만, 이미 10개가 중환자로 가득 찼고 하나만 남겨 놓은 상태다. 이런 중환자실에서 환자가 이식 수술 후 면역 억제제를 투여하면서 일주일을 치료해야 하는 상황을 받아들일 수가 없었다. 간 이식 대기자는 46세 남성으로, 유일한 가족인 어머니가 간을 기증하기로 해 이틀마다 복수를 2리터씩 뽑아 가며 지금까지 버텨 왔다. 상황이 이런 만큼 코로나 환자가 별로 없는 서울로 보내려 했지만, 그는 죽어도 좋으니 여기서 수술받겠다고 애원했다.

환자의 혈액형은 O형, 어머니의 혈액형은 B형이다. 즉 혈액형 불일치 증례다. 아들이 어머니에게 수혈은 가능해도, 반대로 어머니의 혈액을 아들에게 수혈하는 것은 불가능하다. 몇 년 전까지만 해도 이런 수술은 금기였다. 그러나 리툭시맙(rituximab)이라는 면역 억제제를 수술 2주일 전에 투여하면 혈액에서 발현하는 항원 항체 반응(antigen-antibody reaction)이 일어나지 않는다. 수술 일주일 전에는 혈장 치환술(therapeutic plasma exchange)을 통해 이미 만들어져 체내 혈액에 녹아 있는 항체를 제거한 후에 수술한다. 그러면 일종의 거부 반응인 항원 항체 반응을 피할 수 있고, 혈액형 일치 간 이식과 거의 동등한 성적을 얻을 수 있어 지금은 일반화된 방법이다.

　3월 4일로 잡힌 수술 일정대로 일주일 전 면역 억제제 주사를 이미 완료했고 내일 혈장 치환술을 시행할 차례였다. 이 환자를 어떡할 것인가? 간문부 담관암 환자 2명도 일단은 수술을 미루고 퇴원하기로 하고, 늦은 오후에 집으로 돌아왔다. 저녁이 되어서야 환자를 서울로 보내서 혈장 치환술과 간 이식을 진행하도록 해야겠다는 생각이 떠올랐다. 학회에서 임원으로 같이 일했고 현재는 Y 대학교 병원 원장으로 있는 Y 교수에게 전화해 그간 사정을 자세히 설명했다. 그는 사태를 너무나 잘 알고 있었다. 대구뿐만 아니라 서울 병원에서도 코로나 바이러스 감염 대책 위원회를 조직하는 중이었다. 일요일임에도 코로나 바이러스 감염 환자 대비 위원회를 꾸려 대책 회의를 막 마쳤다고 했다. Y 교수는 간 이식 책임 교수에게 전화했고, 그는 곧바로 내게 전화를 걸어 환자를 내일 보내 달라고 했다. 이런 위기에 나와 환자를 구출해 주는 원군이 있다는 사실에 감사했다.

　그런 후 내과 전공의인 아들에게 전화해 안부를 물었다. 오늘 중환자실 당직이며 호흡 곤란이 있는 중증 환자가 타 병원에서 이송되어 오면 인공 호흡기를 달아야 한다고 했다. 가슴이 덜컥 내려앉았다. 그는 이제 온몸을 감싸는 레벨 D 보호 장구를 입고서 기관(氣管) 튜브 삽관을 하고 인공 호흡기를 부착해야 한다. 손목 동맥에 주삿바늘을 찔러 넣어 동맥압을 측정하는 장치도 달아야 한다. 부디 조심해야 한다고 당부를 했다.

　"예, 알아서 할게요. 걱정하지 마세요."라고 아들은 대답했다.

우한에서 코로나19 바이러스 감염증이 최고조에 달했을 때 안과 의사 리원량(李文亮)의 절규가 담긴 신문 기사를 며칠 전 읽었고 영화 감독 창카이(常凱) 일가족 4명의 사망 기사도 스크랩해 두었다. 가슴이 죄어 왔다. 자식을 전쟁터로 보낸 기분이다. 아내에게는 아들의 구체적인 임무를 이야기하지 않았다. 단지 중환자실 당직이라고만 해 두었다.

다음 날 간 이식 예정자의 의무 기록과 전원 소견서를 작성해 서울로 보냈다. 서울에서는 환자가 입원한 병동에 코로나 바이러스 감염자나 접촉자가 있다면 정보를 추가로 보내 달라고 요청했다. 불행히도 환자가 입원한 병동에 코로나19 감염 환자를 돌본 간호사가 있다는 사실을 숨길 수는 없었다. 자료를 검토한 위원회에서 회의 결과 이 환자는 받아들일 수 없다는 전갈을 받았다. 병실로 가서 환자에게 상황을 자세히 설명했다.

"하는 수 없이 2주 정도 더 지켜보다가 수술을 결정해야겠습니다."라고 말하니 환자는 하루하루 버티느라 고통스럽겠지만 "교수님께서 이 정도로 애써 주시니 제가 더는 떼를 쓰지 않겠습니다."라고 일단 물러섰다.

퇴근해 텔레비전 뉴스에 촉각을 곤두세우고 있는데, 늦은 시각 장남이 씩 웃으면서 문을 열고 들어왔다. 코로나 바이러스와의 전쟁 최일선에서 일하다 돌아온 아들을 보자 마치 전선에서 무사히 돌아온 군인을 맞는 기분이었다. 아내는 아들을 끌어안으려다가 접촉을 금해야 한다는 원칙이 떠올라 멈췄다. 내 초미의 관심사는 어젯밤의 중증 환자를 어떻게 처리했는지에 관한 것이었다. 그는 내 궁금증을 눈치채고서는 스스로 입을 열었다.

"어제 전원된 환자의 기관 튜브 삽관과 인공 호흡기 설치는 P 교수님께서 직접 하셨어요. 나하고 인턴이 레벨 D 보호 장구를 입으려던 찰나, 교수님이 오시더니 '오늘은 내가 할 테니 너희들은 물러나 있어. 전투력을 아껴야지. 음압 병실 안에는 아무도 들어오지 마. 나 혼자서 한다.'라고 하며 누구의 도움도 받지 않고 혼자서 기관 튜브 삽관, 인공 호흡기 설치, 동맥 주사관 삽입까지 모두 처리하셨어요."라고 했다. 졸아들던 가슴이 오히려 뭉클한 감동으로 가득 찼다.

"큰 감동을 받았어요. P 교수님이 우리 병원에 있다는 사실이 자랑스러워요."라는 아들을 보며 눈시울이 뜨거워졌다. "그래, 아무리 논리적이고 탁월한 교수법이라도 몸소 실천하는 가르침보다 더 귀할 수는 없지. 너에게도 좋은 의사가 되는 데 큰 귀감이 되었겠구나."라고 말하며 아들에게 과일 한 쪽을 건넸다.

【 2020년 2월 26일 】

지난주 병원에서는 긴급 대책 회의가 여러 번 열렸고, 외과에서도 긴급 교수 회의가 두 차례 진행되었다. 코로나 확진자 접촉으로 간담췌 외과 교수 3명이 자가 격리에 들어갔다. 감염자가 아님에도 말이다. 결국 가장 연장자인 내가 앞으로 2주간 모든 진료와 수술을 혼자 맡아야 한다. 이런 상황에서 내가 우선해서 할 일은 몸을 잘 관리하는 것이다. 그래야 응급 환자와 간절히 기다리는 암 환자 중 일부라도 수술할 수 있기 때문이다.

　병원 당국은 감염 대책 위원회를 조직해 시시각각 상황과 실천 사항을 공지하고 있었다. 코로나19 바이러스 감염증 환자가 응급실에 들어오면 응급실은 일정 시간 폐쇄되었다가 다시 열리기를 반복했다. 그 틈을 타고 화농성 담낭염 환자가 하루에도 두세 명씩 병원으로 들어왔다. 얼마나 아프고 답답했으면 코로나 중증 환자가 수시로 이송되는 대학 병원 응급실로 향했겠는가?

　다음 날 뜻하지 않은 희소식이 가족 단체 채팅방에 올라왔다. 딸이 예정보다 일주일가량 일찍 순산했다고 한다. 가슴 졸이며 기다려 온 소식에 기쁘고도 떨렸다. 병원에 근무하던 만삭의 딸은 31번 슈퍼 전파자가 언론에 보도된 직후 출산 휴가에 들어갔는데, 일주일 만에 새 생명이 태어난 것이다. 그야말로 전쟁터에 핀 장미꽃이다.

【 2020년 3월 2일 】

　전날 당직을 마친 장남이 집에 와 3월 전공의 순환 계획에 대해 이야기했다. 그는 3월 1일 자로 고년차가 되어 2개월 동안 호흡기 내과에서 일할 예정이라고 했다. 가슴이 철렁 내려앉았다. 코로나19 감염 사태 이전에 짜인 계획이라지만, 하루 500명 이상의 양성 확진자가 발생하는 상황이다. 예상대로라면 앞으로 2개월이 중증 환자가 가장 많을 시기였다.

　대구 동산 병원은 코로나19 확진자 중 경증 환자를 입원시키는 거점 병원으로 지정되어 이미 250명 이상 입원했고, 전국에서 온 자원 봉사 의사, 간호사 들이 투입되어 진료하고 있다. 하지만 확진자가 폭발적으로 늘어나면서 중증 환자도 많이 늘어 대구 지역 4개 대학교 병원의 음압 격리 병상을 가득 채우고 이제는 동산 병원 중환자실에도 환자를 받는 상황이다. 인공 호흡기를 부착한 환자도 있어서 앞서 무용담의 주인공이었던 호흡기 내과 P 교수를 중환자실 책임 교수로 파견했다. 이제 호흡기 내과는 중견 교수와 막내 교수, 전공의 2명이 남아 과를 지키고 있다. 숨이 가쁜 중증 폐렴 환자를 돌보고 인공 호흡기를 탈부착하는 일은 장남의 몫이다. 아버지로서 여간 마음이 쓰이는 일이 아니었다. 그는 담담하게 말했다.

"이제는 장기전에 대비해야겠어요. 이 시기에 내게 가장 중한 환자들을 돌보는 임무가 주어진 것을 운명으로 받아들이면서 열심히 해 보려고요."

나는 속내를 드러내지 않고 "이럴 때는 담대함이 필요하지. 코로나 중증 환자를 치료한 경험은 내과 의사로서 성장하는 데 큰 자산이 될 거야. 겁낼 것 없어. 넌 건강하잖아. 중증 환자는 대부분 기저 질환이 있는 사람들이거든. 건강한 사람은 감염이 잘 일어나지 않고, 걸려도 감기처럼 경증으로 지나가는 거잖아." 이렇게 위로했지만, 속은 타들어 갔다. 게다가 아내는 5일 전 손녀를 낳은 딸 모녀를 돌봐야 한다. 혹시 신생아에게 감염이 될까 걱정이 태산 같았다.

코로나19 확진자 발견으로 응급실이 폐쇄되었다가 다시 열리기를 반복하는 틈을 타서 입원한 화농성 담낭염 환자들을 연이어 4명 수술했다. 근년에는 담낭 절제가 대부분 복강경 수술로 이루어져 개복한 기억이 별로 없지만, 두 노인 환자의 경우는 워낙 염증이 심해 개복해서 겨우 수술할 수 있었다. 3월 10일에는 이제 대처 요령도 생기고 사태를 바라보는 감각도 약간 무뎌져 멀리서 찾아온 간문부 담관암 환자의 7시간짜리 근치적 절제 수술도 했다.

【 2020년 3월 16일 】

코로나19 바이러스 범유행이 시작된 지 어느덧 4주째다. 8,000여 명의 환자와 70여 명의 사망자가 발생했지만, 지난주부터는 신규 확진자 숫자가 하향 곡선을 그리고 있다. 새 생명이 태어난 지는 19일째다. 어제 처음으로 손녀를 보러 딸네 집에 갔다. 사태가 사태인지라 딸은 예약했던 산후 조리원 대신 집에서 산후 조리를 해 왔다. 전쟁터 같은 세상 속에서도 아기는 새근새근 평화롭게 자고 있었다. 젖도 우유도 잘 먹으며 잘 크고 있다. 우리 부부도 이렇게 조그만 아기를 품에 안고 어르던 때가 엊그제 같은데, 그런 아기가 어느덧 지금은 코로나 바이러스와 싸우는 장성한 어른이 되었구나 싶었다. 세상 모르고 잠든 새 생명은 얼굴에 평화를 가득 머금고 있다. 내일은 그동안 미뤄 왔던 생체 간 이식 수술을 시행한다. 어머니와 복수로 배가 볼록한 아들의 손을 양손으로 잡으며, 이 고비를 잘 이겨 내고 수술을 마쳐 회복해서 새 삶을 살아갈 수 있기를 기도하고 돌아왔다.

다음 날 간 이식 수술은 오랜만에 시행했지만 전 과정이 한 치의 막힘 없이 순조롭게 진행되었다. 간 이식 관련 교수진은 두 팀으로 나뉘어 한 팀은 복강경을 이용해 공여자인 어머니의 우엽을 떼어 내는 수술을, 다른 한 팀은 환자인 아들의 병든 간을 떼어 내고 어머니의 우엽을 붙이는 대수술을 진행했다. 모든 과정은 8시간 만에 마무리되었다. 다음 날 아들과 어머니가 따로 떨어져 누워 있는 중환자실로 갔다. 혈액 검사 결과도 좋았고, 환자 감시 장치(patient monitor)의 생체 신호도 두 사람 모두 아주 안정적이다. 수술이 잘되었다고 설명했다. 간 이식 수술 자체만으로도 큰 결심이 필요했을 텐데 코로나19 사태로 그 불안감이 배가 되었던 모양이다.

"교수님 고맙습니다. 이 마음을 말로 다 할 수가 없습니다."

환자의 어머니는 내 손을 잡고 하염없이 눈물을 흘렸다.

**

코로나19 바이러스 첫 감염 사태가 발생한 지 10개월이 지난 늦가을, 전선에 핀 장미꽃 같은 손녀는 이제 방긋 웃으며 일어서기 연습을 하고 있다. 가뭄에 시들어 가던 국화가 때마침 내린 단비로 소생해서 튼실히 자라 꽃을 피우듯이, 간 이식을 받은 환자는 나날이 상태가 호전되더니 이제 완전히 건강을 회복해 직장에 복귀했다.

격리된 외과의: 코로나와 함께한 15일

중국 우한에서 코로나19 바이러스 대유행이 일어나고 2개월 후, 우리나라에서 폭발적으로 감염 사태가 발생했다. 그로부터 1년이 다 되어 가는 시점에 나 역시 감염을 피할 수 없었다. 그 아슬아슬했던 순간을 기록으로 남긴다.

【 2020년 12월 30일(수) 1일 차 】

뜻하지 않게 코로나19 바이러스 확진 판정을 받고 내가 30년간 근무해 온 대구 동산 병원에 저녁 8시 입원했다. 교회 회의 중 옆자리에 앉았던 D 장로로부터 감염이 되었다. 구청 역학 조사반의 비상 체제가 가동되어 감염자들의 확진 전후 48시간의 동선을 면밀히 조사했다. 문제는 일요일 예배 이후에 열린 연말 마지막 주일 장로 회의(당회)였다. 2시간 동안 회의가 진행되었고, 당회에 참석한 14명은 모두 긴급 검사를 받았다. 나 역시 그중 한 사람으로, 화요일 아침 병동 회진 전에 연락을 받고 곧바로 병원 선별 검사소에서 검사한 후 집으로 왔다. 검사하면 다시 병원으로 들어가지 못한다는 원칙에 따라 퇴근할 짐을 챙기고서 말이다.

오후 5시경 나온 첫 검사 결과는 약한 양성이어서 재검사가 필요하다고 했다. 이후 6차례의 추가 검사에서도 판정 불가로 나와서 내일 아침 가검물을 다시 채취해 재검사를 받으라는 지시가 떨어졌다. 아침 일찍, 늘 지하철로 출퇴근하던 길을 이번에는 손수 운전해 와 달라고 한다. 검사받고 곧바로 집에 돌아와 대기했다. 결과는 양성이었다. 오후 3시경 수성구 보건소에서 격리 치료를 받아야 한다는 통보를 받았다. 이 바이러스의 전파력은 놀라웠다. 다행히 부인에게서 전염된 D 장로 좌우에 앉았던 나와 다른 한 명만 감염되었고, 예배와 회의에 참석했던 나머지 중직자는 모두 음성으로 판정되었다.

코로나19 양성 판정을 받자마자 범죄자 같은 신세에 처했다. 감염 확산 방지를 위한 방역 체계는 매우 촘촘했다. 확진 판정 이전 48시간 동안의 동선은 관계 기관의 전방위적인 감시망을 통해 철저히 조사되었다. 근무지인 달서구, 감염원이 된 중구, 거주지인 수성구 방역팀과 대구시 방역반의 담당 의사들이 수시로 전화를 걸어 왔다. 신분이 신분인 탓도 있겠지만, 점잖게 격식 있는 태도로 상황을 설명하며 격리 수용이 필요하다고 했다.

나는 기저 질환 유무에 따라 생활 치료 센터(대구 공무원 연수원)와 내가 속한 대구 동산 병원 중 하나를 선택할 수 있었다. 집에 수험생이 여럿 있어서 하루라도 빨리 격리되어야 했고, 매일 몸 상태를 점검하려면 병원 시설이 더 낫겠다고 판단해 내 정든 일터 대구 동산 병원을 선택했다.

저녁 7시, 119 구급차가 아파트 주차장에 도착했다. 준비해 둔 짐을 들고 구급차에 올랐다. 구급차가 아주 고급스러웠다. 병원에 도착하니 레벨 D 보호 장구를 갖춘 간호사가 나와서 맞아 주었다. "교수님, 좀 고생스럽지만 시간이 지나면 다 괜찮아질 겁니다. 너무 걱정하지 마세요."라는 따뜻한 말을 건넸다.

병원 이전하기 전 연구실로 사용하던 건물 3층이다. 입실하자 만감이 교차했다. 방에는 침대 하나와 장식장, 사물함만 덩그러니 놓여 있고 텔레비전이나 냉장고는 물론 아무런 집기도 없었다. 감옥이 따로 없다는 생각이 들 정도다. 교도소 유리창 같은 병실의 유리창 틈새로 찬바람이 술술 들어온다. 그나마 여기 근무하는 산부인과 의사 친구와 병원장이 전화를 걸어 안부를 물었고 병원장은 특별히 전열기 하나를 보내 주었다. 통로의 형광등 불빛이 방 안으로 그대로 들어왔지만, 하의는 내의에 체육복, 상의는 티셔츠에 두툼한 방한 점퍼를 껴입고, 목도리와 마스크, 빛을 차단하는 안대까지 착용한 채 잠을 청했다. 마치 늦가을 산행 중 텐트 안에서 잠을 자는 기분이다. 그래도 깊이 잠들었고 새벽 5시에 깨어났다.

【 2020. 12. 31(금) 2일 차 】

거의 6~7시간을 푹 잤기에 몸은 개운했지만, 워낙 건조한 환경인 탓에 이럴 때 잘 일어나는 코감기가 시작될 듯한 기세다. 콧물이 조금씩 흐르고 코막힘도 있다. 다른 감기 바이러스 때문일까? 아니면 이미 감염된 코로나19 바이러스로 증상이 시작되는 것일까? 이러나저러나 이 사태를 잘 이겨 내야 한다. 감옥에서 수감 생활을 할 때처럼 일과를 잘 계획하는 것이 중요할 듯하다. 아침 식사 후 체조를 5회 했다. 이어 『성경』 시편 10장을 읽었다. 다윗이 절체절명의 위기에서 하나님께 의지하며 기도하는 모습이 많다. 나도 다윗처럼 기도가 절로 나왔다.

올해는 자녀들에게 중요한 시험이 많은 해다. 첫째와 둘째는 1월 말 다른 자격 시험을 앞두고 있고, 막내는 다음 주 목요일과 금요일 이틀간 의사 국가 고시를 치른다. 공공 의대 설립 반대를 외치던 의사 단체와 의과 대학생 중 실기 시험을 거부한 본과 4학년은 '재시험은 없다.'라는 정부 방침에 따라 낙동강 오리알 신세가 되었지만, 필기 시험은 붙어 놓고 볼 일이다. 최근 몇 주간 코로나19 바이러스가 창궐하고 있는 이때 정부는 시험 불가 방침을 철회하고 2차에 걸쳐 실기 시험을 치르기로 했다고 오늘 발표했다.

내가 입원하면서 가족들은 코로나 검사 후 음성 판정이 나오더라도 2주간 자가 격리해야 한다. 가장 큰 문제는 막내다. 만약 양성으로 확진되면 규정상 시험을 치를 수 없기 때문이다. 다른 자격 시험은 격리 상태에서도 응시할 수 있도록 했으면서, 지나치게 엄격한 규정 아닌가? 오늘 가족 모두 검사를 받았다. 다행히 아내와 막내는 음성으로 나왔다고 한다. 눈물이 핑 돌았다. 장남의 검사 결과는 내일 나온다. 막내는 격리와 공부를 위해 레지던스 호텔로 거처를 옮겼다. 아내와 장남만 집에서 자가 격리 중이다. 타고 가던 조각배가 난파된 것처럼 가족이 순식간에 흩어지고 말았다. 코로나19 바이러스를 직접 맞닥뜨리고 보니, 이런 상황에 빠질 줄은 미처 상상도 못했다는 것을 깨달았다. 어쨌건 일이 벌어졌으니, 무엇보다 나의 상황이 호전되는 것이 가장 중요하다.

요즘 감옥에도 사식이 들어오는지 모르겠다. 담배를 몰래 공급받기도 한다는 이야기는 들었다. 오늘 오후 외과 교수들이 마음을 담아 과일과 과자 등 간식을 한 보따리 보내왔다. 식욕이 감퇴해 먹고 싶은 생각이 없는데 저것을 어떡하지? 마음으로는 큰 위로가 되었다. 옆방 지인에게도 나누어 주었다.

【 2021년 1월 1일(금) 3일 차 】

신축년(辛丑年) 새해가 밝았다. 날은 밝았지만, 마음에는 여전히 수심의 그림자가 드리워져 있다. 다른 걱정은 없는데 막내가 시험 전날 다시 검사를 받아 음성 판정을 받아야만 시험을 치를 수 있다는 사실이 마음을 무겁게 한다. 방 안은 여전히 건조하다. 어젯밤에는 요령이 생겨 바닥에 물을 넉넉히 뿌려 두었다. 아침에 일어나 보니 코가 건조한 증상은 많이 줄었고 콧물도 덜했는데 문제는 인후통이다. 침을 삼킬 때마다 목이 뜨끔거린다. 이제 바이러스가 인후부로 향하고 기도를 넘어 폐를 침범하려는 것처럼 느껴졌다. 5년 전까지만 해도 나는 감기를 달고 다녔다. 일 년에 서너 번은 몸이 으스러질 정도로 심한 몸살감기를 앓곤 했다. 그러나 최근 5년간은 그렇지 않았다. 오늘의 감기 증상은 과거와 같다고 생각하지만, 원인은 분명 코로나 19 바이러스이리라. 목구멍에 침입한 이 바이러스를 반드시 물리쳐야 한다.

아침에 재어 본 체온은 섭씨 37.6도였다. 입원 후 계속 섭씨 37.2~37.6도를 오가고 있다. 다행히 고열은 아니지만, 절체절명의 위기라는 생각이 엄습해 왔다. 코로나 전투의 최전선에 서 있다. 내가 할 수 있는 일은 별로 없다. 최대한 휴식을 취하고 건조한 공기를 가습해야 한다.

오전 8시에 아침상을 받았다. 외부의 전문 식당에서 일회용 용기에 담아 들여보내 주는 식사는 나쁘지 않았다. 밥, 닭고기, 우엉 뿌리, 호박 무침, 김치, 김, 그리고 삶은 달걀까지. 식사를 펼쳐 놓고 젓가락을 드는 순간 하염없이 눈물이 흘렀다. 눈물을 삼키려니 목이 아팠다. 서러움에서 온 눈물일까? 아니면 혹시 내가 이곳에서 악화되면 남겨질 가족이 뒷정리를 어떻게 감당할지 걱정이 앞섰기 때문이었을까? 여러 은행 계좌와 비밀 번호를 미리 장남에게 알려 둬야 하나? 생각이 꼬리에 꼬리를 물며 흐르는 눈물을 주체할 수 없었다.

다시 냉정을 되찾았다. 아침 식사 후에 간호사가 활력 징후를 확인하러 들어왔다. 어제와 오늘의 증상을 이야기했다.

"코감기로 시작해 오늘은 인후통이 있습니다. 체온은 섭씨 37.6

도."

코로나 감염 환자의 증상은 대부분 이렇다고 했다.

"교수님, 너무 걱정하지 마세요. 문제없이 회복될 겁니다."

레벨 D 보호 장구를 착용한 탓에 누구인지 알아볼 수가 없다. 그녀는 나를 잘 안다고 했다. 이름을 들어 봐도 기억나지 않았다. 여기와 새 병원을 합하면 2,000여 명의 간호사가 있지만, 그중 내가 아는 사람은 수간호사급 이상 정도다.

오전 11시경 B 교수와 간호부장이 레벨 D 보호 장구를 걸치고 위문차 병실을 방문했다.

"교수님, 좀 어떠세요?"

"미열이 있고 목이 좀 아픕니다. 어떻게 될 것 같습니까?"

"여기서 호전되기도 하지만, 폐렴으로 진행되는 경우가 많아요."

긍정적인 이야기보다는 부정적인 이야기에 무게를 실은 것으로 들렸다. 환자가 되어 보니 긍정적인 답을 듣고 싶어하는 환자의 심리를 이해하게 되었다. 소아과에서 은퇴 후 진료 의사로 근무하는 K 교수님이 가습기를 보내왔다. 그 마음 씀씀이가 눈물 나도록 고마웠다. 가족들이 모두 격리 중이라 물건을 사러 밖에 나갈 수도, 필요한 물품을 내게 보낼 수도 없다. 낮이 되니 몸이 한결 가벼워졌다. 점심 식사 후 다시 국민 체조 5회를 했다.

【 2021년 1월 2일(토) 4일 차 】

연말 연초 3일 연휴다. 보통 때 같으면 가까운 산에도 다녀오고 신년을 구상하며 휴식을 취하고 있었을 텐데 온 가족이 흩어져 버렸다.

입원 4일째다. 대학 다닐 때 열흘간 병영 훈련을 받았을 때나 군의관 훈련을 위해 3사관학교에 입소했을 때 이것을 어떻게 이겨 내나 싶었지만 열흘, 두 달은 후딱 지나가 버리지 않았는가? 이제 이곳 생활에도 조금은 적응이 되는 듯하다. 바닥에 물을 많이 뿌려 건조한 공기를 해소하고, 머리도 한 번 감았다. 평소의 나는 매일 아침 일어나 맨 먼저 배변과 샤워를 하고 나서 일과를 시작했는데 배변은 매일 했지만 샤워는 3일간 한 번도 못 했다. 그런데도 아무렇지 않게 잘 적응하고 있다.

책도 두 권 읽었다. 박종호의 이탈리아 여행기 『황홀한 여행』을 읽으면서 언제 다시 이탈리아를 여행할 수 있을까를 꿈꿔 보았다. 혼자서 운전하며 찾아갔던 모데나와 볼로냐 지방, 유적지가 많은 토스카나, 여행기에는 없는 파도바 대학교, 오페라 축제가 열리는 베로나도 아내, 혹은 친구들 가족과 같이 여행하고 싶어졌다.

【 2021년 1월 3일(일) 5일 차 】

아침에 깨어 보니 인후통이 완화된 듯해 조금 위안이 되었다. 그래도 여전히 물을 삼키면 목이 아파 진통제를 한 알 먹었다. 오전 9시 30분에 간호사실에서 전화가 왔다. 가슴 CT 촬영하러 내려오라는 지시였다. 건물 밖에 응급차가 대기하고 있다고 했다. 레벨 D 보호 장구를 갖춘 구급대원 3명이 기다리고 있었다. 지시대로 순순히 구급차에 올라 자리에 누웠다. 음압 장비로 밀폐해야 한다며 두

꺼운 비닐백에 나를 완전히 가두고 지퍼를 닫았다. 이른 아침 첫 촬영이라서인지 비닐 상자 안은 냉골이었다. 응급차는 얼마 되지 않는 거리를 달려 다른 건물 CT 촬영실 앞에 멈추어 섰다, 꼼짝도 못하고 지퍼로 닫힌 비닐 상자에 그대로 누워 있으니 덜컹덜컹 둥그런 CT 장비 안으로 나를 밀어 넣었다. '숨 들이마시고 숨 참기'를 두 번 하고, 장치가 두 차례 왔다 갔다 하고는 촬영이 끝났다. 다시 응급차로 옮겨져 지퍼를 닫은 비닐 상자 그대로 담긴 채 입원 병동으로 실려 왔다. 병원에 입원한 이후 가장 섬뜩한 경험이었다.

【 2021년 1월 4일 (월) 6일 차 】

격리 생활이 어느덧 일상이 되었다. 목은 여전히 아프다. 미열도 있다. 더 아픈 곳은 없는데 무기력하다. 의욕이 없다. 활동을 하지 않으니 밥도 반 정도밖에 먹을 수 없다. 반은 누워 지냈다. 아침 식사 후 체조 5회가 가장 큰 활동이다. 이것이 조금이나마 내게 힘을 불어넣기는 한다.

【 2021년 1월 5일(화) 7일 차 】

어제와 마찬가지의 하루다. 오늘은 막내가 코로나19 바이러스 검사를 다시 받는 날이다. 온 가족이 초긴장 상태다. 오전 일찍 중구 보건소에서 출장 검사를 나와서 가검물을 채취해 갔다고 했다. 보건소 직원도 막내의 상황을 인식하고 있다고 했다. 오후 6시가 되어서 연락이 왔다. 결과는 음성이었다. 모두가 가슴 졸였는데 이제 시험을 치르는 데는 문제가 없다. 단지 동기들과 떨어져서 혼자서 격리되어 다른 곳에서 시험을 치러야 한다. 오늘 대구시의 코로나19 바이러스 동태 보고에서 확진자 24명 중 11명은 격리 해제 전 검사에서 확진된 경우로 밝혀졌다. 격리자 재검사라는 촘촘한 방역망을 빠져나와 결과가 음성으로 나온 것만으로 안도했다.

【 2021년 1월 6일(수) 8일 차 】

여기 생활에 많이 익숙해졌다. 춥고 건조한 실내 환경에도 점점 적응하고 있다. 목은 여전히 아프지만, 미열은 조금씩 가라앉는 듯하다. 오늘은 입원 후 처음으로 면도를 했다. 의료계에는 '립스틱 사인'이라는 말이 있다. 환자들이 립스틱을 바르기 시작하면 병이 낫는 징후라는 뜻이다. 그렇다면 나는 몸이 나아서 면도하는 것일까? 아니면 나아지게 보이려고 면도하는 것일까? 움츠러든 마음을 털고 일어나야겠다는 의지가 작용한 것 같기도 하다. 오후에는 8일 만에 처음으로 샤워를 했다. 화장실 옆에 마련된, 문틈으로 영하의 찬바람이 술술 들어오는 샤워장에서 도저히 샤워할 엄두가 나지 않았는데 눈 딱 감고 뜨거운 물을 틀고 그 안으로 들어가니 집에서처럼 따뜻하게 샤워를 할 수 있었다. 이것도 몸이 점점 나아지고 있다는 신호일까? 아니면 단지 내 마음이 변하고 있는 것일까?

【 2021년 1월 7일(목) 9일 차 】

요즈음 가장 추운 날씨라고 기상청이 예보했다. 아침 최저 기온은 섭씨 -13도, 낮 최고 기온도 섭씨 -4도에 머물렀다. 여전히 미열이 있고, 하루에 4~5회 설사도 있다. 몸이 축 까라진다. 낮에도 많은 시간을 누워서 지냈다.

【 2021년 1월 8일(금) 10일 차 】

오늘도 추운 날씨가 이어진다. 아침 최저 기온은 섭씨 -12도, 낮 최고 기온은 섭씨 -3도로 예보대로 방 안이 춥다. 내복에 체육복 바지, 면 티셔츠에 방한 스웨터를 걸쳐도 무릎이 시리다. 활동하지 않으니 밥맛도 없어 반 정도밖에 먹지 못했다. 아침도 점심도 대충 비운 후 다시 침대 위 이불 속으로 들어가 누웠다. 어릴 적 이맘때 시골에서 아침 식사 후 방안에서도 입김이 서려 아랫목에 깔아 놓은 두꺼운 이불을 당기며 형제들이 서로 발을 파고 들어가 누웠던 일이 생각났다. 이 와중에 막내는 이틀간의 시험을 무사히 마쳤다고 한다. 강의실에서 혼자 레벨 D 보호 장구를 착용한 채, 감독관 세 사람이 감시하는 가운데 말이다. 쉽지 않았을 텐데, 무사히 마친 것만으로도 감사한 일이다.

【 2021년 1월 9일(토) 11일 차 】

아침에 일어나 체온을 측정해 보니 섭씨 36.5도다. 오랜만에 정상 체온이다. 몸도 가벼워졌다. 그러나 오후가 되자 다시 열이 섭씨 37.7도로 올랐다. 열감이 있지는 않은데 몸이 나른하다. 끝없이 나락으로 떨어지는 기분이다. 또 이불 속으로 들어가 누웠다. 오늘은 가슴 사진 촬영과 혈액 검사를 했다. 폐렴 증세는 더 나타나지 않고 백혈구 수치도 3,000에서 5,600으로 올랐다. C-반응성 단백질 (C-reactive protein, CRP) 수치도 1.29에서 1.11로 낮아졌다. 제자인 젊은 주치 교수에게 떼를 썼다.

"밤이 추워서 여기 더 머물다간 병이 더 심해질 것 같으니 가능한 한 빨리 퇴원시켜 주세요."

그는 규정에 따라야 한다고 말했다.

"코로나19 바이러스는 법정 전염병이라 규정이 있습니다. 월요일에 다시 검사해 보고 판단해야 합니다."

결국 물러설 수밖에 없었다.

"예, 그렇다면 할 수 없지요."

【 2021년 1월 10일(일) 12일 차 】

오늘은 몸이 매우 가벼워졌다. 아픈 곳도 없다. 단지 몸이 까라진다. 아침에 일어나서 체온을 재어 보니 섭씨 37.9도다. 느낌으로는 열이 없는데도, 방이 추워서 히터 온도를 높게 올리고 이불 속에 누워 있으니 체온이 더 올라갔는지도 모를 일이다. 오늘은 어쨌거나 방 안 환기도 하고 히터 온도를 낮춘 뒤 물수건으로 몸을 닦아서라도 체온을 낮추기로 마음먹었다. 오후에 주치의로부터 전화가 걸려 왔다.

"어젯밤 미열은 있었지만, 날씨가 추워 방 안 온도를 높게 해서 그러리라 봅니다. 오늘 별다른 증상이 없고 내일 오전 검사에서 이상이 없다면 오후에 퇴원하도록 조치하겠습니다."

그 말을 듣자 힘이 났다. 이 지긋지긋한 병실 생활을 하루라도 빨리 벗어나고 싶었다. 오후엔 입원 후 두 번째로 샤워를 했다. 샤워한 직후라서 그런지 체온도 섭씨 36.5도였다. 일부러라도 체온을 낮추어 내일 퇴원에 문제가 없도록 해야겠다.

지난 학기 인문학 수업을 담당하면서, 알베르 카뮈의 『페스트』를 읽고 토론한 뒤 독후감을 제출하도록 했다. 『페스트』에서 다룬 사건은 상대적으로 소규모이고 그 중독성과 파급력도 이번 코로나19 범유행 근처에도 미치지 못한다. 교회 대신 성당의 신부가 등장해 페스트의 유행을 하나님의 섭리로 해석하며 짧게 강론하는 장면이 있고, 주요 등장 인물은 의사 리외, 신문 기자 랑베르, 그리고 몇몇 보건대원으로 이들의 활동과 심리 묘사가 소설의 주요 내용이다. 이들이 빚어내는 인간미, 사회적 역할, 그리고 위기를 대하는 태도들이 어우러져 1940년대 지중해 연안 도시 오랑의 시대상을 그려낸다. 하지만 현재 대구에서 일어나는 코로나19 사태는 범위나 강도가 『페스트』속 상황보다 더 광범위하고 강렬하다. 카뮈가 살아 돌아와 대구와 우리나라, 전 세계를 바라보면서 소설을 쓴다면 『페스트』보다 훨씬 그로테스크하고 극적인 장면들을 그려 낼지도 모른다.

【 2021년 1월 11일(월) 13일 차 】

새벽 2시 30분에 잠에서 깼다. 네댓 시간밖에 자지 못했지만, 몸은 개운했다. 몸 상태를 보니 오늘 퇴원하는 데 문제없으리란 생각이 들었다. 하지만 잠이 오지 않아 아침까지 뒤척였다. 검사 결과가 좋지 않아 퇴원하지 못하면 어쩌지? 아침에 체온을 재어 보니 다행히 섭씨 36.9도였다. 가슴 엑스선 촬영을 했고, 조금 전 혈액 검사도 마쳤다. 결과를 확인한 뒤 퇴원 여부를 알려 주겠다고 한다.

어제 오후에는 헤르만 헤세의 『나르치스와 골드문트』를 절반 정도 읽었다. 대학 시절 읽었던 추억을 되새기며 다시 펼쳤지만, 머릿속에 남아 있는 내용은 그저 뼈대뿐이고 세부 사항은 기억과 완전히 딴판이었다. 특히 남녀 간의 에로티시즘이 이렇게 많이 녹아 있는 줄 몰랐다. 말을 타고 가다가 농가에 들러 10대 후반의 두 자매를 양쪽에 껴안고 애무하는 장면은 그 절정을 보여 준다.

오에 겐자부로의 소설 『개인적인 체험』도 마찬가지였다. 지난해 본과 1학년 인문학 수업에서 학생들에게 과제로 주었던 이 책을 다시 읽으면서 머릿속 기억과 실제 내용이 얼마나 달랐는지 알게 되었다. 좋은 모습만 남아 있었고 여자와 놀아나는 장면은 피상적으로만 기억하고 있었다. 기형아로 태어난 첫 아이를 받아들고서는 장모에게 맡기고 도망쳐 정부의 품에 얼굴을 묻으며 도망 다니던 내용만 기억하고 있었는데 뒷골목 여인의 집에서 농염하게 놀아나는 장면이 그토록 생생하게 기술되어 있는지는 기억하지 못했다.

학생들이 쓴 독후감 중 일부에는 이런 대목에 대해 불편함을 토로하는 글도 있었다. "교수라는 사람이 이런 책을 읽으라고 하다니!"라는 반응도 있었다. 사람의 기억이란 참으로 묘하다. 기억하고 싶은 것만 기억하는 것일지도 모른다.

남녀가 육체적으로 얽히는 장면을 기술적으로 아주 잘 묘사해야 노벨 문학상을 받을 수 있는 것일까? 헤르만 헤세와 오에 겐자부로는 그 시대의 지성, 휴머니즘, 평화주의, 그리고 낭만의 상징으로 남아 있는데 말이다.

시편과 잠언에서, 아니 『성경』 전체에서 간음에 대한 경계, 음녀를 멀리하라는 메시지가 끊임없이 반복된다. 인간이 떨쳐 낼 수 없는 근원적이고도 타락한 본능을 『성경』은 거듭 경고하고 있다. 인간의 이런 속성을 잘 알기에 시대의 지성들은 인간 본연의 모습을 덮어 두기보다는 문학이란 가공의 세계를 통해 드러내 독자가 그 나약성, 죄악성과 직면하게 하려 한 것 아닐까?

대구에는 가톨릭 지성의 대명사로 불렸던, 경북 대학교 사범대 독일어 교육과의 김달호 교수님이라는 분이 계셨다. 의예과 2학년 때 그분의 독일어 수업에서 헤르만 헤세의 「안개 속에서(Im Nebel)」를 독일어로 암기해 시험지에 쓰던 기억이 난다. 당시에는 시의 참맛을 충분히 알지 못했지만, 이제야 조금은 그 깊이를 알 수 있을 것 같다. (시 번역은 최성재 선생이 해 주었다.)

Seltsam, im Nebel zu wandern!
Einsam ist jeder Busch und Stein,
Kein Baum sieht den andern,
Jeder ist allein.

Voll von Freunden war mir die Welt,

Als noch mein Leben licht war;

Nun, da der Nebel fällt,

Ist keiner mehr sichtbar.

Wahrlich, keiner ist weise

Der nicht das Dunkel kennt,

Das unentrinnbar und leise

Von allen ihn trennt.

Seltsam im Nebel zu wandern!

Leben ist Einsamsein.

Kein Mensch kennt den andern,

Jeder ist allein.

(안개 속을 걷는 낯섦이란!

나무도 돌도 외로운 존재,

이제 서로를 보지 못하니,

사람은 누구나 혼자라네.

내 삶이 아직 환했을 때는

곁에 친구가 벅적했건만,

이제, 안개가 내리자

아무도 눈에 안 띄네.

사실 어둠을 모르고서는

누구도 현명할 수 없다네.

그대를 모든 것으로부터

말없이 뚝 떼어놓는 어둠.

안개 속을 걷는 낯섦이란!

사실은 삶 자체가 외로움.

누구도 남을 알지 못하네.

사람은 누구나 혼자니까.)

검사 결과 염증 수치(CRP)가 약간 올랐다며(1.1 → 1.8) 더 입원하라는 지시를 받았다.

"CRP 1.8이 뭐 그리 대단한 변화인가요? 이것을 염증이 심해졌다고 볼 수 있나요?"

"아닙니다. 교수님은 세균이 아닌 코로나19 바이러스에 의한 것이기 때문에 이 수치는 의미가 있습니다."

"몸 상태는 지금까지 중 가장 좋은데요."

"퇴원은 절대로 안 됩니다. 모레까지 경과를 지켜보고 검사해서 변화를 보고 퇴원을 결정해야 합니다. 1,200명 넘는 환자를 돌본 경험을 토대로 드리는 말씀입니다."

외과 의사로서 CRP 1.8은 별 의미를 두지 않을 수치다. 외과 감염이나 수술 후에 CRP 수치가 15에서 20 사이인 경우가 허다하기 때문이다. 무엇보다 미열도 없고 몸 상태가 입원 후 최고로 좋다. 그러나 제자인 젊은 주치 교수의 확고한 결정에 따를 수밖에 없었다.

'수양이 부족하니 좀 더 하라는 뜻인가 보다.' 그렇게 자신을 위로했다.

"독서하며 이틀은 더 수양해야겠네."라는 푸념과 함께 말이다.

【2021년 1월 12일(화) 14일 차】

어제는 입원 후 쓴 일기를 몇몇 친구들과의 단체 채팅방에 올려두었다. 이에 대해 친구 J 변호사가 특유의 깊이 있는 생각을 담은 글을 채팅방에 남겼다.

J 변호사의 글

"강 박사의 글을 읽노라니 아차, 내가 강 건너 불구경하듯 너무 무심했던 건 아닌가 싶네. 문득 자책하다가, 무엇을 어떻게 해야 좋을지 몰라, 넋두리 삼아 몇 자 적어 보네.

지나온 날 중에서 '그날처럼 살아야지.' 하고 생각하게 되는 날이 있다면, 아마도 병으로 앓아누웠다가 일어나기 직전의 날일 거야. 특히 큰 병을 앓고 퇴원 날을 받은 전날쯤의 그런 날이 그렇지. 돌이켜 보면, 그날 하루는 명징했어. 평소에는 아무것도 아니었던 것들 — 따사로운 햇볕, 시원한 공기, 신선한 물, 어머니, 김이 모락모락 올라오는 밥, 집으로 돌아가는 길의 석양빛 — 그런 것들이 너무 그립고 감사했어. 그 감정을 넘어 무언가 사무치게 복받쳐 오르는 느낌도 있었지.

무엇 하나 탓하고 싶은 게 없었고, 오히려 감사로 가득 찼으며, 다짐과 각오로 마음을 새롭게 할 수 있었어. 그 순간 자체가 행복했어. 불행, 공포, 분노, 모멸감 따위의 감정은 머리카락 한 올의 그림자도 남기지 않았고, 존재와 삶에 의미를 부여하려 애쓸 필요도 없이 그 자체로 아름답고 감사했지.

물론 퇴원 후에는 그런 마음이 기억조차 나지 않을 정도로 쉽게 사라지는 특성이 있다는 것도 깨달았지만, 그 행복감의 흔적은 남아서 책상 앞에 '퇴원 전날의 나처럼 감사하고 기뻐하자.'라고 적게 했어.

강 박사!! 힘내시고, 부디 퇴원을 앞둔 지금이 오랫동안 회구하고 갈망하던 그런 순간들과 같기를 바라요. 행복을 행복으로, 기쁨을 기쁨으로 깊이 묵상하는 시간이 되길 바랍니다."

나의 답글
"J 변호사, 치열한 응원에 감사하네.

오늘이 그 퇴원 전날이길 기대해 보네. 소소한 일상의 행복이 그만큼 중요한 것임을 절감하네. 그래서 채팅방에 띄워 놓았던 사진에서 자네가 빵을 구워 들어 보이던 모습이 그렇게 행복해 보였던 거지.

어제는 늦게까지 『나르치스와 골드문트』를 읽었고 오늘은 조급함을 떨치고 호흡을 길게 가져가려고 하네. 수개월 동안 미루어 두었던 외과 의사로서의 치열했던 결과물 중 하나인 간문부 담관암 논문을 쓰기 시작했네. 간문부 담관암 130개 사례의 수술 경험, 수술 한 건에 걸린 시간은 8~10시간. '내가 해 보니 이랬다.'라는 것을 넘어서는 뭔가 새로운 메시지가 들어 있어야 논문은 채택되니까 치열하게 써야 하네. 어느 논문이든 한 문장, 한 문장을 이어 가는 게 쉬운 일이 아니지만, 이번 건은 더욱더 난제일세. 그것도 영어로 써야 하니!

최근 참고 문헌 검색도 다시 하고 있네. 논문 관리 프로그램 덕에 참고 문헌과 주석 달기가 좀 쉬워지긴 했지만, 이 프로그램이 없다면 어땠을지 상상도 가지 않아. 몸이 좋아지니 이런 의욕이 생기는 것을 보면 확실히 건강이 뒷받침되어야 열정도 살아나는 법인가 보네. 오늘 아침에는 밥도 거의 남기지 않고 깨끗이 비웠다네."

【 2021년 1월 13일(수) 15일 차 】

낮에도 영하의 기온이었던 날씨가 이제 영상으로 올라올 정도로 많이 누그러졌다. 한때 그토록 춥게 느껴지던 방에서도 간밤에는 추위를 느끼지 않고 잘 잤다. 물을 뿌리지 않아도 별로 건조하다는 생각이 들지 않았다. 몸 상태는 이제 평소와 거의 같다. 오늘 진행한 가슴 엑스선 검사와 혈액 검사 소견이 궁금하다. CRP가 내려가고 퇴원이 결정되었으면 좋겠다는 생각으로 오전을 보냈다. 정오 직전 주치 교수의 전화가 왔다.

"CRP 1.1로 내려갔습니다. 이제 퇴원하셔도 됩니다."

순간 "야호!"라고 크게 외칠 뻔했다.

2부
메스 하나로 죽음에 맞서며

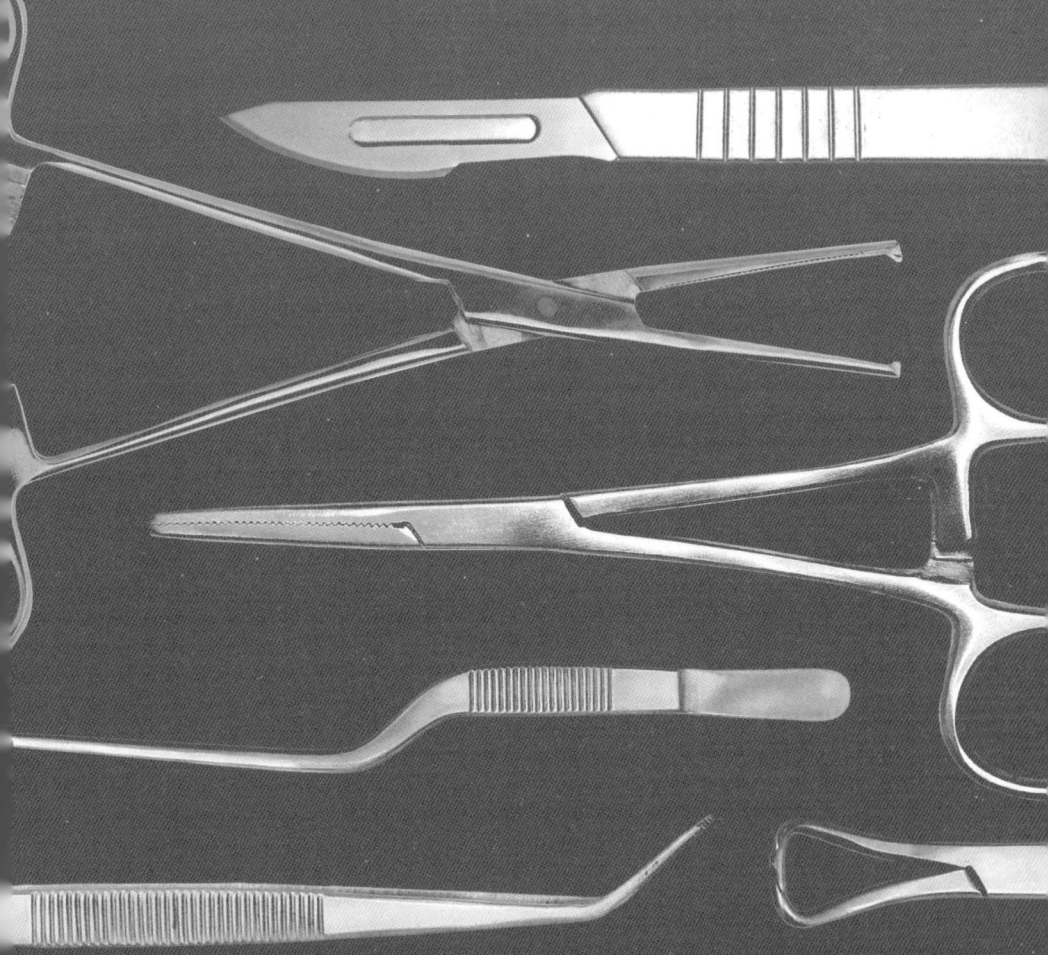

나눔으로 피어난 생명

병원 정원에 목련꽃이 만발하는 4월이다. 그동안 첫 성인 생체 부분 간 이식 수술을 계획하고 다각도로 준비해 왔다. 이 수술에 직간접적으로 협력이 필요한 분들과 회의를 두 차례 가졌다. 저마다 목련꽃을 바라보며 소박한 행복을 꿈꾸는 이 계절에, 오로지 간 이식의 성공만을 생각하며 달려왔다.

환자인 57세 H 씨는 B형 간염 가족력이 있다. 네 남매 중 두 사람이 간경변으로 세상을 떠났다. 남은 두 자매 중 언니인 H 씨가 지난겨울 피를 토하며 응급실로 실려 와 겨우 회복했기에, 동생은 자기 간 일부를 떼어서라도 언니를 살리고 싶어 했다.

생체 부분 간 이식이 이제는 많은 대학교 병원에서 안정적으로 시행되고 있지만, 이 수술을 처음으로 진행하는 우리는 긴장하며 준비해 왔다. 공여자 수술과 수혜자 수술 양쪽 모두가 고도의 숙련을 요하면서도 동시에 진행되어야 한다. 특히 공여자의 안전이 무엇보다 중요하다. 멀쩡한 간을 가진 건강한 사람이 수술 후 합병증에 걸리거나 사망하는 경우가 있어서는 안 되기 때문이다.

환자가 서울의 병원 대신 여기서 수술받고자 하는 데는 이유가 있었다. 자식 중에 신부전 환자가 있는데, 형이 신장을 떼어 동생에게 이식해 4년째 두 형제 모두 건강하게 살아가고 있다. 환자의 남편은 심장 관상동맥 폐쇄증으로 본원에서 관상동맥 우회로 수술을 받았다. 환자 가족의 병원에 대한 오랜 믿음이 간 이식을 우리 팀에게 기꺼이 맡기게끔 했다.

수술 전 환자는 남편과 나눈 대화에서 "현대 의학을 100퍼센트 신뢰하고 1퍼센트의 오차도 없으리라 믿는다."라고 말했다. 수술을 책임지고 이끌어 가는 나에겐 상당한 부담으로 다가오는 말이다. "아무리 간단한 수술이라도 잘못될 경우는 가끔 있지요."라고 해도, 그녀는 자기 생각을 바꾸려 하지 않았다. "최선을 다하더라도 실패 확률이 있습니다. 최악의 경우를 상정하고 받아들일 수 있어야 수술 팀이 편하게 수술할 수 있고, 성공률이 높습니다."라고 답하자 그제야 그녀는 "예, 알겠습니다. 최선을 다해 주세요."라는 말로 부담을 덜어 주었다.

지금껏 살아오면서 비슷한 장면의 꿈을 반복해서 꾸었던 경험이 둘 있다. 하나는 팔로 날개를 저으면서 들판 위를 훨훨 날아다니는 꿈이고, 다른 하나는 깜깜한 동굴을 지나 내려가면 새로운 세상이 펼쳐지는 꿈이다. 수술을 이틀 앞둔 토요일 밤, 그중 하나인 동굴 꿈을 꾸었다. 완전히 햇빛이 차단된 동굴을 통과하자 새로운 세상이 열렸고, 그 속에서 농사짓고 추수하는 마을이 나타났다. 여느 때와 달리 햇볕이 들 듯 말 듯한 어둑한 곳에서 누군가와 대화하다가 잠에서 깼다.

일요일 오후에는 환자의 이식 병실, 수술 직후 가게 될 집중 치료실, 그리고 수술실을 마지막으로 점검했다. 공여자 수술이 진행될 수술대가 적절한 것이 아니어서, 담도 조영술이 가능한 수술대로 바꾸어 놓도록 지시했다. 감염 관리실 간호사의 주선으로 중환자실의 독립된 공간에 멸균 환풍기와 체중 측정 침대가 준비된 것을 보고 기뻤다. 내가 미처 챙기지 못한 부분까지 준비해 준 그 마음에 감사했다.

예정일 오전 8시 30분이 지나 공여자 수술이 시작되었다. 수술 전 파악된 대로 간은 비교적 깨끗하고 해부학적 구조에도 이상이 없었다. 간동맥이 굵고 맥박이 힘차다. 과거에 간 절제는 출혈이 많은 수술로 인식되었지만, 최근에는 대부분 수혈 없이 간 절제를 시행하고 있다. 수술은 순조롭게 진행되어 간 안으로 흘러 들어가는 간동맥과 간문맥, 그리고 간에서 대정맥으로 흘러 들어가는 간정맥만 남기고 잘라 낼 준비가 되었다. 맞은편 방에서는 다른 교수진이 이식받을 언니의 굳어진 간을 들어내는 수술이 순조롭게 진행되어, 조금만 더 기다리면 완료될 단계에 다다랐다고 했다.

간 우엽을 드디어 잘라 냈다. 이때 중요한 것은 UW(University of Wisconsin) 용액이나 HTK(Histidine-tryptophan-ketoglutarate) 용액 같은 장기 보존액으로 떼어 낸 간 안에 남아 있는 공여자의 혈액을 씻어 내고, 이식을 기다리는 동안 간세포가 손상되지 않도록 기능을 잠시 정지시키는 일이다. 차게 한 보존액에 담근 채로 떼어 낸 간을 손질하는 작업을 한다. 이때는 간을 얼음물에 담가 차게 유지해야 한다. 부수적으로 연결해야 할 중간 정맥의 길이가 짧아 이식받을 환자의 간문맥 일부를 떼어 내 혈관을 미리 길게 연결했다.

찌든 간을 떼어 내고 간정맥부터 연결하기 시작했다. 간정맥을 연결하는 시점부터 간문맥까지 연결해 혈류를 재개통하는 40~50분간이 수술 팀에게는 가장 긴장되는 순간이다. 정교한 손놀림으로 간정맥과 간문맥을 이어 붙이면서도 머릿속에는 온갖 생각이 스쳐 지나간다. 수술 전 병실에서 나눈 환자의 기대가 물거품이 되지는 않을까? 현대 의학은 1퍼센트의 오차도 없다고 믿는다는 보호자가 혹시나 실망과 분노를 쏟아내지는 않을까? 퇴원하는 날 병실에 들렀을 때 환자와 가족이 환하게 밝아진 얼굴로 감사와 감격을 나눌 수 있을까?

간정맥과 간문맥 연결을 큰 무리 없이 마쳤다. 5퍼센트 알부민(albumin) 용액으로 보존액을 씻어 내고 혈류를 재개통시키자 이내 간은 분홍빛으로 부풀어 올랐다. 수술 팀 전체에 퍼져 나가는 밝은 미소를 감지할 수 있었다. 오후 5시가 되어 가는 시간이었다. 수술 팀은 성형 외과 팀에게 간동맥 연결 수술을 맡기고 휴게실에서 햄버거와 콜라로 허기진 위장을 달랬다. 손가락 접합술을 거뜬히 해내는 S 교수에게 몇 배나 더 굵은 간동맥 연결 수술은 그리 힘들지 않았다. 환자의 호흡으로 일렁이는 뱃속에서 미세혈관을 접합하는 수술은 바다 위 조각배에서 미세 작업을 하는 것과 같아 적응하는 데 시간이 걸렸지만, 별 무리 없이 1시간 만에 동맥 연결을 마쳤다. 간은 더욱 불그스름하게 건강한 색을 띠었다.

이제 담도 연결만 남았다. 간의 기능이 정상적으로 돌아가고 있는 이제부터는 흘러나오는 음악에 귀 기울일 여유도 생기고, 농담도 주고받으면서 수술을 마무리할 수 있다. 공여자 수술을 마무리하고 다시 수술복을 입고 들어온 4년 차 전공의 K 선생도 생체 부분 간 이식 첫 수술이라는 역사적 현장에 일익을 담당했다는 기쁨의 기색이 역력했다.

복부를 봉합하는 뒷마무리는 신임 K 교수와 4년 차 K 선생에게 맡기고 수술 팀은 저녁 9시가 넘은 시각에 대구 들안길의 식당으로 갔다. 햄버거 하나와 콜라 한 컵으로 종일 버틴 모두는 신선한 회로 탈진한 육체를 추슬렀다. 해발 2,000미터 고산을 올랐다가 하산해 기쁨의 회포를 나누듯이 서로 격려와 감사를 나누었다.

늦은 시간에 피로와 스트레스를 씻는 외과 의사의 모습은 건설 현장의 노동자와 비슷할지 모른다. 노동자는 그길로 다리 뻗고 자면 되지만, 외과 의사는 환자에 대한 걱정으로 잠을 이루지 못할 때도 있다. 수시로 중환자실에 전화도 걸어 보아야 하고 때로는 곯아떨어진 상태에서 중환자실로부터 걸려 오는 전화를 받고 허겁지겁 달려

가기도 한다.

다음 날 아침까지는 잠을 깨운 전화가 없었다. 어려운 수술을 마친 날이면 으레 그렇듯, 아침 일찍 출근해 곧장 중환자실로 달려갔다. 환자는 인공 호흡기를 아직 떼지 못한 상태였다. 전공의 K 선생은 어제 공여자와 수혜자 양쪽 수술에 15시간 넘게 참여하며 분주히 움직였고, 수술 후에도 밤새 환자 곁을 지켰기에 피곤한 기색이 역력했다. 수술 뒷마무리를 맡긴 채 숙면을 취한 나는 그의 모습에 미안함과 더불어 고마운 마음을 금할 수가 없었다.

오후 외래 진료를 마치고 다시 수혜자에게 갔다. K 선생은 그때까지도 환자 곁을 지키고 있었다. 배액된 액체의 색깔은 옅어졌고 다음 날부터는 스며 나오던 출혈이 멎었다. 환자 곁에서 3일 밤낮을 씨름한 K 선생의 얼굴에는 깊은 피곤의 그림자가 드리워져 있었다. 힘든 모습을 감추려는 본능인지, 피곤함을 감추려고 애쓰는 태도가 언뜻언뜻 엿보이기도 했다.

환자는 퇴원할 때 팡파르를 울릴 거라고 했다. 아직 더 살아야 한다고도 했다. 명문 사립 대학교 정치외교학과를 졸업한 아들이 한자리하는 모습을 보고 세상을 떠나야 한다고 했다. 두 자매는 내일 퇴원을 앞두고 병실 바깥을 바라보고 있었다. 나무에 푸른 기색이 전혀 없고 목련 꽃봉오리만 맺히던 시기에 입원한 이들은 병원 정원과 인근 고등학교 교정에 푸르른 잎이 자란 나무들을 바라보며 희망에 찬 새 삶을 기대하고 있었다.

두 아주머니는 나를 포함해 그 자리에 있는 모든 사람의 손을 번

갈아 잡으며 감사하다는 말을 멈추지 않았다. 작은 배려도 큰 고마움으로 새기고 있었다. 어제 아침 채플 시간에는 전 직원이 함께 감사 예배를 드렸다. 수혜자의 남편이 병원과 의료진에 보내는 가족의 감사 인사를 글로 담아 낭독해 전 직원에게 감동을 안겨 주었다.

이 가족의 '나눔으로 감동이' 된 순간을 기념하며, 간 모양의 작은 베개를 만들어 치료에 일익을 담당했던 모든 의료진의 덕담과 사인을 담아 퇴원하는 환자분께 드렸다. 우려했던 합병증 없이, 예상했던 것보다 훨씬 큰 기쁨과 감격을 나누면서 말이다.

**

환자는 10년 전에 아들이 있는 서울로 이사를 갔다. 가끔 전화가 오곤 한다. 엊그제도 수술 후 20주년을 기념한다며 전화가 왔다.

"교수님 덕분에 20년을 더 살았어요. 교수님도 건강하셔야 해요."

"예, 선생님은 제가 외과 의사로 살아가는 의미를 주셨습니다. 늘 건강하시길 바랍니다."

간 이식이 바꾼 한 가정의 운명

2000년대 초반의 일이다. 서울을 비롯한 여러 곳에서 활발히 간 이식이 시행되고 있었지만, 우리 병원에서는 아직 초기 단계였다. 간 이식은 시설과 인력이 갖추어져야 안정적으로 시행할 수 있는 수술이다. 병원이 오래되어 수술실이나 병실을 현대화하기 어려운 상황이었음에도 우리는 인력, 시설, 장비를 하나씩 갖추면서 여건을 만들어 왔다. 지난해에는 뇌사자 간 이식을 시행했으나 간정맥과 대정맥 연결 후 혈관이 꺾여 결국 환자를 잃고 말았다. 자괴감에 빠져 괴로워하다가 병원 앞 재래시장에서 산 장난감 베개를 간, 자전거 타이어 튜브를 대정맥의 모형으로 삼아 여러 각도로 튜브를 잘라 나일론 실로 꿰매고 찍찍이로 붙여 혈류가 가장 잘 흘러가는 모양을 만들어 보기도 했다. 이론으로 숙지했던 부분이지만 실제 모형을 통해 확인하니 비로소 확신을 가질 수 있었다.

간 이식은 오케스트라 연주와도 같다. 환자를 직접 진료하고 수술하는 내과 의사와 외과 의사, 조직 적합성을 판정하는 병리과 의사, 간 구조의 변형 여부를 판독하는 영상 의학과 의사, 대량 출혈로 환자의 혈압이 출렁일 때 조용하면서도 신속히 수액과 혈액을 공급하며 안정적으로 마취를 이어가는 마취과 의사, 환자와 가족 간의 관계를 정리하고 수술 비용 마련까지 주선하는 이식 코디네이터와 사회 사업실 직원, 수술 후 중환자실에서 환자의 상태를 측정하고 적절한 약물 치료를 하면서 돌보는 중환자 전문 의사와 간호사, 일반 병실에서 퇴원까지 돌보아 주는 간호 인력까지. 이 모든 과정 중 하나라도 부실하면 실패하기 쉽다. 이렇게 팀이 된 의사나 간호사는 따로 말하지 않아도 눈빛만으로 서로 신뢰하는 관계가 이루어져 있음을 수술 후 돌봄 과정을 통해서 느낄 수 있었다.

환자 Y 씨는 49세 남성으로 10년 전 B형 간염 보균자 진단을 받은 후 간이 점차 굳어져 결국 간경변으로 진행되었다. 아침에 다리를 질질 끌다시피 힘겹게 일어나 거울을 들여다볼 때마다 점점 거무스레해지는 얼굴에 힘이 빠지곤 했다. 어느 날 저녁 식사 후 갑자기 메스꺼움을 느끼고 울컥하며 속에서 올라오는 것을 뱉어 내니 새빨간 핏덩이였다. 급히 병원 응급실로 갔다. 내시경 검사 결과 식도정맥류 출혈로 확인되었다. 출혈 부위를 작은 고무밴드로 묶어 지혈해 일단

위기는 면했으나, 그 이후로 복수가 차서 배가 임산부처럼 불러오고 간성 혼수까지 가기도 했다. 이제는 일주일에 한 번씩 복수를 뽑아내야 며칠이나마 팽만감을 덜 수 있었다.

"죽기는 아직 이른데! 두 아들 장가는 보내 놓고 죽어야 할 텐데."

Y 씨는 양손을 배 위에 올려놓고 한숨짓곤 했다. Y 씨에게는 간 이식 외에 다른 방법이 없었다. 간경변 정도로 보아서는 뇌사자 간을 배정받기는 어려운 상황이었다. 뇌사자 장기 기증자가 절대적으로 부족한 우리나라에서 뇌사자 간은 말기 간부전 환자 중에서도 생명이 경각에 달한 사람에게만 돌아간다. Y 씨 가족은 이 사실을 이식 코디네이터에게 상세히 듣고 가족 회의 후, 장남이 간을 기증하기로 했다.

그러나 11월 말이 되자 환자의 배는 더욱 불러왔다. 간 기능을 나타내는 빌리루빈(bilirubin) 수치가 7까지 증가했고 간성 혼수는 더 자주 찾아왔다. 일차성 복막염이 발생해 다시 입원했다. 자칫 잘못하면 패혈증, 간성 혼수, 간부전 및 사망으로 이어질 가능성이 컸다.

방학을 이용해 1월에 수술을 계획했지만, 한 학기 늦어지는 것이 문제가 아니라고 생각한 큰아들은 아버지가 복막염에서 회복되는 대로 12월에 수술하기로 날짜를 잡았다. 장남이 속한 학과의 지도 교수가 이 사실을 알고 단과 대학 동창회를 중심으로 모금 운동을 펼쳐 제법 많은 액수가 모금되었다. 대학교 총장도 이 사실을 알고 이사장과 함께 모금액과 학교 지원금을 전하기로 했다. 수술 예정일 5일 전에 대학 홍보 팀과 언론사 기자들을 동원해 전달식을 계획하고 있다고 통보해 왔다. 수술을 책임지는 나는 큰 중압감에 사로잡혔다. 선한 뜻을 전하는 일이니 함께 손뼉 치며 축하해 주어야 할 텐데, 긴장하며 준비해 온 수술자의 마음으로는 수술 전에 너무 많이 알려지는 것이 부담스러웠다. 장기 이식 사무실과 홍보 팀 직원에게 전달식을 연기해 달라고 요청했다. 대학 총장 비서실로부터 내일 오전 격려금 전달식을 통보받은 의료원장은 비서를 통해 내게 이 사실을 전해 왔다. 의료원장실을 찾아갔다.

"내일 전달식을 수술 후로 미루어 주실 수 없습니까? 만약 수술이 실패하거나 이후 중대한 합병증이 발생한다면 수술 팀의 아픔을 치유하기 힘듭니다."

의료원장은 난감해하면서도 내 의견에 공감했다.

"도리 없겠군, 총장님과 이사장님께 전달식을 미루어 달라고 전화해야겠구만."

"예, 감사합니다." 하고는 의료원장실을 나왔다.

수술 전날 다른 병실에 입원한 아들을 아버지 병실로 오게 해 두 사람의 손을 내 양손에 하나씩 잡고, 수술이 잘 이루어져 두 분 모두 회복해 새 삶을 살아가게 해 달라고 기도했다. 집으로 돌아와서는 일찍 잠자리에 들었는데 꿈을 두 차례 꿨다. 세상이 망하는데 보관 중인 보물을 찾아 도망가야 했다. 그 돈뭉치를 찾을 수가 없어서 발만 동동 구르다가 잠을 깼다. 새벽 4시였다. 말똥말똥해진 정신으로 오늘 수술을 생각하다가 다시 잠이 들었는데 이번에는 입을 날름

거리며 기어 오는 거대 코브라 뱀을 피해 도망가다가 잠에서 깼다. 6시 30분이었다. 개꿈이리라 생각하며 이내 잊었다. 간단한 식사를 하고 병원을 향했다.

 생체 부분 간 이식은 2개의 수술방에서 동시에 진행되었다. 간을 제공하는 공여자 수술보다 어려운 쪽은 병든 간을 들어내야 하는 수혜자 수술이다. 간을 완전히 다 제거하기 위해 주위 조직과 혈관을 박리해 하나씩 결찰해 나가는데, 이 과정에서 출혈이 계속해서 발생한다. 수술 중 만약 수혜자에게 문제가 생기면 그럴 수도 있다고 받아들이지만, 멀쩡한 공여자에게 문제가 발생하거나 혹 사망이라도 한다면 큰 낭패다. 가족이 받을 충격은 물론 언론에 알려지기라도 하면 그 파장은 감당하기 힘들다. 그래서 간 이식 팀에서 보통 책임자가 공여자 수술을 집도한다. 생체 부분 간 이식이 수천 건 시행된 현재, 세계적으로 공여자 사망 사례는 10명이 넘는다. 미국이 가장 많고 유럽이 그다음, 일본에서 1명이다. 다행히 약 2,000명이 시행된 우리나라에서는 합병증으로 고생한 환자는 몇 명 있었으나, 공여자가 사망한 사례는 없었다.

 어제 꿈은 잊은 채 소독 솔로 열심히 손을 씻고 수술 가운을 입으면서 벽에 걸린 시계를 보니 9시 정각이었다. 공여자인 아들이 마취되어 푸른 수술포로 덮여 있는 방에 들어서며 "클래식 음악 좀 들려주실 수 있을까요?"라고 청하니, 수술실 베테랑인 방장 간호사가 KBS 클래식 「김미숙의 가정 음악」에 채널을 맞추었다. 클래식 음악은 언제나 수술실 분위기를 차분하게 한다. 어제 CT 영상에서 절제선을 여러 차례 시뮬레이션해 보았고, 간을 잘라 들어가면서 나타나는 혈관들이 시뮬레이션과 거의 일치해 수술은 거침없이 진행되었다. 이날 조수로는 서울에서 간 이식 전임의로 수련받고 있는 K 선생이 도와주었다. 좋은 조수는 선박의 항해사와 같은 역할을 한다. 선장은 항해사의 도움을 받아서 침로를 수정하거나 속도를 높여 목적지에 무사히 도착할 수 있다. 오늘은 좋은 항해사를 만나 순조로운 출발을 했다. 맞은 편 수술방에서는 환자 Y 씨의 수술이 진행되고 있었다. 복도 너머 두 겹의 창을 건너 언뜻 바라보이는 수액병 사이에 혈액 팩이 달려 있지 않은 것을 보니 수술이 큰 출혈 없이 순조롭게 진행되고 있다고 생각되었다.

드디어 간동맥, 간문맥과 간정맥만 남긴 채 간으로 들어가는 혈류와 나가는 혈류를 유지한 상태에서 간 우엽을 절제했다. 잘라 낸 간은 혈액을 씻어 내고 이식 전까지 차가운 HTK 용액에 담가 놓았다. 공여자의 간은 시뮬레이션한 대로 부피가 정확히 900밀리리터, 무게는 895그램으로 상당히 컸다. 공여자의 남은 간이 약간 작았지만 회복에 큰 무리가 없을 정도였다. 맞은편 수술방에서 아버지의 병든 간도 완전히 절제되었다.

맞은편 수술방의 K 교수가 와서 연결할 간문맥과 간동맥 및 간정맥을 다듬었다. 수술대에 앉아 환자의 다리에서 정맥을 떼어 혈관을 연결했다. 머리카락보다 더 가는 봉합사로 달걀껍데기 안쪽 막 두께의 얇은 정맥을 이어붙이는 그의 손놀림은 그야말로 장인의 손길, 예술의 경지다. 눈빛은 마치 사냥감을 노리는 독수리 같다. K 교수의 수술 솜씨에 매료되어 외과에 지원한 전공의도 꽤 있었다.

공여자 수술의 뒷정리와 마무리는 전임의 K 선생에게 맡기고, 간을 들고 혈관 외과 K 교수와 함께 수혜자에게 갔다. 떼어 낸 자리에 간을 놓으니 공간은 적절했다. 수술의 진행 상황은 마취과에서 지속적으로 판단하고 있다. 한 번씩 대량 출혈이 발생하면 혈압 수치가 출렁이고, 제때 대처하지 못하면 신장이 망가져 소변량이 줄어들 수 있다. 그렇게 되면 마취과에서 계속 마음을 졸이며 소변이 잘 나오도록 조치를 해야 한다. 수액과 적절한 약제를 적절한 양으로 투입해야 하므로 잠시라도 소홀히 할 수 없다. 평소에도 표현을 거침없이 하는 마취과 과장이 "오늘 수술은 참 잘 되어 가고 있습니다."라고 탈춤의 추임새처럼 한마디를 던지니, 수술 팀은 안정감을 갖고 더욱 차분히 간정맥 연결을 시작할 수 있었다.

오른쪽 간정맥과 간문맥을 이어 붙이고 간정맥을 압박했던 겸자를 풀고 나서 간문맥 쪽 차단 기구를 풀자 창백하고 차갑던 간이 불그스레하니 따뜻해졌다. 보조 역할을 하는 작은 간정맥 2개를 잘린 중간 간정맥 밑둥치에 연결하는 작업도 거침없이 진행해 정확한 방향으로 마무리했다. 새로 이식한 간의 기능이 작동하기 시작하자 수술 팀은 조금 여유가 생겼다. 간동맥 연결은 성형 외과 팀에서 현미경을 이용해 정밀하게 진행했다. 오후 4시가 넘었다. 모두 점심을 걸렀기에 햄버거로 허기진 배를 달래기 위해 휴게실로 갔다. 두 K 교수와 전공의도 안도의 한숨을 쉬는 모습이다.

잠시 휴식을 취하는 사이 간동맥 연결이 마무리되었고, 이제는 담도를 연결하는 마지막 작업이 남았다. 사실 간 이식 후 장기적으로 문제가 발생하는 주요 원인 중 하나가 담도 합병증이다. 그 이유를 설명하자면 이렇다. 간을 큰 느티나무라고 본다면 이파리는 간세포, 줄기는 담도에 비유할 수 있다. 이파리인 간세포에는 간문맥이 주된 혈액 공급을 담당하며, 간동맥이 그 일부를 보조한다. 하지만 줄기인 담도는 오직 간동맥만이 혈액을 공급하는 유일한 통로다. 이식 수술에서는 주된 간동맥을 연결함으로써 굵은 담관과 간세포는 생존할 수 있지만, 부수적인 간동맥까지 모두 연결할 수는 없기 때문에 간동맥만으로 영양을 공급받는 담도는 장기적으로 위축되거나 섬유화가 진행되어 협착이 일어날 수 있다.

똑같이 조직을 자르고 잇는 것 같아도, 경험이 쌓인 수술자는 단순히 회복만 염두에 두는 것이 아니라 먼 미래에 병이 재발하거나 합병증이 발생할 가능성까지 고려하며 미세한 동작으로 바늘 각도를 조절해 꿰맨다. 이런 점을 염두에 두고 담도를 둘러싼 조직을 가능한 한 손상시키지 않으면서 뭉툭하게 된 간문맥, 간동맥, 담관 둥치에 담관을 잇는 과정에 임했다. 보기 좋게 잘 드러내 놓은 혈관과 담관은 수술할 당시에는 잇기 쉽고 잘 이어졌는지 확인하기도 수월하지만, 나중을 고려하면 뭉툭하고 못생겨도 풀숲 속에 숨어 들어간 것처럼 담도를 당겨내 연결하는 편이 유리하다. 떼어 온 간의 담관은 5밀리미터, 2밀리미터 크기로 3개다. 이것을 뿔처럼 앞으로 툭 튀어나온 렌즈를 단 확대경을 끼고 머리카락보다 가는 실로 연결하는 작업이 별 이상 없이 끝났다.

수술을 마치니 밤 11시다. 15시간의 수술이 마무리되었다. 수술에 몰두할 때 수술자들에게는 시간이 멈춘 듯하지만, 수술실 앞에서 기다리는 보호자에게는 그 긴 시간이 더욱 길게 느껴진다. 초조한 마음으로 온종일 기다렸을 보호자들을 만났다.

"오늘 수술은 마음에 걸리는 부분 없이 만족스럽게 진행했습니다. 회복 과정에 어떤 변수가 있을지 모르기에 잘 지켜봐야겠습니다. 이후 3일간이 가장 중요하고, 일주일이 고비며 3주가 지나면서 순조롭게 회복되면 퇴원 여부를 결정할 수 있을 것입니다."

수술 전 가장 많은 관심과 염려를 보내 주었던 환자의 누님은 나의 손을 꽉 잡으며

"수고하셨습니다. 수술이 이렇게 오래 걸리고 힘든 줄 몰랐습니다. 어서 좀 쉬세요."라며 진심 어린 감사의 마음을 표현했다.

이튿날 아침 환자를 보면 회복 과정이 순조로울지 험난할지를 직감으로 가늠할 수 있는데, 인공 호흡기가 달려 있는데도 환자의 온몸에 생기가 돌아 보였다.

"답답하지 않습니까?"라고 묻자 그는 고개를 저었다. "편안하세요?" 고개를 끄덕였다. 정오 전에 인공 호흡기를 제거하고 기관 튜브도 뽑았다. 환자는 답답한 긴 터널을 빠져나온 듯 환한 웃음을 띠었다.

다음 날 환자는 더 기운이 솟는다고 했다. 그럴 만도 한 것이 찌들고 굳은 간 대신 젊고 싱싱하며 2배나 큰 간이 들어갔으니 마치 30마력짜리 엔진을 100마력짜리 엔진으로 교체한 셈이었다. 오후에는 휠체어에 타고 격리 집중 치료실 밖으로 온 아들을 만났다.

"OO아 괜찮아? 나 때문에 그렇게 아프게 했으니 고맙고 미안하데이." 하면서 눈물을 떨구었다.

장남은 "아빠 괜찮아? 빨리 회복해야 해."라며 아픈 내색을 하지 않으려고 씩 웃었다.

아들은 빌리루빈 수치가 3까지 오르더니 이내 떨어졌고 3일째에는 환자는 이식 병실로, 장남은 일반 병실로 옮긴 이후 급격히 회복의 길을 걸었다. 수술 전에는 하루가 멀다고 복수를 1.5리터 넘게 뽑아내야 했던 아버지는 다시 찾은 건강에 나날이 신기해했다. 회진할 때마다 놀라움을 감추지 못했다. 퇴원을 앞두고 대학교 총장과 이사장이 병실을 방문해 직원과 학생들이 모은 성금 1000만 원과 한 학기 전액 장학 증서를 전달했다. 환자는 3주째에 퇴원했다.

수술 전 거무칙칙하고 기미가 많던 얼굴이 불그스름해지며 윤기가 돌았고, 급격히 나빠졌던 시력이 좋아지며 예전에는 텔레비전을 볼 때마다 눈에 모래가 들어간 듯 불편했으나 이제는 편안히 시청할 수 있게 되었다. 자주 흘리던 코피와 끊이지 않던 코딱지가 사라졌다. 허물이 벗겨지던 아랫입술도 깨끗해졌다. 혀에 자주 끼던 백태도 없어졌다.

목소리가 가늘며 말하기가 몹시 힘들었는데, 이제는 힘 있고 굵은 목소리로 낮은 음까지 낼 수 있게 되었다. 음식을 삼킬 때마다 식도가 아팠고, 목에 가래가 생긴 듯 숨쉬기도 힘들었는데 이것도 좋아졌다. 오른쪽 옆구리 갈비뼈 밑이 결리던 감각도 사라졌다. 하루하루가 새로웠다.

하루 동안의 긴 수술 후 한 생명이 새로운 삶을 찾았다. 수술 후 많은 암 환자나 가족에게 "살려 주셔서 감사합니다."라는 이야기를 자주 듣곤 하는데, 머지않아 재발할지도 모른다는 걱정이 앞서 그 말에 진심으로 화답하지 못했다. 그러나 간 이식 환자는 수술 전후로 삶의 질이 완전히 달라진 새 인생을 살아갈 수 있다.

Y 씨는 거의 쓰러져 가던 사업을 다시 일으켜 세우고 있다. 간염 재발 방지를 위한 면역 글로불린 주사와 면역 억제제 조절 처치를 받기 위해 두 달에 한 번 부산에서 대구로 올 때마다 기차를 타는 1시간이 너무나 행복한 순간이라며 진료실에 들를 때마다 연신 웃으며 감사를 표한다. 장남은 대학교를 졸업하고 어려운 사람을 돕기 위해 사회 복지 회관에서 일하고 있다.

**

간 이식 수술 후 어느덧 20년이란 세월이 흘렀다. Y 씨는 간 기능 점검과 면역 억제제 투약을 위해 부산에서 열차를 타고 대구로 올 때마다, 창밖으로 흘러가는 낙동강을 바라보며 지난 세월을 뒤돌아보고 정말이지 꿈만 같다고 되뇌곤 한다. 안경테 무역이 사양길로 접어들어 청국장 제조 사업으로 바꾸었으며, 발효에 이용하는 바실루스 서브틸리스(*Bacillus subtillis*) 균은 일본산을 사용한다고 했다. 사회 복지사로 복지원에서 일하던 장남은 결혼해 아들을 낳았고 청국장 사업이 번창해 아버지와 함께 일을 하고 있다.

꿈을 잃지 않고 준비해 성공한 간 이식이 한 생명을 살리고, 그 환자가 가정과 사업을 일으키는 모습을 보며 힘들었던 모든 일이 잊힌다. 젊은 나이에 백척간두에 선 말기 간부전 환자에게 이식 수술 후 새 삶을 살아가도록 하는 것만큼 가치 있는 일이 의사에게 또 있을까?

생사를 가른 간 이식의 순간들

중환자실에서 근 한 달간 의식이 혼미한 상태인 36세 남자가 응급도 2A단계로 뇌사자 간 이식 대기자 명단에 올라 있다. 2A단계는 응급도 2단계 중에서도 가장 위중한 상태로 분류되며 장기가 우선 배정되지만, 규정상 2주의 기한이 지나면 2단계로 내려가며 2A로 재조정할 수는 없다. 이 환자가 2A로 상향된 지 13일째인 금요일에 뇌사자가 배정되었다. 그는 중환자실에 있는 동안 복수가 과도하게 차서 2주 전부터는 가슴까지 물이 올라왔다. 오른쪽 복부를 바늘로 찔러 여러 차례 복수를 뽑아내야 했고, 3일 전부터는 미열이 발생하며 백혈구 수치가 1만 8000까지 증가했다. 이는 체내 어딘가에 감염이 있음을 시사한다.

　뇌사자 간을 배정받았을 때도 그의 백혈구 수치는 1만 5000 이하로 떨어지지 않았다. 그러나 이 수치 하나만으로 이식을 중단하지는 않는다. 그동안 도저히 불가능하다고 여겨졌던 심각한 상태에서 간을 이식하고 잘 회복한 경우가 많았기에, 이번에도 수술을 진행하기로 했다. 뇌사자가 인공 호흡기에 의존해 꺼져 가는 생명을 유지 중인 부산 P 병원에서는 토요일 아침 7시에 최종 뇌사 판정을 내릴 계획이었다. 이후에는 심장 이식 팀이 없다면 간 이식 팀의 시간에 맞추어 공여자 수술 일정을 잡게 되어 있다.

　뇌사자 간이 배정된 이후 중환자실에는 또 한 명의 간 이식 대기자가 발생했다. 이번에는 응급도 1단계, 일주일 내에 간 이식을 받지 않으면 사망이 예상되는 최우선 이식 대상자였다. 3일 전 입원한 이 환자는 A형 간염으로 전격성 간부전에 빠졌다. A형 간염은 대개 증상이 가볍고 본인도 모르는 사이 지나가 버릴 만큼 흔한 질병이지만, 지금처럼 급격히 간이 파괴되어 혼수 상태에 빠지고 회복조차 어려운 경우는 드물다. 환자는 건장한 45세의 중년 남성으로, 속이 메스껍고 불편한 느낌과 근육통 증상이 개인 병원에서 호전되지 않아 응급실에 들어올 때까지만 하더라도 가벼운 마음이었다. 간 효소 수치가 천 단위로 증가해 입원했는데, 처음엔 대수롭지 않게 생각했으나 시간이 지날수록 급격히 간 기능이 악화되어 의식을 잃고 가쁜 숨을 몰아쉰 지 이틀이 지났다. 명백한 급성 전격성 간염이다. 간 이식에 오로지 희망을 걸고 회생을 기대하는 가족들은 속이 타들어 간다.

나는 두 간 이식 대기자의 상태를 파악한 다음 퇴근했다. 환자를 담당하는 내과 H 교수는 비수술 치료가 가능한지를 신중히 타진한 후 수술을 권하는 스타일이었다. 그러나 전격성 간부전에 빠진 이 환자는 수술 외에는 회복할 방법이 없다고 결론짓고 적극적으로 이식 수술을 부탁해 왔다.

먼저 응급도 2A단계인 알코올 중독 환자에게 내일 뇌사자 간 이식을 시행할 계획이지만, 응급도 1단계인 전격성 간부전 환자도 전국 어디서든 최우선으로 간을 배정받을 수 있도록 코디네이터에게 요청해 두었다.

부친께서 세상을 떠나신 지 어느덧 1년, 지난해 봄 우리 가족은 1주기를 앞두고 상당한 경비를 들여 가족묘 둘레에 암석으로 축대를 쌓고 색색의 영산홍 나무도 사이사이에 심었다. 같은 동산에 있는 선조들의 묘도 암석으로 테를 두르고 널찍한 평지에 잔디를 심어 정원처럼 단장했다. 토요일은 부친의 1주기 추모일이다. 온 가족뿐만 아니라 50여 호의 마을 주민을 모셔 간단한 행사와 함께 음식을 대접할 계획으로 출장 뷔페도 준비해 두었다. 나는 추도문을 작성해 작은 누님이 낭송할 수 있도록 보내 놓았다.

한편 이날은 내가 2년째 동기회 회장을 맡고 있는 중학교 동기들이 졸업 35주년 기념으로 인근 비봉산을 오르기로 한 날이기도 했다. 나는 낮 12시경 추모 행사를 마친 후 주민 접대가 끝나는 대로 동기들에게 얼굴을 내밀 생각이었다. 하지만 간 이식이 계획된 전날부터 전부 참석하기 힘들 것 같다고 집사람과 동기회 총무에게 연락해 두었다.

공여자 수술은 9시로 결정되어 K 교수를 중심으로 한 적출 팀이 7시 30분 부산으로 출발했다. 나는 병원에 가 수혜자의 검사 소견과 CT 영상을 다시 한번 살펴보았다. 환자는 과거 다리에 화상을 입은 탓에 발목 근육이 위축되어 꺾여 있었다. 걸음걸이가 부자연스러울 듯했다. 의식은 혼미했지만, 간단한 대화는 가능했다.

"간 이식 수술을 받게 되었는데 심정이 어떻나요?"

그는 낮은 목소리로 대답했다.

"선생님, 저 같은 사람 다시 살아 뭐하나요? 차라리 그냥 죽게 놔두시지……."

삶에 대한 미련이 전혀 없는 것은 아니었으나, 체념이 강하게 느껴졌다. 그도 그럴 것이 중국음식점 배달부로 시작해 최근에는 요리사로 일해 온 이 노총각은 짧은 삶 속에서 인생의 패배자가 된 것 같다는 마음에 매일 저녁 소주 두세 병으로 답답한 속을 달래곤 했다. 결혼도 하지 않은 젊은 나이에 알코올 중독으로 간이 망가진 것이다.

장기 이식 코디네이터는 환자와 가족을 번갈아 면담하면서 가족 관계, 수술비 마련 방안 등을 다각도로 파악한 후 장기 배정을 신청하기 때문에 환자 이야기만 들어서는 판단하기 어렵다. 특히 혼수상태에서 횡설수설하는 말기 간부전 환자일 때는 더욱 그렇다. 가족을 불렀다. 형이 중환자실 밖에 대기하고 있었다.

"동생 분께서 뇌사자 간 이식에 부정적이신 듯한데 가족의 마음은 어떠하십니까?"

"어떻다니요? 당연히 시도해 봐야지요. 본인이 힘들게 살아왔으니까 그렇게 말했을 겁니다."

마치 쓸데없는 질문을 한다는 듯, 시큰둥한 반응이었다. 이 정도면 수술 진행에 큰 문제는 없겠다 싶었다. 9시 30분에 부산에서 뇌사자 장기 적출 수술이 시작되었다는 연락을 받았다. 우리는 11시에 수술을 시작하기로 하고 환자를 수술실로 들여보냈다. 폐동맥 쐐기압 측정을 위한 풍선 카테터, 중심정맥관, 실시간 혈압 측정을 위한 동맥관 삽입 시술 등 마취 준비에 1시간이 걸렸다. 정오가 넘어가는 시각에 수술을 시작했다. 고향 집에서는 부친의 1주기 추도 행사가 막 시작될 시점이다. 복수가 많이 흘러나오고 간은 쪼그라들어 있었다. 그런데 더 큰 문제는 환자가 상당 기간 복막염을 앓았던 듯했다. 위장과 소장을 비롯한 모든 장기가 부종으로 퉁퉁 불어 있었다. 감염 상태의 복강은 견인기로 절개된 복벽을 당겨도 간이 들어갈 공간이 확보되지 않을 듯했다. 이것을 어떻게 한단 말인가? 난감한 마음에 여러 차례 장기를 요리조리 들춰 보았다. 혈관을 비롯한 조직이 쉽게 손상될 듯했고, 간동맥과 간문맥, 그리고 간정맥의 연결도 간단하지 않아 보였다. 이 환자에게 간을 이식하는 것은 실패할 줄 알면서 건강한 간을 낭비하는 일과 같았다. 먹구름이 몰려오는데 흙벽돌로 벽을 쌓아 올리려는 사람처럼!

**

결단을 내렸다. 전격성 간부전으로 의식을 잃고 가쁜 숨을 몰아쉬고 있는 환자에게 간을 이식할 수 있을지 고민했다. 부산에 있는 코디네이터를 호출해 상황을 설명하고, 국립 장기 이식 관리원에 연락해 간 이식 수혜자를 변경할 수 있는지 문의해 달라고 요청했다. 주치의의 판단에 달려 있다는 답이 곧 왔다. 우선 환자 가족의 동의를 구해야 한다. 보호자를 수술장 안으로 불렀고 환자의 형이 들어왔다. 배 안의 상황을 보여 주자 이 상태에서 간 이식은 무리임을 의사가 아닌 일반인도 납득할 정도였다. 그는 잠시 여유를 달라고 하며 밖에 나갔다 돌아오더니만 나의 판단에 따르겠다고 했다.

"그렇다면 이 길로 회복하지 못한단 말입니까?"

"그렇습니다. 절개했던 복벽을 봉합한 후 중환자실에서 처치해 보겠습니다. 그러나 회생은 거의 불가능하다고 봅니다."

환자의 형이 나가고 신속히 복벽을 봉합하게 한 후 나는 중환자실로 갔다. 전격성 간염으로 간부전에 빠진 환자를 평가하고, 간 이식 수술에 대한 가족의 동의를 구해야 했기 때문이다. 환자가 무엇을 하는 사람인지, 가족은 어떤 성향인지 짧은 대화에서 파악할 수밖에 없었다. 그는 인천에 직장을 둔 환경 관련 전문가로 전국을 다니며 환경 평가와 개선 방침을 제시하는 일을 했다. 집을 떠나 일할 때가 많아 저녁에는 회식이 잦았고, 입원하기 전에는 이틀 연속으로 생선회를 먹었다고 했다. 부인은 매일 아침 새벽 기도를 나가는 독실한 기독교 신자였다. 동의를 구해야 할 대상 역시 부인이었다.

내가 조심스럽게 말을 꺼내자 그녀는 간절한 눈빛으로 말했다.

"교수님, 아이 아빠는 반드시 살 수 있습니다. 간 이식 수술해 주세요. 교회 신도들이 모두 함께 기도하고 있습니다."

대화를 마친 후 나는 연구실로 갔다. A형 간염으로 인한 전격성 간부전의 간 이식 적응증과 일반 간염으로 인한 간부전의 차이점, 이식 수술에서 차이점과 성적 등을 신속히 찾아 읽었다. 책이나 논문에 발표된 성적도 중요하지만, 더 생동감 있는 자료는 경험자에게 직접 듣는 것이다. 서울에서 간 이식을 가장 많이 하는 두 센터의 젊은 교수에게 전화로 상황을 설명하고 의견을 구했다. 서울 A 병원의 H 교수는 이럴 때마다 늘 적극적으로 의견을 제시해 주었다. 우리가 대화를 나누거나 자문을 구할 때 새로운 지식을 얻는 일이 유익하고 도움이 되지만, 오히려 나보다 뛰어나다고 여겼던 사람이 같은 처지에서 같은 고민을 하고 있다는 사실을 확인하는 것만으로도 큰 힘이 될 때가 있다.

"우리 병원에서도 전격성 A형 간염으로 간 이식 수술을 받은 사례가 서너 건 됩니다. 보통은 가볍게 앓고 넘어가지만, 이처럼 심각한 손상을 일으킬 때도 있습니다. A형 간염의 특징인 것 같습니다. 이식하면 좋아집니다."

더 이상의 정보가 필요하지 않았다. 20여 년 전부터 전격성 간염 환자에 대한 간 이식 대상 선정 기준으로는 영국 킹스 칼리지(King's College)의 그것을 인용해 왔다. 주로 약물 중독으로 인한 전격성 간염 환자를 대상으로 하며, 프로트롬빈 시간(prothrombin time, PT) > 100, 혈청 크레아티닌(creatinine) 수치 > 3.4mg/dl, 3~4도의 뇌병증

등의 지표를 포함한다. 그러나 실제 임상에서 이 기준이 항상 잘 들어맞지는 않는다는 점이 이식학회에서 지적되어 왔다. 이 환자는 킹스 칼리지 기준에 거의 잘 맞았다. 무엇보다 내과 담당 H 교수의 의견이 더욱 신뢰 있게 다가왔다. "이 환자는 이식해야 살 수 있을 것 같다."라는 이야기다.

관련 자료를 뒤지고 전화로 자문을 받으면서 고민하는 이유는 A형 간염은 대부분 감염된 줄도 모르고 지나갈뿐더러 발병하더라도 대다수가 별 후유증 없이 회복되기 때문이다. 이 환자도 간 이식 없이 회복 가능한 것은 아닌지 염려하는 마음으로 돌다리를 두드려 본 것이다. 환자는 곧바로 수술장에 내려졌고 이전 환자와 마찬가지로 마취과가 카테터와 여러 장치를 설치한 후 피부를 여러 차례 소독액으로 닦고 녹색의 수술포를 펼쳐 준비하고 있다.

간 적출 팀 코디네이터로부터 연락이 왔다.

"주말이라 고속도로가 밀리는데 경북 청도를 지나고 있습니다. 1시간 정도 후면 도착할 겁니다."

토요일 오후 3시가 넘어가는 시점이었다. 수술을 서둘러야 했다. 간 적출에는 보통 두세 시간이 소요되기 때문이다. 개복 결과 간은 창백한 색깔로 엄청나게 커져 있었다. 단계별로 접근해 들어가 그 큰 간을 들어내기 직전에 이르렀다. 간문맥, 간의 위아래 대정맥을 지혈 클램프로 잡은 후 잘라 내면 된다. 수술실 한쪽의 백테이블에서 뇌사자 간의 이어 붙일 혈관을 마지막으로 손질하고 있던 K 교수에게 알리고는 간을 절제했다. 무게는 2,480그램으로 보통 환자의 간보다

2배나 더 무거웠다. 이때부터 간을 연결하는 과정은 속도를 요하며 극도의 집중과 긴장이 동반된다. 1시간 내로 혈류를 재개통시켜야 하기 때문이다. 수술은 순조롭게 이루어졌고, 1시간이 걸리지 않아 간문맥과 대정맥 혈류가 개통되면서 차갑고 창백하던 간이 따뜻해지며 분홍빛으로 살아났다.

　한 생명이 새롭게 탄생하는 장면이 수술 팀의 기계적 작업으로 이루어졌다. 한편으로는 저 간이 제대로 생착하지 못하는 것은 아닌가에 대한 일말의 불안감도 있다. 간동맥과 담도까지 연결하고 나니 밤 10시였다. 복벽 봉합은 조력자들에게 맡기고 휴게실로 나왔다. 코디네이터가 준비한 따뜻한 죽과 충무김밥이 꿀맛이다. 오늘 낮 동안 있었을 행사가 궁금해 아내와 중학교 동기회 총무에게 전화를 걸었다. 아버님 추모 행사 후 주민들 접대를 잘 마쳤고 가족끼리 저녁을 마친 후 뒷정리를 하고 있다고 했다. 동기회에는 전국에서 30여 명이 왔고 등산 후 시골 한우 갈빗집에서 식사를 마쳤으며, 대부분 떠났고 남은 사람 몇 명이 담소하고 있다고 했다. 두 행사가 시작되고 마무리되는 시점에 맞추어 간 이식도 마무리된 것이다. 꺼져 가는 한 생명을 구하기 위해 토요일 하루 내내 매달린 의료진은 나처럼 개인적으로 일정을 취소하는 상황이었을 것이다.

　환자는 이틀이 지나 의식을 되찾았고 상태가 나날이 호전되어 일주일 만에 중환자실에서 일반 이식 병실로 옮길 준비를 하고 있다. 그동안 전공의 4년 차 T 선생은 집에도 가지 못하고 환자 곁에 마련된 침대에서 자며 환자와 고락을 함께했다.

**

5월 3일 토요일, 또다시 부산에서 뇌사자가 발생해 우리 병원 환자에게 간이 배정되었다. 뇌사자 수술은 토요일 오후 1시에, 이식받을 환자 수술은 오후 4시에 시작하기로 계획했다. 월요일인 5월 5일은 어린이날로 공휴일이다. 만약 토요일에 수술이 이루어지면 T 선생은 또다시 환자 곁을 지켜야 한다. 싫다는 내색을 하지 않고 열심히 수술 전 상태를 점검해 보고해 주는 그를 보며, 아무것도 모르던 1년차 입국 시절이 엊그제 같은데 어느새 책임감을 가지고 임해 주는 모습이 대견하고 고마웠다.

지난번 수술 준비가 늦어져 공여자 팀이 돌아온 후 기다림에 대한 약간의 푸념이 있었던 터라 이번에는 모든 물품과 혈액, 수액 등도 필요할 때 즉시 주입할 수 있을 정도로 준비를 해 두었다. 마취과 선생과 수술실의 간호사를 포함한 많은 인력이 공여자 간에 이상이 없다는 메시지를 받자마자 수술에 들어갈 만반의 준비를 갖추었다. 그런데 뇌사자를 개복해 본 결과 간의 색깔이 건강하지 않아 조직 동결 절편 검사가 나올 때까지 수술을 보류해 달라는 전갈을 받았다. 그래도 우리는 수술이 이루어지길 간절히 바랐다. 20여 분이 더 지나, 이 간은 상당 부분 허혈성 괴사가 진행되어 이식에는 부적절하므로 수술하지 말자고 K 교수가 전했다. 허탈했지만, 연휴 동안 환자 곁에 매이지 않을 수도 있다는 생각에 한편으로는 안도감이 들기도 했다. 준비했던 많은 양의 혈액과 혈장을 폐기 처분하는 아픔도 감수

해야 했다.

**

열흘이 지난 5월 16일, 또 간 이식을 하게 되었다. 이날 뇌사자는 서울에서 가장 많은 간 이식을 시행하는 A 병원에서 발생했다. 수년 전까지 우리 병원에서 발생한 뇌사자 간을 가장 많이 가져간 병원에서 이번에는 우리가 간을 가져오게 되어 한편으론 뿌듯했다. 금요일 오후 4시에 간 적출 수술이 계획되었고, 이에 맞춰 K 교수를 팀장으로 한 적출 팀이 구급차로 출발했다. 그들이 돌아오는 11시경에 수혜자의 간을 떼어 내기 위해 9시에 수술이 시작되게끔 시간을 배정했다. 저녁에는 스승의 날을 맞아 퇴임한 원로 교수님들을 모시고 모두가 한자리에 모이는 식사 계획이 있었다. 어차피 식사는 해야 하니 예약된 한식당으로 가서 칠순 중반, 팔순에 접어든 두 교수님의 안부라도 여쭐 수 있어서 다행이었다. 간 적출을 위해 구급차로 서울에 간 이식 혈관 외과 K 교수는 과 행사가 있을 때마다 오늘처럼 응급 수술이나 학회 출장 등으로 참석률이 절반을 넘지 못했다. 행사를 준비하는 총무임에도 말이다.

8시에 환자를 수술실로 옮길 예정이어서 식사를 마무리하지 못하고 서둘러 나왔다. 심장이나 간 이식을 앞둔 환자나 가족만큼 초조하고 불안한 경우가 또 있을까? 수술 도중 어떤 상황이 발생할지 모르기에, 수술실로 남편을 들여보내는 아내나 카트에 누운 환자 모두 이 순간이 영원한 이별의 문턱일지도 모른다는 불안에 휩싸일 수밖에 없다.

9시에 시작된 수술은 순조롭게 진행되었다. 적출 팀은 서울에서 적출한 간을 아이스박스에 담아 11시경 수술실에 도착했고 우리는 상한 간을 떼어 낼 준비를 거의 마쳤다. 이후 간을 이식하는 절차는 순조롭게 진행되어 간의 혈류를 개통하고 담도까지 연결하고 나니 새벽 3시였다.

**

5월 17일 토요일은 의과 대학 졸업 25주년 기념 홈커밍 데이다. 오전에는 모교 방문과 은사님을 모시고 기념식이 있고 저녁엔 경주 H 호텔에서 파티가 계획되어 있었다. 대구에서 열리는 대한간학회에서 맡은 순서가 있어서 모교 방문 기념식에는 참석하지 못하고 학회에서 임무를 바친 후에 부랴부랴 경주로 갔다. 6시 30분경 1부 순서가 시작될 무렵 도착하니 동기 부부들이 큰 홀에 가득 모여 즐겁게 이야기꽃을 피우고 있었다. 대구뿐 아니라 서울, 부산, 경남 등지에 흩어진 많은 동기가 한자리에 모였다. 졸업 후 처음 보는 동기도 있었고, 그리 가깝게 지내지 않았던 동기들도 나이가 들어가는 모습을 보니 반갑고 즐거웠다. 초청 가수 열창과 여흥으로 진행된 1부가 끝난 후, 2부에는 동기들의 서툴지만 흥미로운 공연이 이어졌다. 색소폰 연주, 클래식 기타 연주, 오보에 연주, 듀엣 및 중창 등으로 2시간

동안 흥겨운 시간을 보냈다. 3부는 잠시 노래방에서 시간을 보내다가 방으로 돌아와 쓰러져 잤다. 오랜만에 아이들을 떼어 놓고 아내랑 함께할 수 있어 행복한 시간이었다. 다음 날 우리는 일정이 있어서 대구로 돌아와야 했다. 대구로 가는 고속도로에서 전화를 받았다.

"담관암으로 췌십이지장 절제 수술을 받은 72세 J 씨가 오늘 새벽부터 갑자기 피를 토했는데, 배액관으로는 선홍색의 피가 흘러나옵니다. 혈압이 70까지 떨어지고 헤모글로빈 수치는 6.6이어서 적혈구를 세 팩째 수혈 중입니다. 9시에 영상 의학과 A 교수께서 중재 시술을 계획하고 있습니다."

수술 후 17일째 발생한 출혈, 그것도 선홍색 출혈은 틀림없이 동맥의 손상에서 비롯된 것이다. 췌장액이 약간씩 새어 나오는 경우 혈관이 녹는 일이 흔하지는 않지만, 최악의 상황을 대비해야 했다. 이 환자는 병동 수간호사와 절친한 사이여서 수술 전 특별히 신경 써 달라고 부탁받은 환자다.

"췌십이지장 수술은 합병증이 많지 않나요? 서울로 가려고 했는데 교수님께 부탁하게 되었습니다."

"예, 췌십이지장 수술은 합병증이 많지요, 그렇지만 최근 몇 년간 수술 안정성이 크게 향상되었고 지난해에 30여 명을 수술했지만 단 한 명도 실패하지 않았습니다. 안심하셔도 됩니다."

췌십이지장 수술에서 많은 노력을 기울여 치명적인 합병증을 획기적으로 줄여 온 것은 사실이다. 특히 담관암의 경우 췌장 조직이 매우 약하기 때문에 잘 아물지 않고 췌장액이 새는 경우가 가끔 있다. 세계에서 가장 유명하다고 하는 존스 홉킨스 대학 병원 존 캐머런 교수의 성적에서도 췌장액 누출률은 약 10퍼센트이며 이중 10~20퍼센트는 사망한다. 즉 사망률은 1~2퍼센트 정도다. 혹 누출이 발생하더라도 일시적으로 췌장액이 체외로 분비되도록 췌장관을 삽입해 2~3주 지나면 대부분 저절로 아문다. 간 수술 연수를 위해 듀크 대학교에 1년간 머물 때, 존스 홉킨스 병원을 방문해 이틀 동안 캐머런 교수의 췌장 수술 세 건을 견학한 경험은 췌장두부 절제 수술의 안정성 향상에 크게 기여했다.

개인적으로 시술한 환자들의 췌장액 누출률이 10~20퍼센트 수준이지만, 지난해에는 한 사람도 사망하지 않았고 앞으로도 그럴 자신감이 있었다. 오늘 환자가 피를 토한 것은 적은 양의 췌장액이 주변의 췌십이지장 동맥을 녹였을 가능성이 가장 크다. 사타구니 대동맥에 관을 넣어 출혈 부위를 찾아 코일이나 젤폼으로 막으면 괜찮아진다.

집에 잠시 들른 후 곧바로 병원으로 향했다. 내가 할 일은 많지 않았다. 환자의 상태를 확인하고 중재 시술을 지켜볼 뿐이다. 병원으로 가니 영상 의학과 중재 시술 전문가인 A 교수가 막 시작하려는 참이다. 시술 시간은 빠르면 30분, 길어도 1시간 내에 마무리되는 것이 보통이다. 시술실 앞에서 기다리고 있는 가족에게 상황을 설명한 후 방사선을 차단하는 투명 유리 너머로 시술 과정을 모니터로 지켜보았다. 대퇴부 동맥에 가는 카테터를 넣어 대동맥 복강동맥을 지나면서 조영제를 조금씩 주입했으나 출혈 부위가 잘 나타나지 않았다. 출혈 가능성이 있는 간동맥, 비장동맥, 상장간막동맥 등 대부분의 동맥 입구에 관을 걸고 1시간 정도 조영제를 쏘아도 출혈 부위가 뚜렷하지 않았다. 상장간막동맥 근처 대동맥에서 조영제를 쏘니 대동맥 근처 어느 동맥분지에서 흐릿하게 피가 새는 모습이 보였다. 새는 곳은 좌위동맥으로 추정되었다. 다만 이 환자는 보통의 해부 구조와는 달리 복강축에서 분지되지 않고 대동맥에서 곧장 분지되는 변형 구조를 가지고 있었다. 따라서 대동맥에서 좌위동맥에 카테터를 걸어야 그 혈관을 막을 수 있다. 3시간 이상 매달렸으나 출혈 부위를 찾지 못했다. A 교수에게 조심스럽게 물었다.

"중심정맥관 삽관할 때도 잘 안되면 손을 바꿔 보기도 하는데, 혹시 다른 분이 있을까요?"

A 교수는 한숨 섞인 목소리로 대답했다.

"그렇지 않아도 그렇게 생각해 봤는데, K 교수는 학회 차 일본에 갔고 시내 다른 대학 병원의 중재 시술 가능한 의사 모두 일본에 있습니다."

난감했다. 다시 30여 분을 더 시도하던 A 교수는 수술 장갑과 옷을 벗고는 휴대전화를 집어 들고 준비실 방으로 들어갔다. 잠시 후 특유의 침착한 표정으로 돌아와 말했다.

"다른 분에게 부탁을 드렸습니다. B 대학교 병원에 근무하시던 분으로 최근에 개원했는데, 부탁할 수 있는 유일한 사람입니다."

더는 자신이 할 것이 없다는 느낌이다. 이렇게 5시간씩 시도해 본 적이 없다고 방사선 기사가 낮은 목소리로 일러주었다. 우리 과 전공의 두 명이 가끔 피를 토해 맥박이 빨라지고 혈압이 떨어지는 환자를 감시하면서 피를 닦아내고 수혈을 하는 등 고생이 이만저만이 아니었다.

오후 1시쯤 개원의 B 교수가 들어왔다. 간단히 악수만 나누고 그동안 촬영한 혈관 조영 사진을 훑어보고는 곧바로 납 방호복과 수술복으로 갈아입고 시술을 시작했다. 한두 시간이 흘렀지만 상황은 나아지지 않았다. 점심이라도 대접하려 했으나 이미 시간을 훌쩍 넘겼다. 오후 3시가 되어 갈 무렵 햄버거 세트를 인원수대로 시켜 교대로 요기하도록 했다.

이 분야에서 10년 이상의 경력을 가진 전문가 두 사람이 번갈아 시술했음에도 좌위동맥에 카테터를 거는 데 실패했다. 어려운 수술이나 간단한 시술에서도 시술자가 가장 중요하지만 때로는 보조자가 결정적인 역할을 하기도 한다. 거대한 배가 빙하를 만나 좌초될 위기에 처했을 때, 선장이 어찌할 바를 모르다가 항해사의 도움으로 위기를 탈출하는 것처럼 말이다.

A 교수는 비번이었던 눈매가 날카로운 방사선 기사 A 선생도 불러낸 모양이다. 운동복 차림으로 모니터를 보던 그는 말했다.

"A 교수님, 카테터를 다른 회사 제품으로 바꾸어서 한 번만 더 해 보시지요."

물품장에서 마지막 하나 남은 카테터를 꺼내 B 교수에게 건넸다. 그런데 여러 차례 시도에도 걸리지 않던 좌위동맥에 이번에는 카테터가 제대로 걸렸다. 시술자와 지켜보는 모든 사람이 환호성을 지를 뻔했다. 마치 축구 경기에서 연장전 끝에 극적인 골이 터졌을 때

관중석에서 터져 나오는 것과 같은 환호성이 목구멍을 넘어 입안까지 차올랐다. 그러나 그 대상이 피를 토하면서 초췌하게 누워 있는 72세의 환자이기에 조용히 바라볼 뿐이었다. 조영제를 주입하자 엄청나게 많은 혈액이 좌위동맥에서 흘러나왔다. 하루 30밀리리터도 되지 않는 적은 양의 췌장액이 근처에 있는, 건드리지도 않은 동맥벽을 녹였던 것이다.

코일과 젤폼이라는 특수 물질로 동맥을 틀어막아 출혈을 완전히 멈추게 했다. 오후 4시였다. 시술을 시작한 지 7시간 만이다. 담관암 병소를 도려내고 재건 수술에 걸린 전체 시간과 같았다. 내린천 계곡에서 래프팅하다가 설악산에 갑자기 내린 큰 홍수로 떠내려가던 대원을 래프팅 센터 요원들이 가까스로 건져내었을 때와 같은 안도감을 느꼈다. 두 사람을 안아 주고 싶었지만, 진한 악수로 감사를 표했다. 이후 환자는 더 이상의 문제 없이 서서히 회복되었다. 회진 때마다 아무런 말이 없었지만, 나의 기분에 따라 환자의 눈빛에서 때론 감사, 때론 원망을 읽을 수 있었다. 이후 퇴원해 10년 이상 재발 없이 추적해 왔는데 보지 못한 지 오래되었다.

**

이틀 후인 5월 19일 화요일에 또다시 뇌사자 간 이식이 우리 병원에 배정되었다. 2주 전 간 이식 배정을 받아 수술실에서 모든 준비를 마쳤으나, 뇌사자 간이 건강하지 않아 마취 직전에 수술이 취소되어 실망을 안겼던 환자였다. 이후 폐에 물이 더 많이 차 이를 뽑는 과정에서 바늘에 폐가 살짝 찔려 폐기종에 빠졌고, 의식도 혼미하다가 약간 회복되는 중에 다시 실낱같은 희망을 품게 되었다.

오후 4시에 간 이식 수술을 시작했다. 간경변이 심한 탓에 우회 혈관이 많이 발달해 있어 출혈이 심하다. 말기 간부전 환자를 수술할 때는 출혈이 심하면 지혈이 대단히 어렵다. 이때 큰 역할을 하는 것이 바로 자가 수혈기로, 혈관에서 흘러나온 혈액을 흡인해 기계에서 걸러 적혈구만 모아 다시 수혈하는 장치다. 이 장치가 있으면 웬만한 출혈도 두렵지 않다. 다만 출혈 속도만큼 빠르게 혈액을 주입해야 하기 때문에 마취과 의료진 서너 명이 긴장하면서 바쁘게 따라붙어야 한다.

오후 7시가 넘어가면서 간이 거의 떨어져 나갈 즈음 K 교수 팀이 이번에도 부산에서 간을 적출해 수술실로 들어섰다. 간을 적출해 보니 CT에서 보이던 간문맥 혈전이 더 심했다. 자른 간문맥 끝을 열어놓아도 흘러나오는 혈액은 갓난아기 오줌 줄기 같았다. 정상적인 간문맥에서는 여름철 소낙비 후 도랑물 흐르듯 할 텐데 말이다. 이래서는 아무리 잘 붙여도 간이 살아날 수 없다. 혈전을 제거할 만큼 제거하고 혈류가 좀 나아지는 것을 확인한 후 새 간을 이어 붙이기 시작했다. 환자의 나이가 65세이기에 간문맥에는 혈전이, 간동맥에는 경화증이 있었다. 그래도 K 교수는 요리조리 잘 이어 붙였다.

혈류를 개통했을 때 간은 분홍빛으로 돌아오긴 했지만, 평소처럼 충분히 부풀어 오르지 않았고 색깔도 어딘가 푸른빛이 완전히 가시지 않았다. 미리 연락해 두었던 영상 의학과 K 교수가 들어와 혈관 초음파 검사를 시행했다. 예상대로 간동맥의 파형은 양호했지만, 간문맥 혈류의 파고가 낮아 혈액이 제대로 흐르지 않고 있었다. 이대로 수술을 마무리하기는 불안했다. 그때 K 교수가 간문맥 아래쪽을 더듬어 상장간막정맥 안에 거의 꽉 찬 혈전을 발견했다. 불행 중 다행이었다. 혈관을 다루는 데 노련한 K 교수지만, 이 혈전을 꺼내는 데는 제법 많은 시간이 걸렸다. 제거한 후 다시 초음파로 확인하니 마치 양수기로 물을 퍼올려 마른 논에 물을 대는 것처럼 간문맥을 타고 시원하게 혈액이 흘러들었고, 갈증이 해소된 간은 더 선연한 홍조를 띠었다. 이제야 수술을 마치고 두 다리 뻗고 편히 잘 수 있겠다는 생각이 들었다.

수술 중 엄청나게 많은 혈액이 흘렀으나 간을 붙이고 나서는 의외로 지혈이 빠르게 이루어졌다. 담도를 연결하고 수술을 마무리하고 나니 자정을 넘긴 시각이었다. 수술 다음 날에는 환자는 헛소리를 많이 하고 정상적인 의식을 찾지 못했으나, 3주가 지나자 거의 완전하게 회복되었다.

신록의 5월에 나무들이 푸르게 기운을 더해 가듯이, 생명이 꺼져 가던 중 새 삶의 생기를 얻어 절망에서 희망으로 바뀐 환자들을 바라보며 나의 지친 몸에도 활력이 돌았다.

혈액형의 벽을 넘어

67세 남성 환자 L 씨는 성인이 된 이후 거의 평생을 술과 함께 살아온 사람이다. 그는 청년 시절부터 돌 사업을 했다. 묘지 축대 쌓는 일에서 건물 벽에 고급 석재를 붙이는 일까지, 건축에서 돌을 이용하는 모든 일을 도맡았다. 돌 공사를 얼마간 익힌 다음에는 공사 현장에 돌을 공급하는 사업을 하기 시작했다. 처음에는 국내에서 개발한 석재를 판매했지만, 이후 값싼 중국산 석재를 수입하면서 수입이 훨씬 더 늘어났다. 그러나 건강을 망치면 돈이 아무리 많아도 소용없는 법이다.

직업이 직업인지라 손에서 술을 놓고는 살아갈 수가 없던 그는 환갑을 넘기면서 건강에 적신호가 왔다. 간이 점점 굳어 가는 간경변 진단을 받았다. 이후 5년 동안 병은 더 악화되어 복수가 차고 정맥류 출혈까지 경험했다. 황달이 심해졌고 간에서 만드는 응고 인자의 기능이 떨어져 가고 있었다. 암모니아도 배출이 잘 안 되어 간성 혼수로 의식이 한 번씩 오락가락했다.

이럴 때 유일하고도 확실한 치료법은 간 이식뿐이다. 그의 중증 간 질환자 간 기능 평가 모형(model for end-stage liver disease, MELD) 점수는 17점으로, 미국이나 스페인이라면 몰라도 우리나라에서 뇌사자 간을 배정받기란 불가능하다. 해법은 가족 간 생체 간 이식밖에 없었다. 가족 회의 결과 둘째 아들이 간을 제공하기로 했다. 아버지는 혈액형이 A형이고 아들은 둘 다 B형이다. 혈액형이 같은 경우에만 수혈할 수 있다는 원칙에 따라 신장이나 간 이식 공여자를 선택해 수술해 온 지가 50년이 넘는다. 그러나 혈액형이 다른 경우도 장기를 제공할 수 있는 생물 공학적 기술이 실험적으로 연구되다가 2000년 이후 신장에, 2010년 이후에는 간 이식에도 적용되어 이제는 안정적으로 임상에 적용되고 있다. 혈액형 일치 장기 이식과 수술 성적에서 별 차이가 나지 않는다.

1800년대에는 빈혈 환자에게 분별 없이 수혈해 어떤 사람은 살고 어떤 사람은 도리어 수혈로 죽었는데 이유를 몰랐다. 1900년 카를 란트슈타이너(Karl Landsteiner)는 수혈하는 사람과 수혈받는 사람 사이에 항원 항체 반응으로 피가 응고된다는 사실을 알게 되었다. 이 사실을 바탕으로 혈액형을 발견해 모든 사람의 혈액형이 A, B,

AB, O형 중 하나임을 밝혀냈다. 혈액형에 따라 수혈이 가능해지면서, 외과 의사는 피를 흘리는 상황에서도 수혈을 통해 수술을 이어갈 수 있게 되었고 이는 외과 수술의 혁명을 불러왔다.

안전한 수혈 체계가 확립된 지 120년이 지난 지금, 장기 이식은 더 이상 특별한 시술이 아니라 보편적인 의료 행위가 되었으며 과거에는 수혈조차 불가능했던 다른 혈액형 환자에게도 장기 이식이 가능한 수준에 이르렀다. 수혈과 장기 이식 기술의 발전은 의료 역사에 또 하나의 혁명을 일으키고 있다.

혈액형 불일치 장기 이식에 사용되는 핵심 약제는 리툭시맙, 즉 항CD-20 단클론 항체(antiCD-20 monoclonal antibody)다. 리툭시맙은 원래 B 림프구 종양을 표적으로 개발된 항체로, 정상 및 악성 B 림프구에 발현된 CD20 항원을 인식해 해당 림프구를 제거함으로써 면역 반응을 억제한다. 줄기 세포는 CD20 항원을 가지고 있지 않기 때문에, 치료 이후에도 새로운 건강한 B 림프구의 생성은 가능하다. 그동안 비호지킨성 림프종과 만성 림프구성 림프종 치료에 주로 사용되어 온 이 약제를 ABO 불일치 장기 이식에 사용하는 까닭은 수혜자의 체내에 공여자 장기의 ABO 항원에 대한 항체가 존재할 수 있기 때문이다. 일차적으로는 혈장 치환술로 미리 만들어진 항체를 제거하고, 이후에는 새로운 항체가 만들어지는 것을 B 림프구 수준에서 차단해야 한다. 이때 리툭시맙이 사용된다. 그렇다면 한 번의 리툭시맙 주사로 불일치 항원에 대한 항체 생성이 지속적으로 억제되는가? 이에 대한 답은 "일단 그렇다. 그러나 그 효과가 얼마나 지속되는지, 완전한지는 아직 확실히 알 수 없다."이다.

환자의 혈장 치환술 전 동종응집소(isoagglutinin) 항체는 1 대 64로 중등도 수준이었으며 혈장 치환술 1회 시행 후에는 항체가 음성으로 떨어졌다. 매우 좋은 반응이다. 여기에 리툭시맙을 초기에 375밀리그램, 점차 그 양을 줄여 300밀리그램을 투여했다. 그런데 이 이식에는 혈액형 불일치 외에도 또 다른 장벽이 있었다. 수혜자인 환자는 키 163센티미터, 몸무게 67킬로그램이었지만 공여자인 아들은 키 182센티미터, 몸무게 96킬로그램으로 체격 차이가 컸다. 아들은 전직 테니스 선수였으나 아킬레스건 손상으로 지금은 운동을 접고 형의 휴대 전화 사업을 돕고 있다. 복부 CT로 공여자의 간 크기를 측정하니 전체 부피가 2,021밀리리터였다. 일반인의 평균 간 크기는 1,200~1,500밀리리터다. 그는 좌엽 565밀리리터, 우엽 1,456밀리리터로 보통 이식 수술에 사용하는 우엽만 해도 일반인의 전체 간보다 더 컸다. CT 상으로 재어 보아도 이 정도라면 환자에 욱여넣어도 들어가지 않을 크기였다. 우엽 이식의 또 다른 문제는 담도 구조에 있었다. 간 우엽 후구역에서 배액되는 담관과 우엽 전구역의 담관이 하나로 합쳐지지 않고 각각 따로 총담관으로 배액되어 있었다. 이 경우 담관을 환자에게 접합할 때 또 다른 장벽이 될 수 있다.

또한 공여자의 간동맥은 좌우 모두 2개씩으로, 보통의 해부학적 구조보다 더 복잡한 형태였다. 이에 따라 부피는 약간 작아도 수혜자에게는 충분하다 판단되어 동맥은 2개지만 담관은 하나인 좌엽을 이식하기로 했다. 그동안 대부분 우엽을 떼어서 이식했고 좌엽은 처음이다. 좌엽은 간의 절제량이 작아서 공여자에겐 유리하지만, 수혜자에게는 간의 부피가 작고 이식 후 위치가 물리적으로도 불안정한 면이 있다. 접합한 후에 오른쪽으로 기울어지기 쉬워 간에서 대정맥으로 들어가는 간정맥이 꺾일 위험성이 있다.

혈액형 불일치, 간 크기 불일치, 담관 및 동맥의 변이라는 몇 가지 우려가 있었지만 결전의 날은 다가왔고 수술을 시작했다. 공여자 수술은 수술실 1번 방에서 내 집도로, 수혜자 수술은 K 교수와 A 교수의 집도로 2번 방에서 시작했다. 수혜자는 30여 년 전 술을 많이 마실 때 십이지장 궤양이 천공되면서 위 절제 수술을 받았고, 사고로 비장도 절제한 이력이 있다. 이런 경우 장기 유착이 심한데, 예측대로였다. 한편 공여자는 좌엽 절제와 함께 해부학적으로 더 안전하다 생각되어 미상엽도 절제했다. 안전하게 절제되었고 비슷한 시간에 수혜자의 시커멓게 병든 간이 무사히 절제되어 나왔다.

지혈을 어느 정도 한 후 공여자 간을 이어 붙였다. 간동맥 2개를 이어 붙였는데 가늘어서 단순 연결만으로는 혈류가 너무 약했다. 결국 우위동맥을 끊어 루프(loop)를 만든 뒤 이를 다시 수혜자의 간동맥과 연결해 만족할 만한 혈류가 공급되도록 했다. 글로 적으면 쉬워 보이지만, 장인급의 혈관 다루는 솜씨와 아이디어를 가진 K 교수이기에 가능한 일이다.

이제 간문맥, 간동맥 및 간정맥 접합이 끝나고 혈류가 개통되어 간 기능이 작동하기 시작했다. 담관을 이어 붙일 준비를 해야 하는데 간정맥으로 혈액 배출이 잘 이루어지지 않아 간이 팽창하는 듯했다. 간을 앞으로 약간 당기면 일시적으로 팽창이 가라앉았는데, 이는 간이 제 위치에서는 정맥 배출이 원활하지 않다는 신호였다. 간이 커서 우려하던 대로 간정맥 압박에 의한 혈류 배출 장애가 일어나고 있었다. 그렇다고 간을 앞쪽으로 고정할 수는 없다.

이때 유일한 해결책은 간정맥 안으로 스텐트를 삽입하는 것이다. 버드 키아리 증후군(Budd-Chiari syndrome)이라 불리는 간정맥 폐쇄 질환에서, 중재 시술로 스텐트를 넣기도 한다. 보통은 영상 의학과 중재 시술실에서 투시경을 보면서 시행하지만, 오늘은 수술대에서 이것을 해결해야 한다. 한 번도 가지 않은 길이다. 중재 시술 팀 교수님께 연락을 드리니 두 분이 함께 새벽 1시에 곧장 수술실로 달려왔다. 감동이다. 이들이 이동형 엑스선 투시 촬영 장치(C-arm)를 가져와 간단하게 스텐트를 삽입하고 나니 더는 간이 팽창하지 않아 담도 연결로 들어갔다. 오랜 시간 동안 간정맥을 통한 혈류 배출이 안 되어 복강 내 장기에 심한 부종이 생겨 복벽을 닫기가 어려웠다. 환자의 상태가 좋아지고 부종이 호전되면 복벽을 봉합하기로 하고 수술을 마쳤다. 새벽 4시였다. 다음 날 약간의 출혈이 있어 다시 수술을 시행해 지혈했고, 다행히 환자의 상태가 좋아지면서 부종이 많이 호전되어 목적한 대로 복벽을 닫을 수 있었다.

수술 후 환자는 하루가 다르게 회복되어 갔다. 하지만 출혈이 다시 조금씩 나타났고 수술 후 2주일이 되어 가는 날에는 출혈량이 좀 더 많았다. 오후 늦게 출혈 부위를 찾기 위해 중재 시술 팀에서 동맥 조영술을 시행했다. 내유관 동맥에서 내려온 혈관이 횡경막 근처에서 출혈을 일으키는 것을 발견했다. 과거 수술로 유착되었던 부위였다. 이것을 K 교수가 틀어막았다. 안도감이 들었다. 내일 아침 튀르키예 이스탄불에서 열리는 국제 간담췌 심포지엄에 좌장으로 초대받아 인천 공항으로 출발하려던 참이었기 때문이다. 그런데 밤 11시가 되어도 출혈은 잦아들지 않았다. 나를 대신해 수술할 수 있는 A 교수는 의료 봉사 활동차 카자흐스탄에 머물고 있었다.

하는 수 없이 내가 결단을 내려야 했다. 출국하는 대신 내일 아침 일찍 수술을 하기로 했다. 다행히 오늘 밤까지 취소하면 호텔 위약금을 물지 않아도 되어 항공편도 같이 취소했다. 나는 출국을 포기하고 다음 날 아침 한글날 공휴일에 개복 수술을 했다. 횡격막 근처에 작은 동맥에 의한 출혈이 있어 결찰하고 전기 소작으로 지혈하고 나왔다. 이후 환자는 상처가 벌어지고 면역 저하로 인한 바이러스 감염 등 몇 가지 어려움을 겪었지만, 긴 회복 기간을 거쳐 결국 무사히 퇴원했다.

**

L 씨는 올해로 간 이식 수술 후 5년이 지났다. 건강하게 노인정에 나가면서 노후를 영위하고 있다. 간 이식 수술은 한 편의 예술 작품이자, 완벽한 오케스트라의 협연이다. 한 생명을 위해 각기 다른 전문가가 연합한다. 술로 인해 발생한 간경변 환자의 의지가 있었고 효심이 깊은 아들이 기꺼이 자신의 간을 내어 주었다.

내과, 영상 의학과, 외상 외과가 수술 전후의 진단과 치료를 맡았고, 진단 검사 의학과는 혈장 치환술을 시행했다. 수술 동안 마취과가 여러 차례 안정적인 마취를 유지해 주었으며, 위기의 순간마다 중재 시술 영상 팀이 결정적인 도움을 주었다. 외과 전공의 선생들과 수술실 간호사들, 그리고 보이지 않는 곳에서 상담과 전처치를 맡은 이식 코디네이터, 간담췌 전담 간호사들까지 모두 합해 한 사람을 구할 수 있었다.

치열한 고민과 값진 기쁨

외과를 흔히 3D 직업이라고 한다. 더럽고(dirty), 어려우며(difficult), 위험한(dangerous) 일을 많이 한다는 의미다. 그러나 이와 반대로 역동적이고(dynamic) 극적이며(dramatic) 희망을 주는(dreaming) 직업이라 회자되기도 한다. 전자는 직업적 관점에서, 후자는 소명 의식을 가진 시각에서 본 것이다.

생명을 구하는 일에 헌신하겠다며 의과 대학에 입학한 학생이라도 부모, 친구, 사회에 영향받고 현실에 눈을 뜨면 처음의 생각이 많이 바뀌곤 한다. 졸업 후 병원에서 인턴으로 여러 임상과를 경험하기 시작하면 더 고민에 빠진다. 밤잠 못 자고 식사도 제때 못하는 힘든

과에 굳이 지원해야 할까? 덜 힘들고 여가 생활을 할 수 있으며, 수입도 나은 마이너 과로 전향하는 사람이 많다. 그런데도 소유보다 행함에 가치를 두고 외과를 지원하는 젊은 의사들은 국민 건강을 힘들게 지키는 최후의 보루다.

2년 전 일이다. 80세 노인 H 씨가 어느 날 거울을 보자 눈의 흰자위가 노랗게 변했고 소변도 싯누렇게 나왔다. 검사해 보니 간문부 담관암이었다. 곧바로 입원해 정밀 검사를 시행한 결과 다행히 절제 가능한 상태였다. 황달을 개선하는 조치와 더불어 3주간의 준비 후 수술 일정을 잡았다. 문제는 암이 간문맥과 간동맥에 침윤했는지 여부인데, 영상 검사로 봤을 때는 애매하다. 이럴 때는 수술에 들어간 후 결정하기도 한다. 환자와 가족은 여기에 동의했다.

"나이프."라고 말하면서 절개를 시작했다. 라디오에서는 야샤 하이페츠(Jascha Heifetz)가 연주하는 막스 브루흐(Max Bruch)의 바이올린 협주곡이 나직이 울려 퍼졌다.

여느 때처럼 림프절 절제를 한 후 담도를 잘라 간문부까지 들어갔다. 남게 될 오른쪽 간동맥과 간문맥에 암 침윤이 있다. 어떻게 할 것인가? 늘그막에 의학 전문 대학원을 졸업하고 불혹을 넘긴 나이에 수련 중인 고참 전공의 K 선생에게 물었다.

"자네 가족이라면 어떻게 할 것인가?"

그는 침착하게 대답했다.

"절제 수술하면 5년 생존율이 40퍼센트 가까이 되지만, 절제하지 않은 3~4기 간문부 담관암 환자의 전체 생존 기간 중앙값

(median overall survival, mOS)은 6개월이란 논문을 어제 읽었습니다. 나고야 대학교 병원 논문에 따르면 침윤된 혈관을 암과 함께 절제 후 재건한 환자군의 성적도 비슷했습니다."

치료 방향을 결정할 때 데이터를 근거로 하는 것은 당연하지만, 개별 환자 앞에서는 머릿속이 복잡해진다. 환자의 심폐 기능은 정상이나 나이가 80세다. 황달은 거의 정상 수준까지 떨어졌지만, 최근까지 간헐적으로 미열이 있었다. 그는 은퇴한 교회 장로로 온 성도가 그를 위해 기도하고 있다. 수술 전 면담에서 "우리 영감 좀 더 살아야 해요. 고생 많이 했거든요."라고 말하던, 머리카락을 곱게 염색한 부인이 초조하게 수술실 앞에서 기다리고 있을 모습도 떠오른다. 한참을 고민하며 상황을 요리조리 살핀 끝에 결정했다.

"그래, 자르자. 우리 병원엔 혈관 수술 달인인 K 교수가 있으니 도움을 받을 수 있잖아."

다행히 그는 다른 수술방에서 신부전 환자의 혈액 투석을 위한 왼팔 동정맥루 수술을 막 끝낸 상태였다. K 교수는 뿔처럼 앞으로 톡 튀어나온 렌즈를 단 3.5배 확대경을 끼고 수술대 가까이 다가왔고, 나는 지금까지 진행 상황을 간략히 설명했다. 그의 도움을 받아 마치 갯바위에 붙은 홍합처럼 혈관에 단단히 달라붙은 암 덩어리를 혈관과 함께 절제해 냈다. 절제된 간과 암 조직을 살폈다. 암이 침윤된 것 같지 않았지만, 담관 절단 부위에 푸른 잉크칠을 했다. 소독 간호사가 내민 용기에 담으며 말했다.

"이거 병리과에 보내서, 색칠한 부위에 암 침윤 없는지 봐 달라고 해 주세요."

혈관을 잘 다루는 K 교수의 손 움직임은 대단히 섬세하다. 머리카락보다 가는 나일론 7-0 봉합사로 간동맥과 간문맥을 깨끗하게 재건했다. 때마침 병리과에서 전화가 왔다.

"담관 절제 단면에서 암세포가 발견되지 않았습니다."

기분 좋게 수술을 마무리하고 수술복과 수술 장갑을 벗었다. 라디오에선 국악이 흘러나오고 있었고, 벽시계는 오후 5시 10분을 가리켰다. 8시간이 순식간에 지나갔다. 수술을 마친 환자는 중환자실로 보내졌다. 대부분 이튿날 일반 병실로 가는데 고령이고 배액관에 답즙이 배어 나오기에 하루 더 머물도록 했다. 다음 날 새벽 집 전화기가 울렸다. 거의 울리지 않는 유선 전화라 불길한 예감이 들었다. 전화를 건 사람은 수술 조수로 들어갔던 전공의 K 선생이었다.

"엊그제 수술한 환자 H 씨, 배액관으로 새빨간 피가 흘러나오고 얼굴이 창백하며 혈압이 80, 맥박은 100회입니다. 배 안에서 출혈하는 것 같습니다."

"빨리 혈액 팩을 연결하고 중재 시술 팀에 전화해서 출혈 부위 막을 준비를 해. CT 후 옆방으로 곧바로 이동해 시술할 수 있도록."

지시하고는 휴대 전화를 찾았다. 전화기를 진동으로 설정하고 거실 소파 옆에 둔 채 텔레비전 보면서 졸다가 들어가 잤기에 소리를 들을 수 없었다. 부재중 통화 기록이 일곱 차례나 남아 있다. 새벽 2시 21분에 주섬주섬 옷을 입고 운전하며 신속히 병원을 향해 달렸다. 어디서 출혈이 발생했을까? 재건한 간동맥에서?

병원에 도착하니 환자는 이미 중재 시술실로 옮겨졌고 영상 의학과 L 교수도 막 시술실로 들어가고 있었다. 그가 능숙한 솜씨로 간동맥 쪽에 관을 넣어 조영제를 급속 주입하자, 위십이지장 동맥에서 조영제가 새고 있었다. 코일로 동맥을 막는 데 성공해 순식간에 출혈은 멈췄다. 걱정했던 부분인 재건한 간동맥은 다행히 멀쩡했다. 재발 방지를 위해 림프절 절제가 너무 많이 이루어진 탓일까? 위십이지장 동맥은 건드리지 않았는데? 집에서 자고 있던 환자의 아내와 아들도 급히 달려 나와 시술실 밖에서 기다리고 있었다.

"일단은 출혈 부위를 코일로 막았습니다. 이런 경우 대부분 회복되는데 피가 더 나올지, 간으로 가는 동맥혈류가 부족해 간 손상을 얼마나 받았는지는 좀 지켜봐야겠습니다."

아들은 "어떻게든 아버지 살려내야 해요."라는 말 대신, "이 새벽에 너무 수고 많이 하셨습니다. 최선을 다해 주십시오."라며 난처해할 나를 오히려 감싸 주었다.

연구실에 돌아와 의자를 뒤로 눕힌 채 살짝 잠을 청하다 동창(東窓)이 밝아와서 잠을 깼다. 고양이 세수하고 눈을 부비며 중환자실로 갔다. 환자는 안정적인 활력 징후를 보이며 평온히 누워 있었다. 그러나 이후 간 효소 수치가 급격히 상승하면서 남은 간의 부피가 작아서였는지 간부전에 빠져 이틀 후 숨을 거두었다. 수술은 잘되었는데 환자는 사망했다! 가족들은 어떻게 받아들일까? 보호자인 아들을 만났다.

"어르신처럼 힘든 수술 후엔 간혹 문제가 발생할 수는 있지만, 출혈 부위를 막으면 별 탈 없이 회복되는데 뜻하지 않게도 갑자기 이렇게 되니 드릴 말씀이 없습니다. 어머님을 잘 위로해 드리십시오."라고 하니 그는 공손히 대답했다.

"교수님, 수고 많이 하셨습니다. 아쉬움이 있지만 운명으로 받아들이겠습니다."

아버지의 어이없는 죽음 앞에서 감정을 억제한 채 예의를 갖춘 아들의 모습에서 나는 더 고개를 숙였다.

**

지난봄 외래 정기 진료를 위해 진료실에 온 D 양은 손에서 쇼핑백과 편지 봉투 하나를 책상 위로 내밀었다.

"선생님 덕분에 살아서 지난주에 첫 월급을 받았어요. 부모님께 먼저 감사드렸지만, 이건 제2의 인생을 살아가게 해 주신 선생님께 전하는 제 마음입니다. 그리고 말로 다 표현 못 할 감사의 글을 편지에 담았습니다."

D 양과 처음 만난 것은 그가 중학교 2학년 열네 살이었을 때였다. 소아외과에서 간 이식이 가능할지 진료 의뢰를 받고 병실로 찾아갔을 때 그는 누런 얼굴과 눈, 갈색빛으로 변한 탄력 없는 피부를 지닌 채 초점 없는 눈으로 멍하니 천장을 바라보며 축 늘어져 있었다. 의무 기록을 살펴보니 태어날 때부터 있었던 황달이 시간이 지나도 호전되기는커녕 점점 악화되었으며 선천성 담도 폐쇄증으로 최종 진

단되었다. 이 병은 담도가 비정상적이거나 흔적만 남아 있어 간에서 만들어진 담즙이 배출되지 못하고 정체되면서 심한 황달이 발생한다. 치료 시기를 놓치면 간부전으로 2세 이전에 사망하는 경우가 많으며, 소아 간 이식의 가장 흔한 적응증으로 알려져 있다.

생후 두 달 무렵 D 양은 간 밖의 담관을 절제하고 담즙이 흘러나오는 입구에 소장을 심어 놓고 기다리는 카사이 수술(Kasai hepatic portoenterostomy)을 받았다. 깊은 산속에 파이프를 묻어 물을 받아내듯이 다행히 담즙이 조금씩 흘러나와, 황달이 호전되며 위기에서 벗어났다. 일곱 살 때는 간 내 담관에 농양이 생겨 농양과 소장을 연결하는 수술을 또 받았다.

유년기를 그럭저럭 잘 보냈지만, 중학생이 되자 심각한 문제에 부닥쳤다. 담즙이 마르고 간은 굳어 간부전에 접어들게 되었다. 간 이식 외에는 회생할 길이 없었다. 맞벌이로 살며 딸을 키우던 부모는 애틋한 마음을 담아 "살릴 수 있는 길이라면 뭐든 다 하겠습니다."라며 그날로 뇌사자 간 이식 대기자 등록을 했다. 대기 1개월이 넘어가면서 혼수 상태에 빠져 포기하려던 찰나, 기적처럼 뇌사자 간 배정을 받았다.

수술은 대단히 어려웠다. 어릴 적 받은 두 차례 수술로 간과 소장 주변 조직과 장기가 단단히 유착되어 이를 떼어 내는 과정에서 어니스트 헤밍웨이(Ernest Hemingway)의 『노인과 바다(The Old Man and the Sea)』 속 노인이나, 히말라야 산 등정에 나선 산악 대원처럼 사투를 해야 했다. 뇌사자로부터 K 교수 팀이 적출한 건강한 간이 얼음

박스 안에 포장되어 수술만을 기다리고 있기에 물러설 곳이 없었다. 병든 간을 적출하고 새 간을 이어 붙이는 수술은 장장 10시간이 넘게 걸렸지만, 다행히 잘 마무리되었다. 힘들었던 수술과는 달리 D 양은 하루가 다르게 회복해 1개월 만에 퇴원했다. 한 해 늦었지만 고등학교에 진학하고 순조롭게 대학교 유아 교육학과에 입학, 이제 마침내 유치원 교사로 취직해 첫 월급을 받은 것이다.

연구실로 돌아와서 편지를 펼쳐 보았다.

"세월이 흘러 이제 저는 대학교를 졸업하고 작은 유치원의 교사가 되었습니다. 지난 시간을 돌아보면 너무도 무섭고 고통스러운 날들의 연속이었지만, 그럴 때마다 교수님을 비롯한 여러 선생님과 부모님께서 제 손을 놓지 않고 끝까지 최선을 다해 주신 덕분에 남들과는 조금 다른, 그리고 누구보다 더 소중한 제2의 인생을 살 수 있게 된 것 같습니다. 홍삼 드시고 오래오래 건강하시기를 바라는 마음을 담아……."

그간의 과정이 주마등처럼 지나가며 왈칵 흐르는 눈물을 주체할 수가 없었다.

**

간담췌 외과 의사로서 지난 30년간 매일 생사의 갈림길에서 치열하게 고민했고 수술은 높은 산을 정복하는 것처럼 고되고 힘들었다. 수술 전 항상 "합병증은 수술실에서 만들어진다.", "수술은 믿음이 아니라 눈으로 하나씩 확인하며 해야 한다.", "치료가 질병보다 해가 되지 않도록 노력하라." 같은 금언을 마음에 새겼지만, 예상을 빗나가는 경우도 어쩔 수 없이 발생하기도 했다.

그러나 되돌아보면 아픔보다는 기쁨이 비교할 수 없을 만큼 컸다. 수술 환자 자료를 모아 학회에 발표하는 일은 힘들었지만, 그보다 더 큰 즐거움이 있었다. 발표를 위해 전 세계 곳곳을 누빌 수 있었고, 그 자료들을 다양한 형태의 논문으로 정리해 게재하기도 했다. 해외 저명 기관과 학회에서 초청받아 강연하고, 초청 연사들과 대화하며 여행자로서는 쉽게 접근하기 어려운 장소에서 진귀한 요리도 맛볼 수 있었다.

이 모든 것은 환자의 고통을 경감시키기 위해 대화하고 수술하며 치료한 경험이 밑바탕이 된 결과였다. 수술 후 합병증이 발생했을 때의 스트레스는 감내하기 힘들었지만, 그때의 환자가 나의 가장 큰 스승이었다. 중한 합병증으로 고생했거나 목숨까지 잃은 환자들의 희생에 대한 기억은 예후가 좋았던 환자들의 감사 속에 가려져 있었다. 망각이란 정신 기제가 없다면 외과 의사는 어떻게 살아갈 수 있을까? 한편, 불합리한 의료 체계로 인해 젊은 의학도로부터 외면받는 외과는 언제 수렁에서 벗어날 수 있을까? 연말이면 늘 다가오는 고민이다.

무엇을 희생할 것인가?

B형 간염 보균자인 63세 여성 D 씨는 간암 진단을 받고 간 우엽 일부를 잘라 내는 수술을 받았다. 계통적 간 분절 절제 수술이라는 조금 어려운 수술이었다. 그런데 8개월 만에 왼쪽 간문맥 근처에 3센티미터 크기의 종양이 재발했다. 다행히 다시 절제 가능한 위치였다. 왼쪽 간을 절제할 계획으로 수술 전에 인도시아닌그린 15분 정체율 검사(indocyanine green retention at 15 minutes)를 했더니 정상이라면 10퍼센트 이하여야 하는 ICG 정체율이 무려 42퍼센트로 나타났다. 절제하고 남는 간으로는 수술 후 회복이 불가능할 정도로 기능이 받쳐 주지 못하는 상황이었다.

이럴 때는 간동맥 색전술, 고주파 치료나 방사선 치료를 적용할 수 있다. 물론 간암 치료에서 생존율이 가장 높은 방법은 암 덩어리를 들어내는 절제 수술이지만, 수술이 불가능하다면 차선책을 선택해야 한다. 또 다른 근본 치료는 간을 모두 들어내고 건강한 간을 이식하는 방법이다. 간 이식 후 5년 생존율은 70~80퍼센트로 절제 수술보다 성적이 좋다. 간 이식에 대해 운을 띄우니 환자 본인은 펄쩍 뛰었지만, 부인보다 훨씬 나이 들어 보이는 남편은 적극적이었다. 가족과 상의하겠다고 했다. 피붙이라고는 스물일곱 살 난 외동딸이 전부라고 했다.

3일 후에 딸을 데리고 왔다. 키가 크고 잘생긴 딸은 단호한 목소리로 말했다.

"무슨 수를 써서라도 살려야 합니다. 어머니께 제 간을 떼어 주면 됩니다."

의논이 충분히 되었을 텐데 여기서도 어머니는 "그럴 수는 없다. 어떻게 내가 살려고 네 간을 받겠느냐?"라고 손사래를 쳤다.

가족 간 생체 부분 간 이식에서 공여자를 선택할 때, 내 개인적인 의견으로는 부부의 간이 먼저다. 물론 자녀의 간이 젊고 더 건강하니 수혜자인 환자에게는 더 좋을 수 있다. 하지만 부부는 일심동체라는 원리에 따라 서로의 생명을 나누는 것이 순리라고 나는 생각해 왔다. 연대기적 나이로는 66세인 남편은 생물학적으로는 더 늙고 쇠약해 보였다. 공여자로는 부적절해 보였지만, 무슨 수를 써서라도 아내를 살려야겠다는 뜻은 딸과 같았다. 딸도 간을 주어 어머니를 살리겠다는 결의를 표정에서 읽어 낼 수 있었다.

남편은 간 공여자로 적합해 보이지 않았다. 딸이 공여자로서 적합한지를 알기 위해 복부 CT와 각종 혈액 검사를 했다. 복부 CT에서 읽어 낸 간의 크기와 모양 및 혈관 구조는 합격이었다. 그런데 수술 전 꼭 거쳐야 하는 사람 융모 생식샘 자극 호르몬(human chorionic gonadotropin, HCG) 검사에서 임신 양성 반응이 나왔다. 직장 동료와 결혼을 약속한 사이기는 하나 임신은 의외라는 반응이었다. 수년간 생리가 불규칙했고 6개월간 생리가 없기도 했다는 것이다. 산부인과에서 면담과 정밀 검사를 한 결과 임신 9주 차였다. 두 사람은 곧 결혼 날짜를 잡으려는 중이라고 한다.

어떻게 할 것인가? 딸을 공여자로 선택해서 간 이식을 진행할 것인가? 태아의 신체 기관이 싹트고 분화해 가는 가장 중요한 시기인 임신 3개월 차 산모의 간 절반을 잘라 내는 일이 윤리적으로 가능할까? 외과학이나 산부인과 교과서는 답을 주지 않는다. 태아는 산모의 건강이 위협받으면 더는 자라지 못하고 유산에 이를 수도 있다. 당시에 우리나라에서 낙태는 법으로 금지되어, 대학교 병원에서는 낙태라는 말을 꺼낼 수 없었다.

간종양 다학제 진료 회의 때 이 증례를 맨 마지막에 올려 내부 토의를 거쳤다. 나이 들어 발병한 환자를 살리기 위해 딸과 미래의 손자를 해치는 일은 곤란하다는 데 의견을 모았다. 임산부가 태아를 가진 채 공여자로 오른쪽 간 절반을 잘라 내는 것은 윤리적으로 받아들일 수 없다. 다시 가족을 만났다. 딸은 주저 없이 단호한 결단을 내렸다. 태아를 포기하더라도 수술을 하겠노라고 한다. 건강한 부부도 임신이 어려운 경우를 숱하게 보아 온 의사로서 그럴 수 없다고 대답했다.

"두 사람이 결혼할 사이는 맞나요?"라고 물었다.

"예, 그렇습니다."

"요즘 아이를 갖는 일이 얼마나 어려운지 아세요? 귀한 생명입니다. 다시 한번 생각해 보시지요."라고 설득했지만 막무가내였다. 간암이 불완전하게 치료되더라도 차라리 간동맥 색전술, 고주파 치료나 방사선 치료를 권했어야 했나 하는 자괴심도 들었다. 남자 친구도 동의했다고 한다. 어떻게 할 것인가?

"교수님, 한 달 후에 다시 올게요. 수술해 주세요."

수심이 가득한 부모를 앞세우고 딸은 진료실에서 나갔다.

4주 후에 딸은 다시 밝은 얼굴로 환자인 어머니, 겁먹은 표정으로 약간은 야윈 모습의 아버지와 함께 진료실로 들어섰다.

"이제 아이 문제 해결되었으니, 우리 어머니 살려 주세요."

그동안 적지 않은 심적 고통이 있었을 테지만 이렇게 다가오면 어떻게 거절할 수 있을까? 간의 크기와 모양에 이상이 없었기에 다음 단계인 담관 구조의 이상 여부를 알기 위해 MRI 촬영 지시를 내리고 3주 후에 수술하기로 잠정적으로 합의했다. 검사에 이상이 없었고 수술 날짜를 확정했다.

드디어 수술 날이 왔다. 상처를 최소로 남기기 위해 복강경 간 절제를 시행했다. 수술은 순조롭게 진행되었다. 오른쪽 상복부에 있는 간 우엽을 복강경으로 다 자른 후 제왕 절개 수술에서처럼 절개선을 팬티 선 안에 감추는 가로 절개법(pfannenstiel incision)으로 절제한 우엽을 꺼냈다. 수술은 막힘없이 진행되어 5시간 만에 여기까지 왔다.

한편 어머니 쪽 수술은 두 교수의 손에 맡겨져 큰 어려움 없이 진행되고 있었다. 자갈밭처럼 단단했던 간이 완전히 절제되고 커다란 그릇에 담겨 수술대 위에 놓였다. 절제된 딸의 간을 가져와 간정맥과 간문맥 및 간동맥을 연이어 접합해 혈류를 재개통하고 나니 차가운 보존액과 생리식염수에 담가 두어 창백하던 간이 불그스름하게 변했다. 얼마 지나지 않아 담관으로 담즙이 스며 나오기 시작했다.

신체의 대사를 담당하는 간이 만성 B형 간염으로 망가져 간경변으로 진행하고, 여기에 암이 발생해 수술했다. 수술 후 8개월 만에 암이 재발한 절체절명의 순간에 딸이 건네준 싱싱한 간을 옮겨 심어 시들어 가는 한 생명이 다시 피어오르고 있다. 가슴 뛰는 일이다. 그러나 그 간은 갓 싹을 틔울 생명체인 태아를 보내고서 혼사를 앞에 둔 젊은 여인의 간이다. 수수께끼 같은 인생이다.

이식된 간 우엽에서 흘러내리는 담즙을 바라보면서 환자의 담관을 이어 붙이는 과정을 마치고 수술은 마무리되었다. 딸은 수술 후 일주일이 지나 퇴원했고 어머니는 4주 만에 병원을 나섰다. 퇴원 일주일 후, 세 사람은 다시 외래 진료실을 찾았다. 모두 더없이 밝고 환한 모습으로! 이제 D 씨는 거부 반응 방지를 위한 면역 억제제 투여와 간암의 재발 여부를 감시하는 추적 검사를 지속해야 한다. 그러나 나의 경험상, 이식 후 암이 재발하는 사례는 의외로 드물다.

유럽 이식 학회에 참석하기 위해 코펜하겐으로 향하는 비행기 안에서 이 글을 쓰고 있다. 내가 발표하는 내용은 단순한 증례 보고에 불과하다. 간 이식을 하기엔 증세가 많이 진행되었던 중년 남성 환자 2명이 뇌사자 간 이식과 생체 부분 간 이식으로 3년째 재발 없이 건강하게 살아가고 있는 사례다. 인천 공항에서 유발 하라리(Yuval Harari)의 『사피엔스(Sapiens)』를 사서 몇 시간 동안 읽었다. 호모 사피엔스는 어디서 유래했고 어떤 투쟁의 역사를 거쳐 지금에 이르렀을까? 직립 보행으로 두 손이 자유로워지자 우리는 더욱 복잡한 도구를 다루고, 생각하고, 말하며 사회를 이루기 시작했다. 돌도끼로 시작된 기술은 마침내 하늘을 나는 비행기를 만들었고, 대륙을 넘나들었으며, 끝내 달나라까지 다녀왔다. 이제는 컴퓨터를 넘어 우리보다 더 똑똑한 비서를 손에 쥔 채 살아간다.

인간은 서로에게 끊임없이 정보를 주고받으며 지능적으로 진화하고 있다. 의학은 또 어디까지 발전할 수 있을까? 어머니를 차마 떠나 보내지 못하고 자기 몸을 희생해서라도 20~30년을 더 살아가게 한다. 혈액형이 일치하지 않아도 부적합 항체를 제압하는 약제를 사용해 면역의 장벽을 넘어섰다.

**

D 씨는 이제 간 이식 후 5년이 지났다. 면역 억제제를 꾸준히 투여하면서 거부 반응이나 간암 재발 여부를 모니터링하기 위해 어제도 외

래 진료실을 찾아왔다. 다행히 지금까지 암 재발도, 거부 반응도 없다.

"따님 소식이 궁금합니다."라고 했더니 "작년에 결혼했고 7개월 된 아기가 배 속에 있어요."라고 했다.

"아이고, 축하합니다."라며 손을 잡아 드리니 만면에 웃음을 가득 머금고 내 손을 꼭 잡고서 "다 교수님 덕분입니다."라고 말했다.

학회에 참석하고 논문을 읽으며 진보된 의술을 익혀 환자들에게 혜택을 베풀 수 있다는 점에서, 외과 의사는 행함의 가치를 실현하는 가장 값진 직업이다. 그런데도 외과 의사가 되겠다는 졸업생이 한 해 80여 명 중 한두 명뿐인 현실은 무너진 필수 의료의 한 단면이고 무대책으로 흘러온 의료 정책의 결과다.

환자와 신사용 가방

Y 씨는 이 질환을 가진 환자들이 흔히 그렇듯 내과에서 의뢰한 경우였다. 수술로 치료가 가능하다고 판단되어 내게 보내진 것이다. 진료실 문을 열고 들어선 그는 약간 깡마른 체형에 여유와 초조함이 뒤섞인 표정이었다. 그는 다가와 내 손을 덥석 잡으면서 말했다.

"아이고 강 교수님. 다시 만나게 되었네요. 잘 부탁드립니다."

진료 내역을 살펴보니 6개월 전 병실에서 한 번 봤던 기록이 남아 있다.

"아, 그때 수술하자고 권유했는데 서울로 가셨던 분이네요."

나이가 들고 더 많은 환자를 만나면서, 얼굴과 이름은 잘 잊어버리는데 CT나 MRI 사진을 보면 당시 상황이 생생하게 그려지곤 한다. 그도 그럴 것이 수술 전 집담회에서 여러 검사 자료를 차례로 보면서 영상 의학과, 내과, 혈액 종양 내과, 방사선 종양학과의 교수들과 '수술해야만 하는가?', '수술이 가능한가?', '남은 간이 버틸 수 있는가?' 등을 두고 숙고하는 시간이 환자를 면담하는 시간보다 훨씬 더 길기 때문이다.

환자마다 표정, 말투, 음색이 달라 직접 만난 기억을 더 떠올리기 쉬울 것도 같은데, 정작 진료실 복도에서 마주치면 얼굴은 어렴풋이 기억해도 어떤 시술이나 수술을 했는지까지 연결되지 않을 때가 많다. 반면 CT, MRI 영상은 훨씬 더 또렷하다. 절제선이 종양에 걸치지는 않는지, 무사히 적출해 낼 수 있을지를 수없이 고민했기 때문일까?

여하간 이 환자는 MRI에서 간문부 담관암 초기 형태를 띠어 수술하면 예후가 좋으리라 예상되었던 환자다. 단 절제 범위가 넓고 합병증 발생 가능성도 있었다. 수술해야 한다는 이야기를 듣고 그는 서울의 대형 병원으로 갔다. 거기서 조직 검사를 받았고, 암이 아닌 양성 종양으로 판명되었다. 조직 검사는 정확도가 60~70퍼센트이기에 암이 아니라는 결과가 나왔다 해도 실제 그렇다고 단정할 수 없는 문제점을 안고 있다. 그런 상황을 모르는 환자와 가족은 뛸 듯 기뻐하며 개선장군처럼 의기양양하게 집으로 돌아갔을지도 모른다.

병리과 판독 의사는 법원에서 판사에 비유된다. 판사는 수사관이 수집한 자료를 보고 범죄자를 심판하고 형벌을 선고해야 한다. 죄를 범하지 않았는데 억울하게 누명을 씌워서는 곤란하다. 병리과 의사의 판독은 어떨까? 진료 의사가 떼어 온 조직을 잘라 현미경으로 보고 암이면 암이라고, 암이 아니면 암이 아니라고 말해야 한다.

판사는 갖은 방법을 동원해 범죄 사실을 숨기려는 피고인을 상대하면서 수사 자료와 증거물을 토대로 판단을 내린다. 그러나 판사의 재판이 언제나 옳다면 억울하게 옥살이하는 이가 없을 것이다. 수사 과정에서 강압이나 실수가 있거나, 증거가 불충분할 경우라면 정확한 판결에 이르지 못하고 오판이 있을 수 있다. 병리과 의사도 조직을 정확히 채취했다는 전제하에 판독한다. 내과, 혹은 외과 의사가 언제나 병소 부위를 정확하게 떼어 냈다고 장담할 수 있을까?

암이 아니라고 안심하고 지내던 어느 날, 그는 얼굴이 누렇게 뜨고 소변이 노랗게 변한 사실을 깨닫고는 놀라서 처음 진단을 받았던 내과 교수를 찾았다. 담도 내시경을 통해 조직 검사를 새로 했다. 간문부 담관암으로 진단되었으며 이전보다 훨씬 진행된 상태였다. 그러나 다행히도 수술이 가능한 상황이었다.

내가 간문부 담관암에 관심을 두게 된 것은 외과 전공의 2년 차즈음, 40년 전의 일이다. 당시에는 간문부 담관암에 대한 근본적 수술법이 확립되어 있지 않았다. 황달을 개선하기 위해 옆구리로 관을 꽂아 담즙을 밖으로 빼내는 수밖에 없었다. 막힌 곳을 절제하거나 뚫는 일은 생각지도 못했다. 당시는 간암 절제 수술도 합병증이 많고 사망률이 높았던 시기다. 하물며 간문부 담관암 절제는 간암보다 훨씬 복잡하고 어려운 수술이었다. 미국 연수에서 안전한 간 절제를 익히고, 교토 대학교와 나고야 대학교 병원에서 생체 부분 간 이식 및 간문부 담관암 수술에 대한 개요를 익힌 후에 간문부 담관암의 근치적 절제 수술을 성공적으로 할 수 있게 되었다. 절제하기 대단히 어려운 경우도 시술 후 5년 이상 재발 없이 생존하는 환자가 늘어났다.

Y 씨는 절차가 복잡하지만, 근치적 절제가 가능한 환자였다. 우엽 65퍼센트를 절제하기 위해 먼저 간문맥 색전술(portal vein embolization, PVE)을 시행한 다음 3주간 기다려 우엽은 위축되고 좌엽은 부피가 늘어난 상태에서 안전하게 절제하기로 계획을 세웠다. 이때 환자는 "더는 서울로 가지 않겠다."라며 전적으로 내게 치료를 맡기겠다고 했다. 아드님이 내 친구와 동서라는 인연도 있어, 친구에게 잘 부탁한다는 전화까지 받았다.

예정대로 수술 전 처치로 우엽 간문맥 색전술을 시행했다. 그런데 여태껏 한 번도 없었던 간내 농양이 생겼다. 배농할 수 없는 작은 농양이 다수 발생해, 항생제로 치료할 수밖에 없었다. 치료에 많은 시간이 걸렸다. 약간 남은 농양은 종양과 함께 절제될 것이기에 마침내 수술 날짜를 잡았다. 환자는 거의 패혈증에 빠지다시피 했는데 이제 상태가 점차 회복세를 보이기 시작했다.

절제 수술은 여느 환자와 같이 잘 이루어졌고, 재건 수술도 순조로웠다. 그런데 남은 간의 기능이 좀 모자라 황달이 진행되고 간부전에 빠져들고 있었다. 하는 수 없이 혈장 치환술로 상태를 되돌리기로 했다. 몇 차례의 혈장 치환술을 거치며 전체적인 상태가 많이 호전되었고 간 기능도 더는 악화되지 않았다. 그러나 완전히 회복되지는 못했다. 근 두 달에 걸친 투병 기간 동안 딸과 며느리가 좁은 병실의 보조 침대에서 밤을 지새우며 극진하게 환자를 돌보는 모습이 감동이었다. 정상적으로 잘 치료가 되었더라면 저렇게 오랫동안 고생하지 않을 터라는 자괴심이 들곤 했다.

하지만 우여곡절 끝에 퇴원하게 되었다. 완전히 회복해서가 아니라, 죽더라도 집에 가서 죽겠다는 환자의 굳은 결심 때문이었다. 퇴원 후 첫 외래 진료실에서 기력이 없는 모습을 뵈며 마음이 아팠다. 나는 그의 두 손을 꼭 잡아 드리며 속히 회복하시도록 격려해 드렸다. 그러나 2주 후 외래 진료에서도 그는 회복될 기미를 보이지 않았다. 다시 CT를 했다. 남은 간에 작은 종양들이 재발해 있었다. 수술 후 2개월 만에 간내 다발성 전이라니 믿기 어려운 결과였다. 다시 입원해야 했다. 집에서 가족만으로는 간호가 되지 않을 상황이었기 때문이었다.

남은 간 우엽에 발생한 다발성 전이는 급속도로 퍼져나갔고 간 기능도 나빠지며 황달 증상 역시 점점 심해졌다. 이때 황달은 담관암이 발병할 때의 황달과는 성격이 다르다. 담관암으로 인한 황달은 간 기능은 정상이지만 담즙이 내려가는 통로인 담관이 막혀 발생한 것으로, 막힌 담관을 뚫어 주거나 배액관을 삽입해 담즙을 밖으로 빼주면 황달이 개선되며 다시 활력을 찾을 수 있다. 그러나 지금은 절제하고 남은 간에 종양이 재발해 커지면서 기능하는 간의 부피가 줄어드는, 즉 간 기능의 부전이기에 근본적인 치료법이 없다. 고통을 덜어 드리기 위한 진통제를 투여하고 음식을 섭취하지 못하는 환자에게 영양제와 수액을 공급하는 것 외에는 할 수 있는 일이 없었다.

마침내 운명의 날이 찾아왔다. 그날 아침 나는 오랫동안 환자 가족과 면담하면서 회생 가능성이 없음을 설명드렸다. 정작 마지막이 되어 가는 시간에 나는 회진을 돌고 있었는데 가족들과 얼굴을 마주치기 민망해 그 병실에는 회진을 가지 않고 싶었다. 그렇게 환자는 세상을 떠났다.

Y 씨가 퇴임한 교장 선생님이었다는 사실은 그분이 운명하시기 얼마 전에야 알게 되었다. 많은 교사와 학생의 귀감이 되었을, 때로는 운동장을 울릴 만큼 쩌렁쩌렁 훈시를 하셨을 교장 선생님의 초췌한 모습을 보며 나는 한없이 가슴 아팠다. 장례를 마치고 삼우제까지 지난 어느 외래 진료일, 사모님께서 며느리와 함께 내 진료실을 찾으셨다. 이미 사망진단서도 발급되었고 모든 처리를 다 했는데 말이다.

"어떤 말로도 위로 드릴 수 없습니다. 너무 가슴 아프시지요?"

"선생님, 정말 수고 많으셨어요. 당신의 운명인 것을 어떻게 할 수 있나요. 지난여름 암이 초기였을 때 수술했더라면 하는 아쉬움은 남지만, 정말 할 수 있는 건 다 했기에 저희는 후회하지 않아요."

사모님은 살며시 무언가를 내밀며 말했다.

"고인께서 병실에 계실 때 꼭 선물하라고 하셨어요. 선생님 퇴근하실 때 들고 다니시는 가방이 변변치 않아 보인다고……, 꼭 좋은 가방 하나 사드리라고 하셨거든요. 그때는 사지 못하고 엊그제 며느리랑 같이 가서 샀어요."

나는 순간 몸 둘 바를 몰랐다. 사양하며 손사래를 칠 수도 없었다. 두 분은 홀쩍이며 진료실을 나섰다. 진료를 마친 후에도 한참 동안 보자기를 풀어 보지 못했다. 나중에 연구실로 돌아와 풀어 보니 유명 브랜드의 신사용 가방이었다. 학술 대회 때 참가자에게 나누어 주는 가방이 늘 가볍고 쓸모 있는 까닭에 나는 따로 가방을 산 기억이 없다. 여행 중 좋은 가방을 든 신사들을 보며 나도 하나쯤 있으면 좋겠다고 생각한 적은 있지만, 명품 매장에 들르거나 하지는 않았다. 고인께서 남긴 이 가방은 내가 보았던 어떤 가방보다도 고급스러웠고 크기도 딱 좋은 것이었다.

몇 달이 지난 지금까지도 그 가방은 여전히 천으로 된 보자기에 싸인 채 묵혀 있다. Y 씨에 대한 아픈 기억이 다 지워질 때쯤 언젠가는 그 가방을 사용할지도 모르겠다.

그리고 평화한 나날이

해외 여행을 다녀온 지 일주일쯤 지난 B 씨는 몸이 나른하고 기운이 없는 증상이 이어져 평소 자주 찾던 동네 병원을 방문했다. 누렇게 뜬 얼굴을 보고 혈액 검사를 했더니 간 효소 수치가 1,200에 황달을 말해 주는 빌리루빈 수치도 12까지 올라가 있었다. 병원 원장은 "급성 간염 같습니다. 빨리 대학 병원으로 가셔야 합니다."라고 말했다. 우리 병원 응급실로 와서 소화기 내과 H 교수에게 연락이 닿았다. 검사 결과를 살펴보고 진찰한 H 교수는 환자의 남편이자 평소에 친분이 있던 목사님께 이렇게 설명했다.

"사모님께서 원래 만성 B형 간염 보균자셨을 수도 있지만, 최근 검사에서 A형 간염 바이러스 IgM 항체가 양성인 것을 보면 A형 간염에 감염되며 생긴 전격성 간염 같습니다. 간부전으로 이행할 수 있기에 예후는 장담하지 못하겠습니다. 입원해 경과를 지켜봅시다."

이틀 후 환자의 상태는 더욱 악화되었다. 간 효소 수치는 2,800까지 상승했고, 빌리루빈 수치 역시 18로 치솟았다. 혈액 응고 인자를 나타내는 프로트롬빈 시간(PT)의 국제 표준화 비율(international normalized ratio, INR)은 2.2에 달했다. 그리고 의식이 혼미해졌다. H 교수도 긴장하며 다시 목사님을 만나 "급성 전격성 간염으로 간부전에 빠지는 것 같습니다. 간 이식을 고려해 봐야겠습니다."라고 말했다. 그는 하늘이 무너지는 것 같았다고 한다. 내가 내과로부터 연락을 받은 시점이 이때다.

어떻게 할 것인가? 일단 하루 더 지켜보기로 했다. A형 간염 바이러스로 인한 전격성 간염은 대부분 자연 회복되지만, 경우에 따라 간 이식을 하지 않으면 생명을 잃을 수도 있기에 이 판단은 대단히 어려운 일이다. 다음 날 환자의 검사 수치는 더 나빠졌고 의식은 혼수 상태였다. 즉시 가족을 불러 상황을 설명하고 뇌사자 간 이식 대기자에 등록하도록 한 뒤, 가족 중에서도 기증자를 알아보시라 하고는 연구실로 돌아왔다.

전에 A형 간염 환자에게 간 이식을 하면서 논문과 경험자의 조언을 참고한 바 있었지만, 예후와 관련해 최근 데이터를 다시 찾아보았다. 우리나라 환자 560여 명을 분석한 보고에서는 A형 간염 환자가 전격성 간염 후 간부전으로 진행되는 비율이 최근 급격히 증가해

10퍼센트를 넘었다. 그 35명의 전격성 간부전 환자 중 절반은 자연 회복, 4분의 1은 간 이식으로 살았으며 나머지 4분의 1은 사망했다. 또한 매사추세츠 대학교 병원 보고에 따르면 A형 간염으로 전격성 간부전에 빠진 환자 5명 중 3명이 사망하고 1명은 뇌사자 간 이식으로 생존했으며 1명은 약물 치료로 회복되었다. 이로 보아, 간 이식을 받지 않을 때 생과 사의 확률은 반반이라는 생각이 들었다.

이 환자의 경우 간 효소 수치가 3,500으로 상승하고, MELD 점수가 34점에 달했으며 혼수 상태에 접어든 상황이었다. 여러 지표를 종합해 볼 때 간 이식을 받아야 살 수 있겠다고 판단했다. 그러나 뇌사자 장기 기증이 절대적으로 부족한 우리나라 현실에서는 제때 간을 배정받기 어렵다. 남편인 목사님이 자신의 간을 기증하겠다고 했지만, 65세의 고령에다 비만에 고혈압으로 투약 중이다. 이번에는 세 아들과 딸이 앞다투어 간을 내놓겠다고 나섰다. 아들들은 이래저래 부적격이어서 결국 딸이 기증자로 결정되었다. 자녀 넷 모두가 어머니를 위해 자기 간을 기꺼이 내놓겠다고 하니 아버지로선 눈물이 핑 돌 지경이었다. 금요일 퇴근 무렵 간 이식 수술을 하기로 최종 결정했다. 남편을 만나 조심스럽게 설명드렸다.

"지금까지의 데이터와 내과 H 교수님의 의견을 종합했을 때, 사모님은 간 이식을 받으셔야 회복하실 수 있습니다. 사모님의 운명을 제가 책임져야 하니 여간 부담스럽지 않습니다. 따님은 간의 해부 구조상 문제가 없지만, 크기가 약간 작아서 부담도 됩니다. 마음이 아프고 걱정되시지요? 사모님도, 따님도 최악의 경우 사망할 수도 있다는 사실을 인정하셔야 외과 의사는 마음 놓고 수술할 수 있습니다."

혼수 상태의 아내와 건강한 딸을 동시에 수술실로 들여보내야 하는 두려움에 떨고 있는 그에게 따뜻한 위로가 우선이지만, 외과 의사의 직업적 발언이 앞섰다. 목사님은 고개를 끄덕이며 나지막이 말했다.

"다 이해합니다. 염려하지 마세요. 우리 교회 온 성도님, 그리고 내가 아는 전국 교회 목사님들께도 집사람 수술이 잘되도록 기도를 부탁드렸습니다. 교수님의 손을 통해 하나님께서 임하시니 반드시 살리실 수 있으리라 믿습니다. 잘 부탁합니다."

많은 사람이 기도하고 있다는 사실은 오히려 더 큰 부담으로 작용한다. 어려운 수술일수록 드러내지 않고 조용하게 진행하고 싶은 것이 외과 의사의 심리다.

예정대로 토요일 아침, 공여자인 딸의 우엽 절제 수술은 내 집도로, 수혜자인 어머니의 간 적출 수술은 K 교수의 집도로 1시간 차이를 두고 시작되었다. 수술 방장 간호사가 "교수님께서 좋아하시는 KBS 클래식 채널 「김미숙의 가정 음악」 틀어 드렸어요."라고 귀띔했다. 파블로 데 사라사테(Pablo de Sarasate)가 작곡한 「치고이너바이젠(Zigeunerweisen)」의 현란한 바이올린 선율을 들으니 긴장된 마음이 누그러진다. CT 영상을 보면서 여러 번 시뮬레이션했고, 간을 잘라 들어가면서 나타나는 혈관들도 컴퓨터에서 보던 모습과 일치해 거침없이 수술을 진행했다. 젊은 A 교수도 반대편에 서서 필요할 때마다 항해사처럼 수술을 잘 보조해 줘 절제 수술은 순조롭게 진행되었다. 드디어 간동맥, 간문맥과 간정맥만 남기고 간 우엽을 떼어 냈다.

절제된 우엽은 K 교수에 의해 수술대 위에 놓였고, 혈관 정리도 마쳐 간을 들고 수혜자에게로 넘어갔다. 떼어 낸 자리에 이식할 간을 놓으니 공간은 적절했다. K 교수는 머리카락보다 더 가는 봉합사로 달걀 속껍질 두께의 얇은 간정맥과 간문맥을 이어붙이기 시작했다. 표정은 온화했지만, 눈빛은 독수리처럼 날카롭고 손놀림은 장인의 경지다. 수술 상황에 대해 한 번씩 거침없이 의견을 표하는 마취 과장이 "오늘 수술은 참 잘~ 되어 가고 있습니다."라고 던지는 한마디는 탈춤에서 장구 장단에 맞춰 터지는 흥겨운 추임새 같았다.

간정맥과 간문맥을 이어붙이고 혈관을 압박했던 지혈 클램프를 푸는 순간, 창백하고 차갑던 간이 금세 불그스름하게 부풀어 올랐다. 모든 수술을 마치니 시계는 오후 5시 30분을 가리키고 있었다. 수술에 몰두하는 수술자는 8시간이 한순간 같지만, 대기실에서 애간장을 태우며 기다리는 가족에게는 너무나 긴 시간이었다. 보호자를 만나러 대기실로 갔다. 황급히 다가온 목사님은 떨리는 목소리로 물었다.

"마누라 살았나요? 죽진 않았지요?"

"오늘 수술은 대체로 이상 없이 잘 이루어졌습니다. 앞으로 3일간이 가장 중요하고, 일주일이 고비가 될 것입니다. 3주가 지나도록 순조롭게 회복되면 퇴원 여부를 결정할 수 있습니다."

목사님은 안도의 한숨을 내쉬며 내 손을 꼭 잡았다.

"퇴원이라니……. 아이고, 1년을 입원해도 좋아요. 살아만 준다면! 수술이 이렇게 오래 걸릴 줄 몰랐습니다. 수고하셨습니다."

3일 후에 목사님은 중환자실에서 환자를 면회했다. 눈을 뜬 부인을 보자마자 남편은 "너희 엄마, 이제 살았다!"라고 소리쳐 간호사들이 화들짝 놀랐다.

환자는 급속히 회복해 일주일 만에 이식 병실로 옮겼다. 남편은 목과 팔에 수액 줄, 소변 줄을 주렁주렁 달고 누워 있는 아내 옆에 앉아 손을 쓰다듬으며 무너진 탄광 갱도에서 기적적으로 살아 나온 광부를 대하듯 마냥 기뻐했다. 첫 방귀는 갓난아기 배설물 치울 때 나는 냄새가 구수하게 느껴지듯 그렇게 기쁠 수가 없었다고 했다.

퇴원 후, 진료실에서 목사님은 담담히 말했다.

"믿는 자에게는 능히 못 할 일이 없다고 강단에서 그렇게 설교했는데, 수술 중 보호자 대기실에 온종일 앉아 있으면서는 '나에게 어찌 이런 일이!'라는 탄식과 함께 아내와 딸이 과연 살아나올 수 있을까 걱정과 염려 속에 떨고 있었습니다. 그동안 밥 가져오라, 물 달라, 옷 세탁해 달라고 아내에게 명령만 했습니다. 이제는 내가 밥도 하고 반찬도 챙겨야겠어요. '바깥일은 그만두고 집안일 도와줄게, 제주도와 동남아 여행도 같이 가자.'라고 고해성사하듯 다짐했습니다."

수술 3주 후 해부 병리 집담회에서 환자에게서 제거한 간의 조직 병리를 검토하는 회의가 열렸다. 병리과장은 현미경 소견에 희뿌연 괴사 조직을 가리켰다. "간세포가 거의 다 파괴되어 정상 세포는 10퍼센트 미만입니다." 간 이식 수술의 정당성을 확인할 수 있었다.

목사님은 다짐대로 3개월 동안 대소변 가릴 때마다 아내를 따라 다녔고, 1년간 밥, 빨래, 청소를 손수 했다. 소고기와 전복을 사서 밥을 해 놓고, 돌아서면 청소해야 했다. 참깨 5킬로그램으로 참기름 8병을 짜서 두 달 만에 다 써 버렸다. 사랑을 듬뿍 담아 반찬을 만들었기에 부인의 건강은 하루가 다르게 회복되었다. 가사 노동이 이렇게 고된 줄을 이때 알았다고 했다.

**

두 분은 수술 후 10년이 지난 지금도 두 달에 한 번씩 손을 꼭 잡고 진료실을 찾는다. 면역 억제제 처방을 받고, B형 간염 재발 방지를 위한 주사를 맞기 위해서다. 절체절명의 위기에서 회복해 함께 건강한 모습으로 진료실에 올 때마다 내 손을 잡으시면서 감사를 잊지 않으신다. 두 분의 다정하고 평화로운 모습을 보며 "목사님과 사모님께서는 제가 외과 의사로서 살아가는 의미를 하나 더 해 주셨습니다."라며 서로 환하게 웃는다.

한 편의 예술 작품에 비유되는 수술에서 간 이식은 오케스트라와 같은 협업의 결정체다. 오케스트라는 여러 전문 연주자가 하나 되어 음악당에 모여든 청중들에게 감동을 선사하지만, 간 이식은 꺼져 가는 생명을 살리고 한 가정을 지켜내기도 한다. 그중에서도 생체 부분 간이식은 이중 협주곡(double concerto)과 비슷하다. 바이올린과 첼로 연주자가 완벽한 연주를 목표로 부단하게 연구하고 연습해야 하는 것처럼, 공여자 집도의와 수혜자 집도의도 수술이 안정적으로 이루어지도록 철저한 준비가 필요하다. 그렇게 해야 요하네스 브람스(Johannes Brahms)의 이중 협주곡처럼 환상의 조화를 빚어낼 수 있다. 두 집도의와 수술의 오케스트라가 한마음 한뜻으로 각자 맡은 역을 한 치의 오차 없이 수행해야 '우주보다 귀한' 두 생명을 온전히 살릴 수 있다.

설악산 산행과 간암 환자 치료

젊은 날, 남쪽 지방에 살면서도 경상도 사나이처럼 묵직하게 버티고 있는 근처 지리산보다 서울 아가씨처럼 세련되고 까칠한 설악산을 더 많이 찾았다. 한계령을 넘을 때마다 기암괴석과 소나무들이 어우러져 만들어 내는 절경에 감탄하곤 했다. 설악산 안쪽 깊숙이 들어서면 밖에서는 볼 수 없는 비경이 펼쳐진다. 멀리 향로봉까지 겹겹이 이어지는 장쾌한 산줄기, 내설악 수렴동 계곡과 외설악 천불동 계곡에서 콸콸 흘러내리다가 유유히 흐르는 맑은 물, 물길이 굽이굽이 돌며 만든 비췻빛 소(沼), 수많은 바위 절벽과 기암괴석, 그리고 그 틈새를 뚫고 비틀리고 뒤틀리며 선 소나무들이 빚어내는 풍경은 한 폭의 동양화라는 말로도 다 표현할 수 없는 경이로움이었다. 때로는 아기자기하고 때로는 경이로운 그 풍경은 융프라우, 마터호른, 생모리츠, 그리고 아펜첼의 생티스처럼 눈 덮인 알프스 고봉의 위용과는 또 다른, 동양적 고즈넉함과 신비로움을 산객에게 선사한다.

인턴 시절 휴가를 내고 형과 함께 백담사에서 수렴동 계곡, 구곡담을 거쳐 봉정암, 소청봉을 지나 대청봉에 올랐다. 그 뒤 지금은 출입 금지 구역인 화채 능선으로 내려오다가 솟아오른 화채봉에 서서, 공룡 능선과 그 앞으로 펼쳐진 신선봉, 만경대에 도열한 바위들이 보이는 섬뜩한 아름다움에 감탄했던 적이 있다. 전공의 3년 차 현충일에는 공룡 능선을 가기 위해 전문 산악회에서 모집한 산행 팀에 합류했다. 대구에서 밤늦게 출발해 새벽녘 오색 남설악 탐방 지원 센터에 도착했다. 대청봉을 오른 뒤 천불동으로 내려가는 길에 신선대에서 다시 5시간이나 더 걸리는 공룡 능선에 들어섰다. 흐린 날씨 속에서 무리지어 핀 솜다리꽃의 소박한 아름다움에 이끌려 잠시 카메라를 꺼내기도 했지만, 앞선 그룹을 따라잡으려 뛰듯 걷느라 여유는 없었다. 산악인들에게 치이고 후미의 안전 요원은 걸음을 재촉해 마음은 급했지만, 내설악과 외설악을 가르는 설악의 중심 공룡 능선에서 맛본 설악 내면의 정취는 오랫동안 마음에 남아 있었다.

군의관으로 강원도 원통에서 복무하던 시절, 후방으로 이동하기 전인 3월 초에 동료 군의관 2명과 함께 한계령에서 시작해 눈 덮인 서북주능을 타고 대청봉에 올랐다. 겨우내 내린 눈이 녹지 않아 관목과 소교목은 대부분 눈에 묻혀 있었고, 아이젠을 착용한 채 나무 위에 덮인 눈을 밟고 걸었다. 여름이나 가을의 설악도 아름답지만, 눈 천지인 내설악의 진면목을 마주하며 왜 '설악(雪嶽)'이라는 이름이 붙었는지, 산악인들이 왜 목숨을 걸고 히말라야 고봉을 등정하려는지 그 기분을 조금은 이해할 듯했다.

미국으로 첫 연수를 떠나기 전에는 환송 행사로 친구들과 함께 5월에 같은 코스를 산행했다. 한계령에서 쉬엄쉬엄 걸으면서 본, 신록 속에 고개를 숙이고 수줍게 피어 있는 금강초롱이나 햇볕을 받으며 6장의 보랏빛 꽃잎을 치맛자락처럼 머리끝까지 들어 올린 얼레지 꽃은 '바람난 여인'이라는 꽃말처럼 매혹적이었다. 서북 능선에 닿아 대청봉을 향해 나아가면서 내설악과 남설악을 함께 조망할 때 바위틈에 서 있는 소나무들과 어우러진 산의 스카이라인은 말로 표현하기 힘들 만큼 절묘했다. 능선을 걸으면서 수렴동 계곡과 내설악, 용이빨처럼 솟은 용아장성(龍牙長城)의 기암괴석 바위 능선을 넋을 잃고 바라보곤 했다.

이후로 다시는 설악산 산행을 할 기회가 없었다. 대신 이때까지의 경험으로 비전문가로서 리지(ridge) 등산 장비 없이 내설악의 중심 용아장성을 언젠가는 가 보리란 꿈은 버리지 않고 있었다. 출입이 금지된 구역이지만 설악산 국립 공원 관리 공단의 허가를 받으면 출입이 가능하기 때문이다. 그러기에 등산 지도와 다녀왔던 산악인들의 블로그를 보면서 나는 가끔 용아장성을 향한 도상 훈련을 하곤 했다.

용아장성은 그 이름처럼 용의 이빨을 연상시키는 20여 개의 날

카로운 암봉이 늘어선 험준한 능선이다. 공룡 능선과 함께 내설악의 핵심 경관을 이루는 곳으로, 수렴동 대피소에서 시작해 봉정암에 이르기까지 동쪽의 가야동 계곡과 공룡 능선, 남서쪽의 구곡담 계곡과 서북능선 사이에 끼어 있는 바위산 줄기다. 용아장성은 9개의 봉우리를 넘어야 하며 4.5킬로미터밖에 되지 않는 거리지만 짧게는 6시간, 길게는 10시간 이상도 소요될 만큼 험준하고 힘든 코스다.

수렴동 대피소에서 시작해 계속 산을 오르면 첫 번째 봉우리인 옥녀봉에 이른다. 좀 가파른 이 봉우리까지는 그래도 평범한 길이어서 30분이면 오른다. 바위를 타고 다시 내려가면 처음 나타나는 장애물은 뜀바위다. 뛰어넘어야 할 거리는 1미터밖에 되지 않지만, 70, 80미터 낭떠러지가 있는 바위다. 여기서 추락 사고가 자주 발생한다.

여기를 무사히 통과하면 잠시 쉬었다가 다시 암벽을 넘어가야 하는데, 경사가 심해 그냥 올라갈 수 없다. 암벽에 설치된 고리에 가져온 줄을 끼워 경험자가 먼저 올라가고 나서 한 사람씩 올라가야 한다. 여기를 지나면 이내 두 번째로 다가오는 시험대인 개구멍바위가 나온다. 낮은 포복 자세로 기면서 설치된 줄을 잡고 올라가야 한다. 등에 지고 있는 무거운 배낭은 앞서 올라간 사람에게 당겨 달라고 하고 통과하거나, 아니면 줄 끝에 매달아 놓았다가 개구멍을 통과한 후 자신이 끌어올려야 한다.

어려운 두 곳을 지나면 아찔했던 기분을 잠시 내려놓고, 긴장의 끈은 유지한 채 내설악의 절경인 좌측의 공룡 능선과 우측의 서북능선을 함께 감상할 수 있는 여유가 생긴다. 2시간이 지나 제1봉에 닿는다. 아홉 봉우리를 넘어야 봉정암에 이른다. 한 봉우리 한 봉우리를 힘겹게 넘어오면 마지막 9봉을 넘어야 한다. 9봉에서 봉정암 사리탑으로 이어지는 마지막 구간은 10미터 정도 되는 직벽을 줄 타고 내려가야 하는데 마지막까지 긴장을 놓지 않아야 한다. 다 내려와 앞쪽으로 조금 진행해서 다시 급경사를 올라가면 봉정암 사리탑이 나온다. 봉정암에 도착해서야 이제 살았다는 안도감으로 돌 틈에서 받아내는 생수로 갈증을 풀고 긴장도 내려놓는다.

**

간암 환자 L 씨를 치료해 온 과정은 용아장성 등산만큼이나 험난했다. L 씨는 10년 전, 의과 대학 동기인 내과 개원의의 의뢰로 수술을 위해 전원된 57세 환자였다. 간 좌엽에 발생한 6센티미터 크기의 종양이 좌엽과 우엽에 걸쳐 퍼져 있었다. 다행히 간 기능은 양호해 확대 좌엽 절제술을 시행할 수 있었다. 그러나 병리 조직 검사에서 간 문맥 안에 암세포가 침윤한 소견이 확인되었다. 예후가 좋지 않으리라는 예고다. 수술 후 4개월 만에 우엽 6번 구역(S6)에 1센티미터 크기의 종양 전이가 발견되어 고주파 치료를 시행했다. 이후 다시 8개월 만에 5번 구역(S5) 구역에 전이가 있어서 추가로 고주파 치료를 시행했다.

첫 수술 2년 6개월이 지나 대동맥 주위 림프절에 2.6센티미터 크기의 전이가 나타났다. 일반적으로 대동맥 주위에 림프절 전이가 있다면 수술보다는 방사선 치료나 항암 치료를 고려하지만, 치료 효과를 크게 기대하기 어렵다. 실제로 림프절 전이 환자에게 절제 수술을 한 경우는 드물었다. 다행히 양전자 방출 단층 촬영/컴퓨터 단층 촬영(PET/CT) 검사에서 다른 부위에는 전이가 없었기에 종양 검토 회의에서 절제 수술하는 것으로 결정했다. 대동맥 주위 림프절에 전이가 있다면 통상적으로는 수술 금기다.

마치 산행 금지된 용아장성 바위 능선을 올라가는 기분이었다. 개복해 림프절과 그 주변 조직을 제거하는 근치적 림프절 곽청 수술을 했다. 위험을 무릅쓰고 산을 오르는 까닭은 한 발 한 발 내디딜 때마다 두려움과 기대감이 온몸을 지배하며, 눈 앞에 펼쳐지는 비경의 아름다움에 숨죽이며 좌우를 바라보면서 짜릿한 쾌감을 맛볼 수 있기 때문이다. 아직 치료법으로 일반화되지 않은 수술을 시행하는 외과 의사 역시, 수술이 다른 어떤 치료법보다 더 나은 결과를 가져올 수 있으리라는 기대감으로 때로는 모험을 감행한다. 이전에 비슷한 환자들에게 수술로 좋은 결과를 얻었던 경험과 긍정적으로 보고된 연구 결과가 이러한 결심의 동력이 되어 준다. 물론 산객이 느끼는 짜릿한 쾌감과는 또 다르다. 수술로 암을 마침내 완전히 제거할 수 있었다는 사실은 강렬한 성취감과 깊은 안도감을 가져다준다.

하지만 림프절 곽청 수술 4개월 후, 전이되었던 바로 위쪽 대동맥 주위의 위 소만 부위 림프절에 전이가 다시 나타났다. 지금부터는 더 이상 치료가 무의미할 정도로 걷잡을 수 없이 진행되리라 예측되었다. 소송을 당했을 때 혼자 고민하면 걱정이 되어 잠도 이루지 못하지만, 변호사를 선임해 문제를 조목조목 상의하며 대처해 나가면 마음이 한결 가벼워진다. 의료 현장에서도 마찬가지다. 이럴 때 종양 검토 회의에서 검토해 최선의 방법을 찾으면 환자에게 가장 적절한 치료를 선택할 수 있고, 담당 의사도 짐을 덜게 된다.

종양 검토 회의에서는 통상적으로 영상 의학과가 영상 판독과 더불어 치료 방침에 대한 의견을 주도한다. 영상 의학과의 K 교수는 일본에서 개발된 후 한동안 사용되었으나 고주파 치료의 등장 이후 거의 자취를 감춘 에탄올 주입술을 치료 방법 선택이 어려운 환자들에게 적용해, 매우 우수한 치료 성적을 거두어 왔다. 특히 뼈로 전이된 간세포암 환자에게 뼈 안에 직접 에탄올을 주입해 암세포를 괴사시키고 암의 진행을 억제하는 시술로 탁월한 성과를 얻어, 이를 미국 영상 의학회에서 구연 발표하기도 했다. 우리나라에서 이 시술을 시행하는 기관은 별로 없다. 그만큼 어렵고 정밀한 기법이 요구되기 때문이다. 전문가 집단에서 받아들여지지 않음에도 꾸준히 시술해 좋은 성적을 거두고 있다면, 그 시술에는 나름대로 의미가 있는 것이다.

선구자가 그 시대의 전문가들로부터 외면받은 경우는 많이 존재한다. 세균 감염에 대한 이론이 확립되기 전에는 출산 후 산욕열로 많은 산모가 죽어 나갔다. 빈 대학교의 헝가리 출신 산부인과 의사 이그나츠 제멜바이스(Ignaz Semmelweis)는 '출산을 담당하는 의사가 분만 전 반드시 손을 씻어야' 감염을 줄일 수 있음을 경험적으로 알고 분만장으로 들어가는 의사들은 손을 씻도록 했다. 그러나 그는 당시 산부인과 대가들로부터 무시당해 정신병에 걸렸고 결국 정신

병동에 입원해 치료받기도 했다.

　환자에게 에탄올 주입술을 적용하자는 K 교수의 의견에 나는 동의했다. 1~2개월 간격으로 세 차례 시행한 결과 림프절의 종양은 거의 사그라졌다. 1년 후 시행한 MRI 촬영에서 림프절 치료 부위에 더 이상 자라는 암은 없었으나, 간 우엽 7-8번 구역(S7-8) 간정맥에 새로운 종양 전이가 발견되었다. 종양 검토 회의에서 논의 끝에 방사선 치료를 하기로 결정하고, 세분화된 영역마다 방사선의 양을 조절함으로써 종양 조직에만 선택적으로 원하는 방사선량을 줄 수 있는 세기 조절 방사선 치료(intention modulated radiotherapy, IMRT)를 시행했다. IMRT 후 촬영한 CT에서 간정맥 안의 종양은 오그라들어 있었다. 이후 3년 동안 간이나 혈관 및 림프절에 종양이 자라는 소견은 없었다.

　그러나 3년 6개월이 지난 시점에 간 우엽 7번 구역(S7)에 1.8센티미터 크기의 결절이 새로 발견되어 간동맥 색전술로 치료했다. 첫 진단과 수술 후 9년이 지난 2023년에는 환자의 양쪽 다리에 부종이 생기기 시작했다. 혈액 검사 결과 알부민 수치는 2.8이었다. 간부전이 시작되고 있음을 의미하는 소견이었다.

　이뇨제 투여를 시작했다. 오랜 기간 거듭된 고주파 치료, 간동맥 색전술, 방사선 치료로 간이 오그라들고 경변이 진행되면서 간 기능이 쇠퇴하고 있었다. 이제 생명 유지를 위해 힘겹게 버티고 있는 모양새다. 2024년 봄에는 복수가 심하게 차고 혈청 알부민 수치가 1.8까지 떨어져 이뇨제로는 복수가 조절되지 않았다. 주삿바늘을 배 안으로 찔러 넣고 카테터를 삽입해 하루에 1.5리터씩 복수를 뽑아내야 했다. 설악산 9봉 마지막 봉우리에서 줄을 타고 내려가듯, 이제는 새로운 길을 찾아야 한다.

"어떻게 해야 합니까?" 환자가 물었다.

"간암 종양 표지자 수치가 올라갔다는 것은 간암 세포가 여전히 살아 있음을 시사합니다. 이제 수술이나 고주파 치료, 혹은 간동맥 색전술로 치료할 수는 없겠습니다. 남은 방법은 간 이식입니다. 다만 치료 초기에 대동맥 주위 림프절로 전이되었던 종양을 에탄올 주입술로 치료했는데, 그 주변에 암세포가 살아 있을 수도 있습니다. 지금까지 6년이 지나도록 림프절 전이 종양은 나타나지 않았는데 간 이식 수술 후 면역 억제제를 투여하면 남아 있던 암세포가 조기 재발할 수도 있기에 주저됩니다."

"림프절 전이는 치료한 지 오래되었지만, 지금껏 괜찮았잖아요. 그렇다면 간 이식할 수 있는 것 아닙니까?"

"간을 제공할 사람도 있어야지요."

"한번 알아보겠습니다. 조금만 시간을 주십시오."

그는 첫 수술 이후 항상 부인과 함께 외래 진료실에 들어왔지만, 3년 전 어느 날부터는 혼자였다. 트로트 가요제를 함께 보다가 가슴 통증을 느낀 부인이 병원에 가자고 보채, 조수석에 태우고 달리던 중 줄 끊어진 마리오네트 인형처럼 스르르 쓰러졌다고 했다. 차를 세운 그는 119 구급대원의 전화 지시대로 심폐소생술을 했지만, 가까운 거리의 병원에 도착했을 때는 이미 숨을 거둔 뒤였다. 그날 이후 그는 늘 혼자서 진료실을 찾았다. 어려운 일을 당하거나 아플 때 함께 있어 줄 사람이 옆에 있으면 덜 힘들 텐데…….

그는 집으로 돌아가서 형제들과 의논했다. 남동생이 둘 있었기에 지금 상황을 설명하며 간 이식을 위해 공여자가 필요하다고 털어놓았다. 혼처를 소개하는 중매쟁이처럼 제3자가 중간에서 조심스레 이야기하는 편이 좋지만, 그럴 사람이 없었다. 두 동생은 '형이 먼저, 아우가 먼저' 하는 느낌으로 선뜻 서로 자기 간을 내어놓겠다고 했던 모양이다. 세 살 아래 동생이 먼저 적합성 검사를 하기로 하고 외래 진료실에 함께 왔다. 그는 평소 술을 많이 마셔서 간 상태가 나쁠지도 모른다는 염려를 안고 있었다. 술이 간에 악영향을 미친다는 사실은 잘 알려져 있지만, 술을 오랫동안 마셔도 간은 멀쩡하게 건강한 경우도 많다. 영상 검사에서 간의 크기나 모양에 이상은 없었다. 간 기능을 반영하는 기능 검사와 응고 인자 검사 결과도 양호했다. 간 우엽을 제공하는 데 문제는 없어 보였다. 의대 입학 정원 2,000명 증원 반대 투쟁 사태로 수술실이 축소 운영되고 있어서 수술 날짜를 잡기 어려웠지만, 이리저리 조율해 1개월 후로 일정을 잡았다.

복수를 조절하기 위해 환자는 일주일 전부터 입원해 있었고 동생은 수술 이틀 전에 입원했다. 수술 전날 최종 검사 결과, 영상에서는 간 내외에 종양이라고 의심할 만한 병변은 발견되지 않았다. 그러나 간세포암의 활동을 반영하는 종양 표지자 검사에서는 변화가 있었다. 기존에는 비타민 K 결핍 또는 비타민 K 길항제 사용으로 생성되는 비정상적 단백질(Protein Induced by Vitamin K Absence or

Antagonist-II, PIVKA-II) 수치가 53이었는데, 이번 검사에서 103으로 상승해 있었다. 만약 간 내의 기존 치료 부위에서 다시 종양의 새싹이 트는 것이라면 어차피 간 전체를 들어낼 예정이니 문제는 없다. 그러나 과거 에탄올 주입술로 치료했던 간 외 림프절 전이 부위에서 움트는 암세포가 있다면, 수술 중에는 해결할 수도 없고 이식 후에도 다시 암이 자랄 수 있기에 주저되었다. 관계자 회의를 열었다. 누구도 선뜻 가부를 던지지 않았지만, 전체적으로 부정적 분위기였다. 이럴 때는 결국 팀장이 결정해야 한다. 일단 수술을 1개월 뒤로 미루기로 했다. 한 달 후 다시 검사해 종양 표지자 수치가 더 올라가면 이식 수술은 포기하고, 수치가 떨어지면 진행하기로 했다. 환자는 실망스러운 표정이었지만 상황을 순순히 받아들였다.

한 달 후 검사에서 간세포암을 반영하는 종양 표지자 PIVKA-II 수치는 103에서 44로 떨어졌으나, 담관세포암의 지표인 탄수화물 항원 19-9(Carbohydrate Antigen 19-9, CA 19-9) 수치가 83에서 103으로 올랐다. CT 영상에서는 드러난 종양은 없었다. 간세포암은 간동맥 색전술이나 고주파 치료 등으로 암 조직을 없애도 수술로 도려내어 완전히 제거하지 않으면 꺼진 불더미에서 불씨가 살아나듯이 암세포가 다시 살아나는 경우가 흔하다. 이때는 느티나무 이파리에 암이 생기는 격인 간세포암 대신 잎을 달고 있는 잎줄기나 가는 가지에 해당하는 담관에 암이 발생하는 담관세포암으로 변형되는 경우가 많다. 담관세포암은 간세포암보다 더 모질게 주인을 공격한다. 자라는 속도가 더 빠르고 간 내 전이도 잘 일어나며 예후가 나쁘다. 그렇다면 담관세포암으로 변형되어 암 조직이 간이나 림프절 어딘가에 움트고 있다는 말인가? 간 이식을 계속 진행할지 또다시 고민에 빠졌다.

"지금까지 다들 불가능하다고 하는데도 교수님께서는 수술, 고주파 치료, 간동맥 색전술로 림프절 전이까지 모두 치료해 저를 살려 주셨습니다. 이제 모든 것을 교수님께 맡깁니다. 이식 수술 진행해 주세요." 그동안 이 환자에게 시행한 간 절제 수술 이후의 치료는 표준 치료법을 적용하기도 했지만 지침대로만 치료하지 않았다. 덕분에 환자는 첫 치료 후 10년을 그런대로 건강하게 살아왔다. 간 이식 후 다시 재발할 가능성은 여전히 존재한다. 그러나 지금까지 지침에만 의존했더라면 그는 벌써 세상을 떠났을지도 모른다. 종양 표지자 수치가 약간 상승한 것을 보고 또다시 수술을 미루거나 포기할 수도 있었지만, 간 이식 수술을 진행하기로 최종 결정을 내렸다.

"저는 젊은 시절부터 어려운 산행을 즐겼습니다. 힘들고 위험하지만 경치가 빼어난 설악산의 여러 코스를 오르곤 했지요. 등산은 잘못하면 등산자가 다치거나 추락하기도 합니다. 그러나 수술은 다릅니다. 외과 의사가 일반적으로 인정되지 않은 방법을 선택하면, 그 결과가 전적으로 환자에게 돌아가니까요. 등산과는 비교할 수 없을 만큼 무거운 책임이 따릅니다.

하지만 저는 수술이 보편적으로 받아들여지지 않았던 시기에 앞선 외과 의사들의 증례 보고나 좋은 성적을 기록한 논문, 그리고 개인적 경험을 바탕으로 새로운 방법을 시도하기도 했습니다. 치료 지침은 분명 존재하지만, 실제 환자의 상황은 제각기 다르기에 반드시 모든 경우에 치료 지침을 그대로 적용할 수는 없습니다."

나는 이렇게 설명하며 환자의 불안감을 덜어 주려 했다.

수술 전날, 형이 입원한 병실로 공여자인 동생을 데리고 와 두 사람의 손을 양손에 한쪽씩 잡고 수술 성공과 미래의 건강 회복을 기도했다. 다음 날, 공여자인 동생은 복강경 수술로 간 우엽을 절제하고 동시에 다른 교수 팀이 환자의 병든 간을 절제한 후 동생에게서 떼어 낸 건강한 간을 환자에게 이어 붙이는 생체 부분 간 이식 수술이 성공적으로 이루어졌다. 수술 후 회복도 순조로워 3주째 퇴원했고 4주 만에 건강한 모습으로 외래 진료실에서 다시 만났다. 혈액 검사에서 모든 종양 표지자 수치도 정상으로 돌아왔다. 수술 전 배가 불룩하고 야윈 모습은 온데간데없이 사라져 평소 모습으로 돌아왔고 복수도 더 이상은 없었다.

**

병든 간을 제거하고 새 간을 이식한 후 회복하는 과정이 주마간산(走馬看山)처럼 지나갔다. 이때 영어로는 "So far so good!"이라는 말을 쓴다. 이 표현에는 지금까지는 잘 넘어왔는데 앞으로가 문제이며 잘 모르겠다는 뜻이 내포되어 있다. 용아장성 산행처럼 아슬아슬했던 간 이식이 이번으로 세 번째다. 한 분은 14년을 사셨고 다른 한 분은 8년째 건강하게 살아가고 있다. 산악인이 힘들지만 어려운 등산에서 쾌감을 얻듯이, 외과 의사는 환자로부터 받은 무형의 성취감으로 오늘도 계획된 간 절제 수술을 위해 수술실로 들어선다. 경제 논리가 우선하는 시대에 30여 년을 술(手術) 맛에 취해, 바보처럼…….

3부

치유를 향한 길, 의술과 예술

치유의 예술

국제 학술 대회에 참석하게 될 때 학회 기간에 그 도시의 유명 오케스트라의 연주가 있다면 저녁 시간에 짬을 내어 보려고 했다. 시간이 맞아 보스턴 심포니, 암스테르담의 왕립 콘세르트허바우 관현악단이나 취리히 톤할레 오케스트라의 연주를 볼 수 있었다. 수년 동안 시민들의 사랑을 듬뿍 받았던 줄리안 코바체프(Julian Kovatchev)가 상임 지휘한 대구 시립 교향악단의 공연도 즐겨 보았다. 유명 악단의 높은 예술성은 어디서 오는가? 각기 다른 악기로 넓고 깊은 음역을 현란하게 오가면서도 각기 다른 색깔의 소리가 조화를 이루며 뿜어내는 소리에는 장중하고 유려한 아름다움과 함께 엄격한 절제미가 있기 때문이다. 백건우의 피아노, 정경화나 사라장의 바이올린 리사이틀에서도 느끼는 감정은 마찬가지였다.

베토벤의 7번 교향곡은 그의 교향곡 중에서도 많은 클래식 애호가들이 사랑하는 곡이다. 그중에서도 카를로스 클라이버(Carlos Kleiber)가 지휘한 빈 필하모닉 관현악단의 1982년 라이브 녹음이 손꼽힌다. 이 연주를 들으면 빈 필하모닉과 카를로스 클라이버의 힘을 느낄 수 있다. 신출내기 지휘자가 지휘봉을 들면 어린아이가 트럼펫을 부는 것처럼 꿈쩍도 하지 않는다는 빈 필하모닉은, 탁월한 해석력과 카리스마를 지닌 클라이버가 지휘봉을 잡으면 그 끝을 살짝만 흔들어도 연주홀의 넓은 공간을 꽉 채우고 천정이 들썩거릴 것 같은 웅장하고 유려한 소리를 만들어 낸다고 알려져 있다. 이 연주에서도 장중한 울림과 함께 절제미를 느낄 수 있다.

내일부터는 우리나라의 연례 간학회(The Liver Week 2023)가 인천 공항 인근 H호텔에서 열린다. 인천은 경상도 지역에서 대중 교통으로 접근하기 가장 불편한 곳이다. 전날 하루 휴가를 내고 승용차로 강원도 원주의 '뮤지엄 산'을 방문한 후 인천에 가기로 했다. 건축계의 노벨상이라고 불리는 '프리츠커 상'을 받은 일본의 건축가 안도 다다오(安藤忠雄)가 설계한 산 위의 미술관을 한 번 보고 싶었기 때문이다. 그가 설계한 제주의 노출 콘크리트 건축물들을 보고 참 특이하다 생각했고, 지난해 그에 대한 평전 『안도 다다오』를 읽고 나서 더 가 보고 싶어졌다. 마침 '뮤지엄 산' 개관 10주년 기념 개인전 '안도 다다오: 청춘'이 열리고 있었다.

고등학교 때 권투 선수였던 그는 대학교에 진학하지도, 취직하지도 않았다. 어깨너머로 다른 건축 설계자가 제도하는 모습을 보던 그는 고객의 주문을 받아 나이트클럽의 설계도를 그리며 건축 디자인에 눈을 떴다. 대학교에 들어가는 대신 교토 대학교 건축학과의 교재 한 세트를 사서 독학으로 탐독했다. 그의 나이 19세 때였다. 건축 설계에 눈을 뜨고 나서 스위스 태생의 프랑스 건축가 르 코르뷔지에(Le Corbusier)의 책을 탐독했다. 유럽의 건축물들을 직접 보고 싶었지만 돈이 없던 그는 30대 초반의 나이에 배를 타고 블라디보스토크로 가서 시베리아 횡단 열차를 타고 유럽으로 갔다. 그는 유럽의 주요 건축물을 샅샅이 살펴본 뒤, 귀국 길에는 뱃삯을 아끼려고 수에즈 운하를 통과하는 비싼 배 대신 값이 싼 아프리카 희망봉을 돌아 오는 항로를 택했다. 이 과정에서 마다가스카르와 인도에 들러 아프리카와 인도의 건축물들도 둘러보았다. 이후 미국의 주요 건축물까지 견학했다.

그는 건축 사무소를 차리고 자연 친화적인 개념에 노출 콘크리트와 빛으로 대표되는 독특한 디자인으로 세계 곳곳에 예술적 건축물을 남겼다. 허물어져 가는 작은 집을 재건축해 달라는 의뢰를 받고 지은 그의 초기 대표작, 오사카의 '스미요시 주택'은 10평 남짓한 작은 공간이지만, 철근 콘크리트 복층 구조로 4면을 모두 폐쇄했다. 외부와 완전히 단절시키는 대신 중앙을 뻥 뚫어 빛과 바람, 하늘을 내부로 끌어들여 중정을 만들어 놓은 독특한 디자인이었다. '스미요시 주택'과 '빛의 교회'는 안도 다다오의 초기 건축을 애기할 때 두고 두고 회자되는 기념비적 작품이다. 그는 1997년 마침내 건축계의 노벨상이라는 프리츠커 상을 받으며 세계적인 건축가로 자리매김했고 고등학교 졸업 최종 학력으로 도쿄 대학교 교수가 되었다.

이날 하늘에는 남해 바다에 떠 있는 섬처럼 구름이 둥실둥실 떠가고 있었고 신록의 5월에 쾌청한 날씨여서 상쾌하기 그지없었다. 그리 높지 않은 산을 몇 구비 돌아 전시관 주차장에 도착했다. 산 위에 미술관을 지을 생각을 하다니! 전체 전시관을 모두 보려면 대여섯 시간이 걸리기에 두어 시간 걸리는 명상관은 나중에 다시 와서 보기로 하고 그의 전시회를 볼 수 있는 기본권만 구매했다. 산의 능선을 따라 여러 개의 전시관이 길게 펼쳐져 있었고 야외에는 몇 개의 조형물과 물 정원도 있었다. 물 위에 비치는 산과 싱그러운 신록의 낙엽수, 떠가는 구름이 어우러진 풍경은 환상적이다. 전시장으로 들어가는 통로에 내 키보다 큰 녹색 사과 조형물이 설치되어 있었다. 전시회의 주제 '청춘'을 시각화한 것으로 안도 특유의 단순함과 힘을 직관적으로 느낄 수 있었다. 노출 콘크리트로 직선과 예각이 많은 건축물 하나하나는 빼어난 예술미가 있는 것은 아니나 주변과 어우러지게 지어져 있고 동선을 따라가면서 생각을 하게 만드는 조형미가 뛰어나다. 안도 다다오의 건축물과 그의 디자인에서 느껴지는 조형미는 유명 악단이나 성악가의 음악 연주와는 다른 성격의 뛰어난 예술성으로, 방문자에게 큰 감동을 주었다.

**

'뮤지엄 산'을 관람 후 간학회 학술 대회가 열리는 인천 공항 근처 H 호텔로 갔다. 학술 활동이란 환자에게 유익을 주기 위해 지식과 경험에 바탕해 과학적 방법으로 자료를 수집, 분석하고 그 결론을 전문가 앞에서 검증받아 논문으로 출판하는 과정이다. 모든 절차는 과학의 틀 안에서 이루어지지만, 이 또한 일종의 예술이라 할 수 있다. 하버드 의과 대학 심장 내과 교수 버나드 라운은 자신의 저서인 『치유의 예술을 찾아서』에서 의사가 환자와 나누는 대화와 행동에 인본주의적으로 접근해 '치유의 예술'이라고 표현했다. 그는 죽음을 앞둔 90세 환자에게 가슴뼈가 부러지도록 심폐 소생술을 시행하기보다는 존엄한 죽음을 맞을 수 있도록 돕는 것이 진정한 치유라고 설파했다.

오랜 시간 외과 의사로 살아온 나 역시 수술을 단순한 기술이 아닌 '치유의 예술'로 생각해 왔다. 연륜이 쌓이면서 이제는 수술뿐만 아니라 외래 진료에서 환자와 나누는 대화, 특히 어느 날 갑자기 암 진단을 받은 환자에게 어떤 말을 건네야 이 괴물을 물리치고 돌파해 나갈 용기를 줄 수 있을지를 고민한다. 진단과 치료 과정에서 건네는 말 한마디도 치유의 예술이라고 느끼게 되었다.

학회 둘째 날 아침에는 대한간학회 선도 연구 업적상을 받은 서울 아산 병원 임영석 교수의 기념 강연이 있었다. 그간의 연구 성과와 의미를 집약한 이 강연도 깊은 울림을 주었다. 그의 연구는 처음에는 홀로 시작됐다. 간염 치료에서 근거 대신 거대 제약사와 선두 연구자들의 카르텔에 의해 정형화된 지침에 의문을 품고, 지침에 없는 다른 약제를 임상 시험했다. 결과적으로 기존 지침이 옳지 않음을 확인했고, 이후 국내 다기관 연구로 확장해 같은 결과에 도달했다. 그는 확신을 갖고 유명 의학 학술지에 논문을 투고해 몇 차례 좌절을 거친 끝에 마침내 채택되었다.

그러나 그는 여기서 멈추지 않았다. 아시아 다기관 연구를 통해 가설의 타당성을 재차 증명했고 결국 파생 연구를 임상에서 가장 영향력 있는 의학 학술지에 연이어 발표하기에 이르렀다. 마침내 그의 연구는 세계 보건 기구(World Health Organization, WHO), 미국과 유럽의 간염과 간암 치료 지침을 바꾸는 결과를 낳았다.

특히 내게 강한 인상을 남긴 부분은 간문맥에 간암이 침윤된 경우였다. 바르셀로나 그룹의 임상 간암(barcelona clinic liver cancer, BCLC) 지침은 지난 20여 년 동안 이 경우에 표적 치료제 소라페닙(sorafenib)을 투여하도록 권고해 왔다. 최근 새로운 표적 치료제와 면역 관문 억제제가 등장하면서 성적이 개선되었지만, 임 교수는 간동맥 색전술과 방사선 치료가 약물보다 월등히 우수한 결과를 보인다는 연구를 암 분야의 저명한 학술지인《미국 의사 협회 종양 학회지(JAMA Oncology)》에 발표해 해당 치료 방법이 공인되었다.

나는 외과 의사로서, 간문맥에 침윤이 있는 환자도 적절한 조건이라면 수술이 BCLC 지침에 따른 약물 치료보다 생존율을 더 높인다는 사실을 데이터로 확인했다. 초기에는 10명의 환자로 시작한 연구였지만, 이후 한국 간담췌 외과 학회의 지원을 받아 2년간 국내 다기관 연구로 총 332명의 환자 데이터를 분석했고 초기 소규모 연구와 거의 같은 결론에 도달했다. BCLC 지침의 전신 약물 요법이 목표로 하는 24개월 생존과 비교해 32개월이라는 월등히 우수한 성적을 얻었다. 그러나 바르셀로나 그룹이 심사를 맡은 《간장학 저널 (*Journal of Hepatology*)》과 외과계 최고 학술지인 《외과 연감》에 제출한 논문은 (한 심사자의 긍정적인 평가에도 불구하고) 보기 좋게 거절당했다. 이 논문은 돌고 돌다가 결국 《한국 간담췌 외과 학회지(*Annals of Hepato-Biliary-Pancreatic Surgery*)》에 실렸다.[1] 2024년 해당 학술지의 최고 논문으로 선정되었고, 2025년 봄 경주에서 열린 한국 간담췌 외과학회 주간 학술 대회 두산연강 학술상 시상식에서 최우수상을 수상했다. 이런 아픔을 겪고 보니 임 교수가 연구 초기에 겪은 아픔이 동병상련으로 다가왔다.

    강연의 백미는 여러 장벽을 뚫고 얻어 낸 논문 게재 승인이 서구의 영향력 있는 연구자들과 제약 회사 카르텔에 균열을 낳는 계기가 되었다는 점을 밝히는 부분이었다. 그가 내로라하는 전현직 의사가 가득한 객석을 향해 "의사는 직관이 아니라 데이터로 증거를 만들고 이를 바탕으로 더 나은 진료를 해야 한다."라며 던진 메시지는 그 어떤 연설보다 강렬했다. 공연장이었다면 기립 박수라도 보냈을 테지만, 선후배 의사들이 지켜보는 엄격한 분위기 속에서 그렇게 하지 못한 것이 아쉬울 따름이다.

거장의 지혜, 천재의 선율

늙음을 반가워할 사람이 어디 있겠는가. 그러나 아무리 발버둥 쳐도 세월은 멈추지 않고, 사람은 결국 늙기 마련이다. 늙음을 피할 길이 없다면, 어떻게 하면 아름답게 늙을 수 있을까를 고민할 일이다.

2004년 스위스 취리히에서 열린 세계 소화기내과 외과학회 연례 학회는 이식 면역학에서 이룬 탁월한 업적으로 1996년 노벨 생리·의학상을 받은 취리히 대학교 롤프 징커나겔(Rolf Zinkernagel)의 강연으로 시작되었다. 그의 나이는 일흔쯤 되어 보였다.

서예가 추사(秋史) 김정희(金正喜)가 세상을 떠나기 3일 전에 썼다는 「봉은사 김정희 서 판전 현판(奉恩寺金正喜書板殿懸板)」을 보면,

특유의 추사체가 아니라 서예에 갓 입문한 아이처럼 서투르게 쓰여 있다. 그러나 오히려 그 어눌한 필치에는 생애 마지막 순간까지 붓을 놓지 않았던 그의 진심과 파격이 담겨 있다. 징커나겔은 만년의 추사처럼 파워포인트라는 도구 대신 직접 손글씨로 쓴 슬라이드를 사용해 복잡한 내용을 명쾌하게 풀어냈다. 노벨상 수상자가 카랑카랑한 목소리와 연극 배우 같은 몸짓으로 펼치는 강연은 매우 인상적이었다. "면역계는 자신과 다른 세포가 들어왔을 때 거부 반응으로 그 세포를 완전히 제거하거나, 반대로 거부 반응 체계가 항복해 세포를 살아남게 하는 두 가지 결과 중 하나를 보인다. 이때 자신의 얼굴을 수시로 바꾸며 적응하는 세포는 다른 개체에 적응된 얼굴을 가지는, 즉 아군과 적군을 구별할 수 없는 키메리즘(chimerism)의 상태로 살아남게 된다."가 강연의 요지였다.

둘째 날 첫 시간에는 간 이식의 아버지로 불리는 토머스 스타즐의 특별 강연이 있었다. 그는 미국 콜로라도 주 덴버에서 동물 간 이식 실험과 이식 거부 반응 방지법 연구로 초석을 다졌으며, 이후 1980년대부터 인간 간 이식 수술에 본격적으로 뛰어들었다. 간 이식이 오늘날처럼 정착하기까지는 수술법을 개발한 외과 의사들의 노력뿐만 아니라 거부 반응을 둘러싼 면역학, 생리학, 생화학 분야 연구자들의 기여, 그리고 거부 반응에 작용하는 T림프구만 선택적으로 억제하면서 감염 방지에 필요한 기능은 살아 있게 하는 약제 사이클로스포린(ciclosporin)의 개발이 지대한 영향을 미쳤다. 사이클로스포린은 스위스 바젤에 있는 제약 회사 산도스(Sandoz)에서 개발

되었으며, 뒤이어 일본의 후지사와 약품 공업(藤沢藥品工業)이 쓰쿠바 지방 야산의 곰팡이 스트렙토마이시스 츠쿠바엔시스(*Streptomyces tsukubaensis*)에서 면역 억제제 타크로리무스(tacrolimus)를 추출하는 방법을 개발하며 이식 수술 이후의 생착 문제를 거의 해결할 수 있게 되었다.

이 약제의 개발로 신장 이식 수술은 더욱 안정적으로 자리 잡았고 간 이식도 탄력을 받았다. 스타즐은 이후 펜실베니아 주 피츠버그로 옮겨 1980년대 중반부터 1990년대 말까지 간 이식 분야를 주도하며 이 철광 도시를 간 이식 수술의 메카로 만들었다. 간 이식에 관심을 가진 많은 외과 의사가 전 세계에서 몰려들었고 여기서 배운 기술을 미국뿐만 아니라 세계 곳곳으로 퍼트려 나갔다. 한국의 1세대 간 이식 외과 의사들도 짧게는 수개월, 길게는 2년 동안 피츠버그의 스타즐 팀에게 기본 수술과 마취, 수술 후 치료법을 배워 왔다.

1990년대 중반 스타즐은 관상동맥 협착증으로 심장 수술을 받은 이후 전처럼 수술에 열정적으로 임하지 못하게 되었다. 그 자리를 중국계 외과의 존 펑(John Fung)에게 넘기면서 피츠버그는 명성이 쇠하고 대신 제자들의 손으로 뉴욕, 로스엔젤레스, 댈러스 같은 대도시에 간 이식 센터가 들어섰다. 이 무렵 그는 1950년대 말부터 자신이 어떻게 간 이식 연구를 해 왔는지를 서술한 자전적 에세이 『퍼즐 인간』을 출간했다. 이 책에는 미국 근대 외과의들의 업적과 역량 및 정치적인 판도가 잘 그려져 있다. 시카고 신문 편집장이었던 선친으로부터 물려받은 글재주로 자신의 전문 영역을 일반인에게 알린 이 책은 큰 화제를 모았다. 어느덧 그의 나이도 70대 중반이 되어 현역에서 완전히 은퇴하고 각지로 강연을 다니고 있다.

그는 이 강연에서 『퍼즐 인간』에서 다루었던 이식 거부 반응에 대한 초기 연구부터 전날 강연한 징커나겔의 업적에 이르기까지 현대 이식 연구의 역사를 한 편의 파노라마처럼 보여 주었다. 두 노학자의 강연이 나에게 특별히 와 닿은 이유는 이들이 젊은 시절에 생리적 욕구를 해결하는 시간 외에는 오로지 목표에 매진해 열정적으로 임했다는 사실을 곳곳에서 느낄 수 있었기 때문이다. 이들의 노력은 오늘날 말기 간부전 환자의 치료에 새로운 장을 열었다. 지금은 노후를 즐기면서 "내가 보기에는 이렇다."라는 식으로 핵심을 찌르는 몇 마디 말로 강연을 듣는 후배들에게 엄청난 영향을 미친다. 우리 사회에도 이러한 노학자, 혹은 자신의 전문 영역에 온 힘을 다하다가 은퇴한 원로의 충고를 귀담아듣고 미래에 반영하려는 분위기가 만들어졌으면 한다. 충고를 듣고서도 '당신들 세대는 그렇게 생각하겠지만 나는 내 길을 간다.'라는 식으로 도외시하는 정치인들을 바라보는 심경은 참담할 때가 많다.

**

학술 대회 일정을 마친 후 나는 가족과 함께 오스트리아 잘츠부르크로 여행을 떠났다. 이곳은 볼프강 아마데우스 모차르트와 영화 「사운드 오브 뮤직(The Sound of Music)」으로 잘 알려진 곳이다. 일본에 두 번째 노벨 문학상을 안겨 준 오에 겐자부로와 그의 장애인 아들 오에 히카리(大江 光)가 방문한 기록을 읽으며 언젠가는 한 번 가 보리라 꿈꾸던 곳이기도 하다.

도쿄 대학교 불문과를 졸업하고 모교의 교수가 되는 것이 꿈이었던 젊은 겐자부로는 뇌탈출증(brain herniation)이라는 기형을 가지고 태어난 아들을 키우며 삶의 방향을 바꾸었다. 그가 반전과 반핵에 앞장서는 모습을 담은 자전적 수필집『상처를 딛고 사랑을 되찾은 나의 가족(恢復する家族)』을 읽으면서 오에의 인간적 면모를 느낄 수 있었다.

잘츠부르크로 향하는 파노라마 열차는 객차 지붕까지 미칠 정도로 큰 통창을 통해 알프스 산맥과 계곡의 절경을 입체적으로 바라볼 수 있는 구조였다. 나는 널찍한 좌석에 앉아 노트북 컴퓨터를 꺼내 놓고 풍경을 만끽하며 글 쓰는 작업을 하는 호사를 누렸다. 벽에는 전원 공급 단자가 있어 이동하는 동안 배터리 소모를 염려할 필요가 없었다. 비가 부슬부슬 내리는 산과 호수를 끼고 달리다가 임스트피츠탈(Imst-Pitztal), 인스부르크(Innsbruck) 역을 지날 때는 깊은 계곡과 깎아지른 절벽 사이 경치를 바라보며 황홀경에 빠졌다. 오스트리아를 처음 여행하는 여행자는 도시의 이름을 듣는 것만으로 그 예술적인 향취에 잔잔한 흥분을 감출 길이 없다. 아름다운 산과 스키장, 붉은 지붕 집과 푸른 초지, 숲이 어우러진 풍경에 모차르트의 음악까지 곁들이면 절로 흥이 나고 머리가 맑아진다.

6시간을 달려 마침내 잘츠부르크에 도착했다. 산이 많은 북쪽 지역이라 그런지 스위스보다 약간 서늘했다. 스위스를 넘어오는 열차에서 이날이 혜인의 생일이라는 사실을 알게 되었다. 미처 기억하지 못하고 있다가 그가 이야기해 알게 되어 내심 미안했다. 생일 파티는 가방에 넣어 왔던 컵라면과 즉석밥, 구운 김으로 하자는 의견에 웃으며 맞장구를 쳤다. 호텔에서 어렵사리 구한 뜨거운 물로 끓인 컵라면에 말아 먹는 밥은 그 어떤 성찬보다 맛있었고 속도 편안했다.

인터넷으로 예약했던 호텔은 기대 이상으로 고급스러웠고 특히 아침 식사가 훌륭했다. 오스트리아 특산 육가공품과 치즈, 싱싱한 연어, 말린 과일과 화채까지 다양한 음식이 준비되어 있었다. 컵라면 파티 후에 이어진 이 호화로운 아침 식사는 여행의 하루를 기분 좋게 시작하게 했다.

잘츠부르크는 도시 중심을 S자 모양로 가로지르는 작은 강 양안에 형성되어 있다. 남쪽의 약간 높은 지대에 호엔잘츠부르크(Hohensalzburg) 성이 자리잡아 도시를 굽어보는 모양이다. 2개월간 열리는 잘츠부르크 페스티벌(Salzburg Festival)이 막 끝난 시점이라 도시는 한적하고 조용했다. 아무리 좋은 여행지라도 사람이 너무 많고 시끄럽다면 산만하고 불편하기 마련인데, 이곳은 호텔비도 그리 비싸지 않고 어떤 교통 수단을 택해도 여유로워서 편리했다.

강을 따라 걸어 모차르트가 태어난 곳 근처에 이르자 한 박물관이 눈에 띄었다. 경비원에게 물으니 잘츠부르크에 관한 모든 것이 전시되어 있다고 했다. 입구에서 시큰둥한 표정을 짓고 있던 혜인에게 의향을 물으니 시간이 촉박하다고 나가자고 했다.

기차역에서 예약해 두었던 「사운드 오브 뮤직」 투어에 나섰다. 미국인, 중국인, 영국 웨일스의 학생 두 명, 일본의 젊은 여성, 그리고 영국 스코틀랜드에서 온 한 무리의 나이 든 수녀들까지 합해 대형 버스를 반 정도 채웠다. 과거에 잘츠부르크는 '소금 성'이라는 이름대로 암염을 캐서 도시를 관통하는 강을 통해 운반하던 가난한 도시였다. 한 명의 천재 음악가와 아름다운 영화 한 편이 이 시골 도시를 이름난 관광지로 탈바꿈시켰고, 관광 수입이 이 도시 수입의 60퍼센트를 차지하게 되었다.

자녀 일곱을 둔 홀아비 해군 대령 트랩과 가정 교사 마리아가 헬부른 궁전과 잘츠부르크의 호수를 배경으로 즐겁게 노래 부르는 장면들로 이어지는 이 영화를 나는 고등학교 때 문화 행사로 관람했었다. 나치 독일의 강압을 피해 온 가족이 산을 넘어 이탈리아로 탈출하는 장면이 아직도 기억에 생생하다. 1964년 개봉한 이 영화는 예상치 못한 흥행으로 감독과 영화 배우를 비롯한 제작진을 놀라게 했으며 잘츠부르크를 세계적인 관광 명소로 만든 계기가 되었다.

안내자는 요즘도 음악인 중에는 흔한 경우이지만, 줄리 앤드루스(Julie Andrews)는 노래 부르기가 좋아서 교회에서 찬양을 했지 신앙심이 깊은 사람은 아니었다고 설명했다. 우리는 헬부른 궁전, 교외의 맑은 호숫가에 자리한 몬트제(Mondsee, '달의 호수'란 뜻)의 성 미카엘(St. Michael) 성당(트랩 대령과 마리아가 결혼한 곳), 그리고 성당 앞 카페 브라운(Café Konditorei Braun)을 돌아보며 카페에 앉아 샐러드를 맛보았다.

「사운드 오브 뮤직」보다 더 오래되고 가치있는 이 도시의 문화 유산은, 이곳이 200년 전 천재 음악가 모차르트가 태어나 가장 왕성한 음악 활동을 펼쳤던 땅이라는 점이다. 찬양곡을 연습하다가 단순하면서도 생동감 넘치는 멜로디를 발견하고 살펴보았더니 모차르트의 작품이었다. 그의 교향곡 40번을 들을 때마다 나는 시골집 앞에서 출렁거리던 황금빛 들판을 떠올리곤 했다. 호엔잘츠부르크 성에서 바라보는 북쪽과 남쪽 들판은 멀리 산으로 둘러싸인 평야와 마을들이 흩어져 있는 모습이었고, 그 분위기는 한국 시골 마을의 넘실대는 황금빛 들판과 어딘가 닮아 있었다.

여름 축제가 끝난 뒤라 연주 프로그램은 단촐했다. 그래도 모차르트 음악의 본고장에서 그의 음악을 직접 맛볼 수 있다는 사실만으로도 이번 여행의 즐거움이 될 것이라 기대했다. 마지막 날 저녁에는 모차르트가 연주했던 곳으로도 알려진 미라벨 궁전 콘서트홀(SchlossKonzert Mirabell)에서 실내악 3중주 공연을 관람했다. 온종일 도시를 돌아다니느라 지친 몸으로 연주 홀에 앉으니 졸음이 몰려왔다. 모차르트, 베토벤, 드뷔시로 이어지는 프로그램은 연주 홀의 음향 반사 때문인지 3중주인데도 교향악단처럼 울림이 풍성했다. 현악기에 비해 피아노가 묻히는 느낌이었는데, 음역이 넓지 않아서 그런지도 모르겠다. 피아노 조율 상태가 조금 아쉬웠다. 그래도 연주자의 손길에서 나오는 현란한 피아노 선율과 그 위를 섬세하게 오르내리던 바이올린의 선율, 그리고 따뜻한 울림으로 전부를 넓게 감싸는 첼로의 앙상블은 여행객의 피로를 풀어 주고도 남음이 있었다.

외과 의사, 역량의 절정기는 언제일까?

외과 의사로서 최고의 역량을 발휘하는 시기는 과연 몇 살쯤일까? 아직도 올라야 할 산이 곳곳에 보이던 40대에 스스로 던져 본 질문이다. 간경변 환자의 간 절제, 생체 부분 간 이식, 간문부 담관암 수술, 그리고 췌장암 절제 등 여전히 연마해야 할 수술이 많았고, 해결되지 않은 의문을 풀기 위해 연구도 계속하고 있었기 때문이다.

메이요 클리닉의 설립과 발전에 중추적인 역할을 했던 찰스 메이요(Charles Mayo)는 미네소타 대학교 졸업 연설에서 이런 말을 했다.[1]

당신이 만약 의학 공부의 길로 들어섰다면 그 공부는 결코 끝내지 못할 것이다.

의학의 역사에는 과거에 옳다고 여겨졌으나 지금은 틀린 것으로 판명된 지침과 진료 원칙이 무수히 많다. 현재의 치료 기준 또한 미래에 바뀔 수도 있다. 수술도 마찬가지다. 과거에는 수술로 완치하던 위궤양은 이체 천공된 경우 외에는 약물 치료로 완치되고, 암으로 취급되던 위장관기질종양(GIST)은 절제 수술을 기본으로 하지만 수술 후 재발하더라도 이마티닙(imatinib), 티로신 인산화 효소 억제제(tyrosine kinase inhibitor) 같은 약물 치료로 재발이나 전이된 종양을 사라지게 하거나 더 이상 자라지 못하게 꽉 잡아둔다. 반대로 과거 약물 치료나 식이 요법으로 근근이 버티던 간경변 환자들이 지금은 간 이식으로 건강을 회복하고 새 삶을 살아간다.

관절염으로 뼈가 변형되어 절뚝거리던 60대 환자는 인공 관절 치환술 덕분에 친구들과 함께 등산도 거뜬히 해낸다. 후벼 파는 듯한 통증을 일으키는 담석증은 한때는 제거 수술을 위해 배를 크게 절개해야 했지만, 지금은 구멍 몇 개만 뚫어 복강경을 통해 간단하게 담낭을 떼어 내는 시대가 되었다. 이처럼 시대 변화에 따라 치료 전략도 변하기에, 의사는 끊임없이 새로운 지식을 공부해야 한다. 또한 강습이나 실습을 통해 새로운 시술과 수술법을 익혀야만 최적의 진료를 할 수 있다.

치료 전략은 의학과 의료 기구의 발전에 따라 바뀌지만, 수술은 여전히 외과 의사의 손끝에서 이루어진다. 외과 의사는 사람의 몸, 즉 생명을 재료로 제품을 만드는 장인과도 같다. 그렇다면 어려운 수술 성적이 최고조에 이르는 나이는 언제일까? 많은 외과 의사가 대략 50~55세 전후라는 데 동의한다. 이 시기에 어려운 수술을 성공적으로 마치면 외과 의사 개인이나 팀 전체가 느끼는 성취감과 사기는 하늘을 찌를 듯하다. 동료 의사나 환자에게는 자긍심을 넘어 자만심으로 비치기도 한다. 이런 자세는 수술 증례가 늘어 경험이 더 쌓이고, 예상치 못한 환자의 악화나 사망 사례를 겪으면서 점차 진중하고 겸손하게 바뀐다.

나는 어느덧 예순을 넘겨 정년을 앞두고 있다. 외과 의사가 최고 기량을 갖추는 나이는 55세라고 생각해 왔지만, 그 나이를 훌쩍 지난 지금도 여전히 올라야 할 산이 있다. 어려운 수술에 임하면서 경험과 지식, 그리고 지혜가 더해져 수술 방법의 선택이나 진행에 요령이 생겼다. 매번 환자에게 이전보다 더 만족스러운 수술을 하고 있다는 생각이 든다. 간단한 수술은 별 차이가 없겠지만, 어렵고 복잡한 수술에서는 연륜이 분명 긍정적으로 작용한다고 믿는다.

2006년 외과에서 가장 권위 있는 학술지인 《외과 연감》에 「미국에서 외과 의사의 나이와 수술 환자 사망률(Surgeon Age and Operative Mortality in the United States)」이라는 도발적인 제목의 논문이 발표되었다.[2] 미시간 대학교의 젊은 외과 의사 존 버크마이어(John Birkmeyer) 연구 팀은 이 논문에서 환자 46만 1000명의 데이터에 근거해 외과 의사의 나이와 수술 사망률에 상관 관계가 있는지를 분석했다. 대상은 췌십이지장 절제 수술(pancreaticoduodenectomy), 식도암, 방광암, 폐암 등의 암 절제 수술과 대동맥판막 치환술, 대동맥류 치환술, 관상동맥 우회로 수술 및 경동맥협착증 수술 같은 고난이도의 심혈관 수술이었다. 외과 의사는 연령별로 40세 이하, 41~50세, 51~60세, 61세 이상 네 집단으로 나누었다.

분석 결과 수술별 사망률은 경동맥협착증 수술에서 가장 낮았고, 식도암 절제 수술에서 가장 높게 나타났다. 그 뒤를 췌장암 절제 수술과 대동맥판막 치환 수술이 이었다. 이는 수술 난이도와도 어느 정도 일치하는 결과였다.

사망률이 낮은 경동맥협착증 수술은 외과 의사의 연령이 별 영향을 미치지 않았다. 그러나 사망률이 높은 식도암이나 췌장암의 경우 연령별로 차이가 있었다. 식도암 수술에서는 61세 이상 외과 의사의 수술 성적이 기량이 최고로 원숙한 나이라고 여겨지는 51~60세 외과 의사보다 오히려 좋았다. 반면 두 번째로 사망률이 높은 췌장암 수술은 51~60세 외과 의사의 수술 사망률이 가장 낮았으며, 61세 이상 외과 의사의 수술 사망률이 가장 높았다.

흥미로운 사실은 췌십이지장 절제 수술의 경우 수술 건수가 많은 병원에서는 61세 이상 외과 의사의 수술 사망률이 다른 연령대보다 낮았다는 것이다. 이는 수술의 난이도보다도 해당 외과 의사가 얼마나 꾸준히 많은 수술을 해 왔는지가 결과에 더 큰 영향을 미친다는 사실을 시사한다.

이 논문이 미국 학회에서 발표되었을 때 발표자가 청중으로 앉아 있던 나이 든 대가들과 질의 응답한 기록이 논문 뒤에 부기되어 있다. 진행성 췌장암 수술에서 새로운 수술 기법을 제창하고 확립한 매사추세츠 종합 병원의 앤드루 워쇼(Andrew Warshow) 박사는 이렇게 말했다.

"나처럼 나이 든 외과 의사는 신체적으로 제약이 있을 수 있습니다. 최신 지식을 습득하지 못했거나 복강경 수술 같은 최소 침습적 접근법에 적응하지 못했을 수도 있습니다. 그래서 복잡한 수술을 젊은 외과 의사에게 맡겨 온 것이 사실입니다. 연령에 따른 수술 사망률에 큰 차이가 없었던 까닭도 그 때문일 겁니다. 지식과 수술 기술은 구별되어야 합니다. 이번 연구 결과는 기술적인 측면을 가장 잘 반영한 것 같습니다."

유타 주 솔트레이크시티의 레이 노이마이어(Leigh Neumayer) 박사는 이렇게 호응했다. "외과 의사의 연령과 수술 증례 수의 상관 관계를 보여준 이 연구가 이전의 결과를 다시 한번 확증해 주어 기쁩니다. 제 아이들이 좋아하는 가라데 격언이 떠오르네요. '연습한다고 완벽해지지 않는다. 오직 완벽한 연습만이 완벽을 만든다.'"

메모리얼 슬론 케터링 암 센터의 후복막 종양 분야 거장인 머레이 브레넌(Murray Brennan) 박사는 질문했다.

"이번 발표를 듣고 마치 롤러코스터를 탄 기분입니다. 췌장암 수술에서는 나이 든 외과 의사의 사망률이 젊은 의사보다 높다고 하셨습니다. 그런데 더 복잡하고 위험한 식도암 수술은 반대로 나이 든 외과 의사가 더 나은 성적을 냈다고 했지요? 이 결과를 어떻게 이해

해야 할까요? 그다음에는 나뿐만 아니라 존스 홉킨스의 존 캐머런과 앤드루 워쇼를 포함해 많은 수술을 집도하는 여러 늙은 외과 의사를 구원해 주셨어요. '노장이 서서히 사라지기보다는 수술실에서 마지막 불꽃을 피울 기회를 주라.'라고 하셨지요. 바로 제가 꿈꾸던 것입니다. 혹시 그런 꿈이 사라지지 않게 할 조언을 더 해 주시겠습니까?"

이 질문에 발표자 존 버크마이어는 이렇게 답했다.

"박사님께 더 나은 조언을 드릴 수는 없을 것 같습니다. 나이 든 외과 의사의 식도암 수술 예후가 더 나은 이유에 관해서도 정확히 알지 못합니다. 저는 단지 나이 든 외과 의사들이 지쳐서 사라지지 않아야 한다고 농담했을 뿐입니다. 그러나 위험도가 높은 수술은 점진적인 철수보다는 완전히 손을 놓는 편이 낫지 않나 생각합니다."

**

전공의 시절 내가 보았던 60세 이상의 외과 의사들을 떠올리면 대부분 뒷방 늙은이 취급을 받으며 특별히 부탁받은 환자만 가끔 수술했지, 활발히 수술에 나서는 경우는 드물었다. 그런 기억 속에서 지금까지도 선명하게 떠오르는 한 사람이 있다. 외과 과장을 거쳐 의료원장으로 봉직하신 그 교수님은 노년에도 7시간 이상 걸리는 식도정맥류 수술을 도맡아 하시며 종종 이렇게 말씀하시곤 했다.

"죽음에 관해서 말하자면, 나는 수술실에서 수술하다가 쓰러져 세상을 떠났으면 좋겠어."

그 말처럼 그는 일흔이 넘어서까지 수술대 앞에 섰고, 은퇴 후 10여 년이 지난 어느 날 아파트 욕실에서 반신욕 중 그대로 세상을 떠나셨다.

코로나19 범유행 직전에 중국 상하이 간담췌 외과 의사들의 초청으로 몇 차례 학술 회의에 참석한 적이 있다. 낮에는 발표를 듣고 질문을 던지며 학문적 교류를 나누고, 저녁에는 만찬 자리에서 중국의 의료 실태를 비공식적으로 듣곤 했다. 그중에서도 흥미로웠던 이야기는 주말마다 특별 초청을 받아 차편, 혹은 항공편으로 이 도시 저 도시에서 수술하는 외과 의사들에 대한 것이었다. 특히 췌장암 절제 같은 어려운 수술은 현금으로 두둑한 비용을 받는다는 이야기가 인상 깊었다. 거리가 먼 작은 도시에서 대도시인 상하이까지 진료를 받으러 가는 비용을 감당하기 어려운 환자에게는 적잖은 절감 효과가 있고, 먼 길을 마다 않고 수술하러 가는 외과 의사는 적지 않은 부수입을 챙기는 '상부상조'의 구조라며 웃음을 감추지 않았다. 80세가 넘어도 여전히 현역에서 수술하는 외과 의사가 많이 있다고 했다.

혈관 수술에서 전설적인 인물인 마이클 드베이키(Michael DeBakey) 박사는 99세로 세상을 떠날 때까지 무려 75년 동안 외과 의사로 활동했다. 87세가 되던 1996년에는 러시아 보리스 옐친(Boris Yeltsin) 대통령의 심장관상동맥 우회 수술을 자문했으며, 90세이던 1999년에는 아제르바이잔 대통령 헤이다르 알리예프(Heydər Əliyev)의 대동맥관상동맥 우회 수술을 하기도 했다. 그는 자신의 이름을 딴 대동맥 박리 치료법으로도 유명한데, 96세 때 가슴이 찢어지는 듯한 통증을 느껴 CT를 해 보았더니 바로 그 '대동맥 박리'로 진단되었다. 그는 처음에는 수술을 거부했지만, 건강이 악화되자 동료 조지 눈(George Noon) 박사의 집도로 수술을 받고 이후 3년을 더 살았다.

간 이식 분야의 개척과 발전에 평생을 헌신했던 피츠버그 대학교 병원의 토머스 스타즐은 70대 중반까지 어려운 수술을 직접 수행하며 후학 양성에도 힘썼다. 대한민국을 간 이식 선도국으로 이끌었던 서울 아산 병원의 이승규 교수도 70대 중반까지 여전히 현역에서 활약하고 있다. 외과 의사는 심신이 건강하다면 시기에 연연하지 않고 기량을 닦아, 오랜 경험과 실력을 바탕으로 일반적인 은퇴 연령을 넘어 좋은 성적을 남기며 일할 수도 있다. 수술을 앞둔 환자라면 외과 의사를 선택할 때 집도의의 나이가 수술에 득이 될지 해가 될지 한 번쯤은 고려해 볼 일이다.

세렌디피티

「세렌디피티(Serendipity)」는 피터 첼섬(Peter Chelsom) 감독의 2002년 작 로맨틱 코미디 영화다. 뉴욕 한가운데서 처음 만난 두 사람은 크리스마스의 들뜬 분위기 속에서 서로에게 끌리지만, 이름도 모르는 채 헤어진다. 한눈에 반해 사랑에 빠진 남녀는 7년간 서로를 그리워하나 만날 방도가 없다. 영화는 그들이 우연에 우연을 더해 운명적으로 재회하고 사랑을 나누는 과정을 그린다. 운명적 사랑이라도 한 걸음 한 걸음 적극적으로 나아가야만 다시 찾을 수 있다는 메시지를 담고 있다.

사전적으로는 '뜻밖에 얻어진 횡재', 혹은 '행운을 우연히 발견하는 능력'으로 정의되는 단어인 세렌디피티는 18세기 영국의 문필가 호레이스 월폴(Horace Walpole)이 1754년 1월 친구에게 보낸 편지에서 처음 사용했다고 알려져 있다. 그는 『세렌딥의 세 왕자(The Three Princes of Serendip)』라는 페르시아 동화에서 왕자들이 '미처 몰랐던 것을 항상 우연히, 그러나 지혜롭게 발견'하는 모습에 영감을 받아 이 단어를 만들었다고 썼다. 세렌딥은 페르시아에서 스리랑카를 부르던 옛 이름으로, '보석의 땅'이라는 뜻이다.

과학사에서 세렌디피티는 '완전한 우연으로부터 얻어진 중대한 발견이나 발명'을 뜻하는 말로도 쓰인다. 과학적 방법론은 반복성(repeatability)과 재현성(reproducibility)을 중시하지만 세렌디피티는 반복 가능하지도, 재현 가능하지도 않다. 내가 이 단어를 처음 접한 것은 간 수술 논문을 읽을 때였다. 한쪽 간문맥을 일정 기간 막으면 막힌 쪽은 위축되고 반대편이 커진다는 사실을 발견한 도쿄 대학교 마쿠우치 마사토시 교수의 발견을 두고 한 서양 의학자가 종설 논문에서 마쿠우치의 '세렌디피티'라고 기술해 놓았다. 마쿠우치 교수는 담관암 환자를 개복하는 과정에서 종양이 있는 쪽의 간이 쪼그라들고 그쪽으로 흘러 들어가는 간문맥이 혈전으로 거의 막혀 있는 현상을 발견했다. 다른 환자에서도 간문맥이 막힌 쪽 간이 위축된 모습을 본 그는 실험으로 이것을 증명, 간 절제 후 남는 쪽 간이 작게 된다면 반대편 간문맥을 인위적으로 막고 3주간 기다려 간을 키운 뒤 절제하는 '간문맥 색전술'의 새로운 장을 열었다. 이 시술은 임상적으로 매우 유용하다.

의학의 역사에서 이와 같은 세렌디피티의 사례는 수도 없이 많다. 엑스선을 발견한 빌헬름 뢴트겐(Wilhelm Röntgen), 항생제를 발견한 알렉산더 플레밍(Alexander Fleming), 그리고 냉전 체제 종식에 기여한 버나드 라운의 사례를 보자.

1) 1895년 11월 독일에서 뢴트겐은 진공관으로 한 가지 실험을 반복 중이었다. 그는 음극선을 발생시키기 위해 진공관에 얇은 알루미늄 창을 설치하고, 그 주위를 검고 두꺼운 종이로 감싸 정전기장의 간섭과 빛의 누출을 차단하고 있었다. 실험실을 어둡게 한 상태에서 진공관에 전류를 흘려보내던 중, 그는 우연히 근처에 놓여 있던 백금시안화바륨(barium platinocyanide)을 칠한 마분지 조각에서 희미한 초록색 형광이 발현되는 것을 발견했다.

그가 진공관에 전류를 흘려보내자, 종이 위에 이상한 검은 선이 비스듬하게 나타났다. 고전압 발생 장치에서 나온 음극선이 유리관의 금속 벽에 빠른 속도로 충돌하면서 새로운 종류의 보이지 않는 광선이 검은 종이를 뚫고 나와서 백금시안화바륨을 감광시켰던 것이다. 이 놀라운 현상을 발견한 뢴트겐은 부인 베르타 뢴트겐(Bertha Röntgen)을 실험실로 불렀다. 그녀의 왼손을 이 새로운 광선으로 촬영하자, 사진판에는 그녀의 손가락뼈와 착용 중이던 반지의 음영이 선명하게 찍혀 나왔다. 뢴트겐은 원인을 모르겠다는 의미에서 이 강력한 전파에 엑스선(X-ray)이라는 이름을 붙였다. 그는 이 발견을 1개월 후에 논문으로 출판했고 1901년 최초의 노벨 물리학상을 받았다.

2) 1928년 여름, 런던 세인트 메리 병원의 세균학자 알렉산더 플

레밍은 상처를 곪게 하는 황색포도상구균(*Staphylococcus aureus*) 배지에서 인플루엔자 바이러스에 관한 연구를 하고 있었다. 세균 배양기를 그대로 둔 채 여름 휴가를 떠났다가 몇 주 뒤 실험실로 돌아왔을 때, 그는 열려 있던 배양 접시 중 하나에서 솜털 같은 푸른색 곰팡이를 발견했다. 그런데 곰팡이 주위의 포도상구균은 원형으로 성장이 억제되어 있었다. 그는 이 곰팡이에서 생성된 어떤 물질이 세균 증식을 막고 있다는 점에 주목했고, 이 물질에 페니실린이라는 이름을 붙였다. 사실 실험실 배지가 곰팡이에 오염되는 사건은 흔한 일로, 많은 연구자는 이를 대수롭지 않게 넘겼다. 그러나 플레밍은 달랐다. 그는 남들이 지나치는 우연 속에서 특별한 의미를 알아챌 만큼의 관찰력이나 호기심을 지니고 있었다. 더욱이 그의 배지에 우연히 떨어진 푸른곰팡이(*Penicillium notatum*)가 항균 효과를 가진 종이었다는 점도 중요했다. 그것을 놓치지 않고 항생 물질을 찾아낸 것이 플레밍의 세렌디피티였던 것이다.

 3) 1970년대 미국 하버드 대학교의 심장 내과 전문의 버나드 라운은 심부전 치료제인 디지탈리스(digitalis)의 임상 시험 책임을 맡았다. 핵전쟁 방지 국제 의사회(International Physicians for the Prevention of Nuclear War, IPPNW)의 대표이기도 했던 그는 냉전 시대에 (구)소련의 의사들과 교류할 기회를 얻었다. 그 결과 디지탈리스의 임상 시험이 (구)소련에서 성공리에 진행되었을 뿐만 아니라, 두 나라의 민간 교류에 물꼬를 트는 계기가 되었다. 이러한 노력이 동서 냉전 시대의 긴장 완화에 기여하면서, 그는 의학 연구로 노벨 생리·

의학상을 받는 대신 핵전쟁 방지 국제 의사회의 대표로 노벨 평화상을 받게 되었다.

뢴트겐이나 플레밍이 우연한 발견 속에서 행운을 찾았다면, 버나드 라운은 목표를 향한 지속적인 노력 끝에 의도치 않은 더 큰 성과를 얻었다. 세렌디피티는 단순한 우연이 아니라, 열린 시선과 끊임없는 탐구 속에서 비로소 빛을 발하는 것이다.

플레밍의 가장 큰 업적인 라이소자임(lysozyme)과 페니실린의 발견은 세렌디피티의 대표적 사례에 속한다. 라이소자임의 발견은 플레밍이 우연히 자신의 콧물을 세균 배양 접시에 넣음으로써 가능했으며, 페니실린은 대단히 희귀한 조건이 겹쳐 발생한 기적에서 발견되었다. 이러한 과학적 발견은 언제나 합리적 추론의 결과로 얻어지는 것은 아니다. 하지만 완전한 우연에 의한 세렌디피티는 없다. 즉 세렌디피티가 일어나기 위해서는 완전한 우연이 중요한 역할을 하기도 하지만, 그 우연을 그냥 흘려보내지 않는 '준비된 태도'가 있어야 한다. 지금 당장은 전혀 상관없어 보이거나 무의미하게 보이는 일 속에서도 의미를 발견할 자세가 되어 있다면, 세렌디피티는 자연스럽게 따라온다. "우연은 준비된 자에게만 미소 짓는다."라는 루이 파스퇴르(Louis Pasteur)의 말이 이를 가장 잘 표현한 문장일 것이다.

**

살아오면서 나는 의료 현장과 일상에서 크고 작은 세렌디피티를 경험했다. 좋은 친구와 스승, 그리고 직장에서 동료와 제자들과 희로애락을 함께한 것 또한 곱씹어 보면 세렌디피티였다. 많은 사람의 노력으로 절체절명의 위기에서 구출되어 새 삶을 살아가는 환자들은 나에게 예기치 못한 큰 기쁨을 주었고, 환자에게도 "선생님을 만난 것은 제 일생의 행운입니다."라는 고백을 수도 없이 들어 왔다.

어느 날 도서관에서 의학 논문을 뒤지다가 학술지 말미에 실린 조그만 광고를 보고 듀크 대학교 병원의 피에르알랭 클라비엔 교수와 연락이 닿았다. 전화 인터뷰를 거쳐 간·담·췌장 및 간 이식 외과에서 1년간 연수를 경험했는데, 이 기회는 외과 의사로서 큰 행운이었다. 클라비엔 교수는 간 손상과 재생 연구의 선구자로, 저명한 의학 학술지의 편집자이자 학술 단체의 지도자로도 활약하고 있었다. 그는 이후 여러 학회에서 나에게 중요한 역할을 맡겼고, 이를 통해 더 넓은 세계에서 연구하고 배울 수 있었다.

단지같이 생긴 초저온 액체 질소 탱크를 수술실에 들여놓고 조직을 모아 간암 유전체 연구를 시작하고, 이를 하나씩 발전시켜 나간 것도 행운이었다. 국내 연구진과 함께 유전자 분석 데이터를 연구하던 중 메이요 클리닉에 6개월간 머물 기회를 얻었고, 그곳에서 세계적인 대가들을 만나 배울 수 있었다. 한편으로는 메이요 세 부자가 작은 시골 마을 로체스터에서 세계 최고의 병원을 일으킨 역사와 이념을 접하면서 '의술이란 무엇인가?'라는 근본적 질문을 스스로 던지게 되었다. 이곳에서 맺은 인연과 연구 성과는 나의 국내외 학회 활동에도 지대한 영향을 미쳤다.

우리 삶에는 아무리 노력해도 이루어지지 않는 일이 있는가 하면, 반대로 기대하지 않았던 곳에서 행운이 찾아올 때도 있다. 의사로 살아온 내 인생에도 구전지훼(求全之毀), 최선을 다했음에도 불구하고 실패를 경험한 적이 많았다. 하지만 반대로 불우지예(不虞之譽), 즉 예상치 못한 곳에서의 행운과 기회인 세렌디피티도 경험했다. 믿음의 눈으로 바라보면 평범한 일상에서도 도처에서 세렌디피티를 발견할 수 있다.

예정인가 우연인가?

2011년 6월, 스페인 발렌시아에서 열리는 세계 간 이식 학회에 참가하기 위해 인천 공항에서 직항편으로 마드리드에 도착한 시각은 동틀 무렵인 새벽 5시였다. 공항에서 대기하는 2시간 동안 붉은 태양이 나지막한 산 위로 맹렬히 솟아오르고 있었다. 내일이 하지라 절기상 해가 가장 높을 시기이기도 했지만, 일출의 기세는 이곳이 한낮에는 태양이 작열하는 남국(南國)임을 알리는 신호탄으로 여겨졌다. 스페인은 아시아의 태국이나 필리핀처럼 휴양을 위해 북유럽 사람들이 많이 찾는다는 곳이다. 에어 스페인을 타고 1시간을 더 날아 발렌시아 공항에 도착한 시각은 오전 10시를 조금 넘어서였다. 호텔에 짐을 풀고, 장시간 비행으로 땀에 전 피곤한 몸을 씻은 뒤 가벼운 차림으로 갈아입고 식당을 찾아 나섰다. 맑고 건조한 하늘은 이를 데 없이 청명하게 느껴졌다. 바깥 공기를 마음껏 들이마시고 싶었다.

길거리에는 키가 큰 활엽수와 야자수가 줄지어 서 있다. 대로와는 가로수로 분리된 자전거 전용도로 옆 보도를 걸었다. 내가 묵을 호텔은 번화한 시내에서 약간 떨어져 있었는데, 높은 상업용 건물을 몇 개 지나 넓은 도로를 뒤로 하고 왼쪽으로 꺾어 작은 도로로 들어가니 아파트 단지와 업무 지구가 섞여 있었다. 아파트 단지 옆에는 놀이터가 있었고, 놀이터와 멀리 떨어지지 않은 곳에 유럽 어디에서나 흔히 볼 수 있는 작은 레스토랑이 있었다. 종업원 두세 명이 길가에 테이블과 의자를 내놓고 손님을 맞이하고 있었다. 키가 큰 느릅나무 아래에는 아파트 단지와 분리되도록 쥐똥나무로 담장을 쳐 놓았다. 가로수 사이사이에는 커다란 토분에 종려나무와 이팝나무, 그리고 우리나라 아파트에도 흔한 벤자민고무나무와 닮은 나무들이 둘러져 있었다.

정오가 다가오는 시각이었는데 두세 명씩 앉아 나직한 목소리로 긴밀하지 않은 듯한 이야기를 나누고 있다. 10개 남짓한 테이블 중, 단둘이 앉도록 배치된 식탁에 혼자 앉아 고즈넉한 분위기를 즐기고 싶었다. 테이블 위엔 파라솔이 따가운 햇살을 가리고 있었다. 검은 바지에 깃 없는 검은 티셔츠를 입은 웨이터가 다가와 메뉴판을 내밀었다.

"날씨가 좋지요? 뭘 드시겠습니까?"

중키의 통통한 체격인 그는 몸을 좌우로 흔들며 익살스러운 표정을 지어 보였다.

"가벼운 요깃거리가 있을까요?"

메뉴판을 짚어 가며 설명해 주었지만, 그림 없이 이름만 적혀 있어서 어떤 음식인지 짐작도 가지 않았다. 그의 추천대로 그냥 주문했다. 스페인 사람들이 좋아하고 이 지역 특산물 중 하나인 하몽이 먼저 나왔다. 돼지 뒷다릿살을 소금에 절여 1년 동안 말린 후 얇게 썬, 말랑말랑한 육포 같은 음식이다. 야외 식당 위를 덮은 큰 나무 위에서 새소리가 났다. 쳐다보니 나무에서 새하얀 꽃이 떨어지고 있었다.

문득 우리나라에는 잘 알려지지 않은 손턴 와일더(Thornton Wilder)의 소설 『산 루이스 레이의 다리(The Bridge of San Luis Rey)』가 생각났다. 이 소설을 처음 알게 된 것은 간암 유전체 연구차 머물던 미네소타 주 메이요 클리닉에서였다.

알렉세이 레온토비치(Alexey Leontovich)는 러시아에서 통계학을 전공하고 미국으로 유학 온 사람이다. 미네소타 대학교에서 통계학으로 석사, 박사 학위를 받고 메이요 클리닉에서 생물 정보학과 유전자 통계학을 가르치고 있다. 간암 유전체 연구를 위해 머무르던 시절, 통계 분석이 뜻대로 진전되지 않아 그의 사무실을 몇 차례 들러 일대일 교육을 1시간씩 받으면서 좀 친근해진 사이였다. 그는 나보다 한 살 아래다. 그의 목소리와 표정에는 러시아 인 특유의 우수(憂愁)가 묻어났다.

"알렉세이, 선생님은 러시아 어디에서 공부하셨지요?"

"모스크바 대학교에서요."

"미국에 온 지는 얼마나 되었나요?"

"12년 되었지요."

"머리 아픈 통계학은 잠시 접어 두고 러시아 문학 이야기나 좀 해 봅시다. 저는 대학교 다닐 때『죄와 벌』과『카라마조프가의 형제들』을 읽으면서 도스토옙스키 문학이 소설의 최고봉이라고 생각했어요. 클래식 음악에서는 표토르 차이콥스키(Pyotr Tchaikovsky)의 바이올린 협주곡과 교향곡 5번을 최고로 꼽습니다. 도스토옙스키나 차이콥스키 모두 러시아 특유의 우수와 더불어 심오함과 장대함을 느끼게 하지요. 저는 세 형제를 중심으로 인간 본성의 미묘한 갈등과 종교적 물음을 깊이 있게 파헤친『카라마조프가의 형제들』이 러시아 문학을 넘어 제가 읽은 모든 문학 중 단연 최고라고 생각합니다."

알렉세이는 고개를 살짝 들며 놀랍다는 듯 대답했다.

"우리 가족은 고등학교 때부터 각자 책을 읽고 토론하는 환경이었어요. 덕분에 많은 책을 읽었습니다. 도스토옙스키의 문학은 정말 깊이가 있습니다. 러시아 음악도 좋아해 세인트폴 체임버 오케스트라의 연주회에 자주 가는 편입니다. 지난 주말에도 보고 왔지요. 미국은 시끄러운 음악만 발달하고 클래식은 러시아 음악에 비할 바가 못 됩니다. 하지만 문학에는 도스토옙스키 못지않은 미국 작가들도 있지요."

"도스토옙스키만큼 깊이와 무게가 있는 작가라면 누굴 들 수 있을까요?"라고 묻자, 그는 되레 나에게 미국 작가를 아는 대로 말해 보라고 했다.

"『분노의 포도』로 알려진 존 스타인벡(John Steinbeck), 마크 트웨인(Mark Twain), 펄 벅(Pearl Buck)……." 그러고는 잠시 머뭇거렸다.

"또 생각나는 사람이 있나요?"

"어니스트 헤밍웨이……."

"또."

"더는 잘 모르겠는데요?"

"손턴 와일더라고 들어보았나요?"

"아뇨, 전혀요."

그는 컴퓨터 모니터로 눈을 돌려 위키피디아에서 그의 이력을 검색하며 설명하기 시작했다.

"「우리 읍내(Our Town)」라는 희곡이 유명하지만 저는 『산 루이스 레이의 다리』라는 작품이 『죄와 벌』에 견줄 만큼 뛰어난 작품성을 가지고 있다고 생각해요. 그리고 10년 이상 작품 활동을 중단한 뒤 쓴 『제8요일』은 와일더 문학과 사상의 정수라 할 수 있지요."

그는 이내 자신의 개인사도 조심스럽게 털어놓았다.

"사랑하는 부인을 2년 전 잃었는데, 올해 초 러시아 여성과 재혼했어요."

"그럼 굉장히 미인이겠군요."라고 농담조로 말을 건네자, 그는 조용히 고개를 저었다.

"이게 정말 내가 가야 할 길인지 매일 고민합니다. 운명이란 우연인지, 아니면 예정된 것인지……, 회의감이 들 때마다 깊이 생각하게 돼요."

이는 『산 루이스 레이의 다리』의 주제와도 맞닿아 있었다. 그의 애수 어린 모습에는 민족적 특성에 개인적 불행이 더해져 있음을 느낄 수 있었다.

"그렇다면 보드카를 즐기나요?"

"아뇨, 차를 좋아합니다. 러시아가 보드카의 나라로 알려져 있지만, 사실 러시아 사람은 차를 더 즐깁니다."

"저 사진들은 뭔가요?"

"여행에서 찍은 사진들이지요. 미국에선 시간이 날 때마다 여행을 즐깁니다. 빼어난 비경(祕境)을 살피면서 사진을 찍어 오는 것이 저의 큰 즐거움 중 하나입니다."

그의 취미인 문학과 음악, 그리고 여행과 사진은 나와 잘 맞았다. 그러나 통계를 배우려는 다음 예약자가 밖에서 작게 노크하는 소리가 들려 이날은 작별해야 했다. 나중에 저녁 식사라도 하면서 러시아 문학과 음악 얘기를 더 듣고 싶다고 하며 헤어졌다.

사무실에 돌아와 『산 루이스 레이의 다리』 한국어판이 있는지 검색해 보았지만, 당시에는 번역서가 없었다. 아마존에서 영어 원서를 주문했다. 그러나 시적인 표현과 몽상에 가까운 주인공의 독백을 영어로 읽기란 쉽지 않았다. 연구 과제 수행과 『메이요 평전(The Doctors Mayo)』을 읽는 삼매경에 빠져 결국 그 책은 한쪽으로 밀려났다. 귀국 후 알고 지내던 영문학 교수에게 번역을 제안해 보았으나,

외과 의사가 참 별난 구석이 있다는 듯이 깔깔 웃을 뿐 답을 하지 않았다.

참지 못하고 결국 사전을 뒤적이며 읽었지만, 영어 원서로는 글의 맛을 온전히 즐길 수가 없었다. 번역 전문 출판사에 요청하기 위해 편집자에게 전화했는데, 최근에 한국어판이 나왔다고 알려 주었다. 50년 전 발표되어 퓰리처상을 받은 소설이 내가 우연히 관심을 가지게 된 지금 막 번역되었다니! 놀라운 일이다. 곧바로 책을 주문해 단숨에 읽어 버렸다.

몇 년 전부터 이 책을 학생들 독후감 교재로 사용하려 했는데 절판되어 추천하지 못했다. 그런데 최근에 학회 참석차 서울에 머물 동안 광화문 서점에 들러 살폈더니, 다른 번역자와 출판사의 작업으로 다시 출판되어 인기 도서 판매대에 전시되어 있었다. 우연이란 참 묘하다.

소설은 "1714년 7월 20일 금요일 정오, 페루에서 가장 멋진 다리가 무너져 여행객 5명이 다리 아래 깊은 골짜기로 추락했다."라는 구절로 시작한다. 마침 다리를 건너려다가 우연히 그 참사를 멀리서 목격하게 된 주니퍼 수사(修士)는 의문을 품는다. 왜 그 다섯 사람이 하필 그 순간에 그 다리를 건너다가 죽게 되었는가? 왜 내가 아니고 그들인가? 사람이 개미처럼 떨어지는 모습을 보고 그는 생각한다. '이것이 사고일까? 아니면 신의 예정된 뜻일까?'

수사는 떨어져 죽은 다섯 사람의 삶을 추적하며, 한 사람 한 사람의 삶을 분석해 기록했다. 첫째, 그 사람이 얼마나 선했는가? 둘째,

신앙심이 얼마나 깊었는가? 셋째, 사회에 얼마나 유익했는가? 그러나 이러한 기준으로 평가한 결과는 사람의 도덕성이나 신앙심, 사회적 가치와는 무관했다.

못생기고 말을 더듬는 몬테마요르 후작 부인은 미인으로 태어난 딸 클라라를 강박적으로 사랑한다. 하지만 클라라는 어머니의 편집증적 집착을 견디지 못하고 결혼을 구실 삼아 스페인으로 도망친다. 후작 부인은 편지로 딸과의 관계를 유지하며, 마치 정신 나간 사람처럼 바다만 멍하니 바라보며 딸을 그리워한다. 여기서 작가는 모녀 관계, 인간 간의 거리감, 그리고 글쓰기의 본질까지 죽음과 연관 지어 폭넓게 다룬다.

또 다른 희생자 에스테반은 수녀원에서 자란 고아 쌍둥이 중 하나다. 형이 무릎 부상을 제대로 치료받지 못해 죽자 비탄에 빠진 그는 자살을 생각한다. 스페인으로 항해하자는 선장 알바라도를 만나 겨우 삶의 의지를 되찾지만, 이번에는 자신을 키워 준 수녀원장에게 줄 선물을 사러 다리를 건너다가 죽음을 맞는다. 이 밖의 소설 속 다른 희생자도 저마다 고유한 상징성을 품고 있다. 작가는 이들을 통해 스승과 제자, 예술과 현실, 미와 추함, 명예와 허무 등 삶의 이중성과 인간 존재의 덧없음을 시적인 언어로 그려냈다. 그러나 주니퍼 수사의 연구는 하나님의 권위에 대한 도전으로 간주되고, 그는 페루 교구청에 의해 이교도로 몰려 화형을 당한다.

우리 주변 어디에나 있을 법한 평범한 사람들의 삶을 그리는 이 소설은 왜 하필 그 다섯 사람이 희생자여야 했는지에 관심을 둔다.

누가복음 13장 4~5절의 "실로암에서 망대가 무너져 치어 죽은 열여덟 사람이, 예루살렘에 거한 모든 사람보다 죄가 더 있는 줄 아느냐? 너희도 만일 회개치 아니하면 다 이와 같이 망하리라."라는 구절은 죄를 회개하는 데 초점이 맞추어져 있지만, 작가는 같은 구절을 가지고 다른 각도에서 소설의 기본 구도를 잡았다.

우리는 일상에서 갑자기 사고나 질병으로 죽어 간 수많은 사람을 지켜봐 왔다. 언제나 내가 그 사고 속의 인물일 수 있다. 쓰나미로 희생된 수천 명의 일본인, 9·11 테러로 세계 무역 센터 빌딩과 함께 사라져 간 미국의 금융 지식인들, 성수대교와 삼풍 백화점 붕괴로 죽은 학생들, 세월호와 이태원 참사에서 희생된 많은 시민들. 왜 그들은 그 시간, 그 장소에 있었던가?

처음 암을 진단받고 "내가 왜 이런 병에 걸린단 말인가?"라고 탄식하는 환자를 자주 본다. 그러나 병은 누구나 걸릴 수 있다. 중요한 것은 최선을 다해 치료하고 운명을 하나님께 맡기는 것이다. 환자, 직원, 친구, 가족까지 우리가 관계하는 모든 사람과 관심과 사랑의 관계를 맺는 것이 나중에 추억할 수 있는 하나의 열매가, 가슴에 남는 의미가 될 것이다. 우리 가슴 속에 사랑 대신 증오가 자리 잡고 있진 않은지 날마다 돌아볼 일이다.

**

이것은 비단 특정 사고나 사건에만 국한된 이야기가 아니다. 아무런 증상이 없다가 어느 날 건강 검진에서 간에까지 전이된 췌장암이라는 사실을 알게 된 환자에게 "왜 하필 내가 이런 병에 걸리나요? 건강하게 먹고, 바른 생활에, 담배도 피우지 않았는데?"라는 한탄을 드물지 않게 들을 수 있다. 이는 필연이고 예정된 일인가? 아니면 그냥 우발적 사건인가? 남녀 간의 사랑도 마찬가지다. 생판 남이던 두 사람이 우연히 열차 옆자리에 앉게 되고, 대화를 나누다 공통의 관심사를 발견해 몇 차례 만남을 거듭한 끝에 사랑이 싹트고, 결혼해 가정을 이루는 일은 예정된 필연인가, 아니면 우연에 의미를 부여한 것인가?

이 의문을 둘러싸고 수많은 논쟁이 발생했다. 철학이나 종교로 풀어 보아도 답은 손에 잡히지 않는다. 사건에 의미를 불어넣든 잊어버리든, 결국 시간이 지나면서 묻히고 현재를 그냥 받아들이며 살아갈 뿐이다. 나도 젊은 시절 한때는 예정과 운명에 관한 논쟁에 직간접적으로 참여했지만, 언제나 그 논쟁에서는 빨리 빠져나오고 싶었다. 지금도 마찬가지다.

이번 스페인 세계 간 이식 학회에서 가장 눈길을 끄는 발표는 중국계 외과 의사 존 펑의 충격적인 고백이 담긴 「중국의 간 이식 현황」이었다. 그는 미국 간 이식의 메카인 피츠버그 대학교 병원에서 토머스 스타즐과 연구를 주도해 온 인물로, 학술지 《간 이식(Liver Transplantation)》의 편집장까지 맡으며 간 이식계에서 세계적으로 인정받고 있다. 그가 발표한 중국의 간 이식 현황은 대략 이렇다. 중국에서는 1982년 처음 간 이식이 시도되었으나 곧 여러 제약으로 중단되었다가 1993년 재개해 1999년까지 약 250명의 간 이식이 이루어졌다. 이후 중국의 간 이식 시장은 2000년부터 2005년까지 계속 성장하며 1년에 100명 이상 수술이 이루어졌고, 5년 생존율이 80퍼센트 정도로 수술 성적도 세계적으로 손색이 없었다.

그러나 그의 발표는 이 시기 간 이식이 파룬궁(法輪功) 수련자를 비롯한 전국 사형수의 간으로 이루어졌다는 충격적 고백으로 이어졌다. 그는 뒤쪽 칸이 사형 집행 구역과 유리로 칸막이를 둔 장기 획득 구역, 앞쪽 칸은 운전 구역으로 개조된 '장기 버스'까지 사진으로 보여 주었다. 그전까지 간 이식 학회가 열리는 도시마다 중국 인권 운동가들이 찾아와 호텔 앞에서 "반윤리적인 항저우의 외과 의사 OOO를 처단하라."라는 전단을 나누어 주며 구호를 외치는 장면을 자주 보아 왔는데, 이게 사실이었음을 확인한 셈이다. 국제 장기 이식 학회에서도 생명 윤리 위반이 있다는 사실을 알았기에 중국에서 이루어진 연구 발표를 허락하지 않아 중국의 간 이식 실태를 알 수 없었다. 2008년 베이징 올림픽을 계기로 세계적으로 중국 간 이식에 인권 문제가 제기되었다. 이때부터 중국에서는 법적으로 사형수 장기 이식을 금지하는 법률을 정해 장기 이식이 급격히 줄어들었다. 앞으로는 생명 윤리를 지키면서 간 이식을 시행하겠다는 내용을 포함하면서 말이다.

2000년대 중반 우리나라의 많은 말기 간경변 환자가 중간 알선인을 통해 중국으로 가서 간 이식을 받는 선택을 했으나, 올림픽 이후에는 급격히 줄어들었다. 이때 수술을 받고 돌아와 건강하게 살아가는 환자들을 지금도 외래 진료에서 많이 돌보고 있다. 이들은 산 루이스 레이의 다리에서 떨어져 죽은 사람들과는 반대로, 시기를 잘 타고났고 경제적인 여유가 있었기에 살아가고 있다.

과메기처럼 차가운 겨울 들판에 말린 다음 대팻날로 밀어낸 듯 얇게 썬 고급 돼지고기에 올리브유와 향유를 발라 양념을 곁들인 하몽을 포크로 집는다. 강박적으로 사랑하던 딸을 떠나보낸 후 날마다 딸을 그리워하며 대서양 바다를 바라보던 몬테마요르 후작 부인과 알렉세이 레온토비치를 떠올리며 지금 스페인 길거리 레스토랑에 앉아 있는 나의 운명과 예정을 곱씹어 본다. 바쁜 일상을 뒤로 하고 논문 발표를 빌미로 1년에 한 번 열리는 세계 학술 대회에 참석하고자 먼 거리를 날아와 조그만 레스토랑에 앉아 있는 '바로 지금'도 내 선택으로 이루어졌다. 이를 통해 앞으로 일어날 일은 아무도 모른다. 산이 있기에 오르고, 길이 있기에 걷는다. 가는 길에 만나는 사람과 정을 나누고, 서 있는 나무와 꽃을 보면서 아름다움에 감탄한다. 그러다가 폭풍을 만나면 대피하고 피할 수 없으면 주저앉을 것이다.

의사와 전문가 정신

도쿄에서 부산으로 가는 2시간의 비행 동안, 한국 출장차 부산에 온 컴퓨터 전공의 이탈리아 청년과 대화를 나눈 적이 있다. 의과 대학 선호가 두드러지는 대한민국과 비교해 이탈리아에서는 의사의 사회적 위치나 직업적 위상은 어떤지 궁금해 물어보았다. 그는 대체로 중간 정도 된다고 했다. 이어서 이탈리아에서 가장 선호하는 직업은 무엇이냐고 묻자, 무엇이든지 독창적인 아이디어로 독특하고도 독보적인 물건을 만들어 내며, 자신이 주인이 되는 직업을 가장 선호하고 추구한다고 했다. 수입은 적절한 수준만 보장된다면 만족하고, 자신이 상상하는 세계를 구현하며 취미 활동이나 가족과 보내는 시간을 우선시한다는 것이다. 생각해 보면 이탈리아는 그런 삶의 철학이 고스란히 반영된 나라다. 파스타를 포함한 지중해 음식부터 가방이나 패션, 작은 공구나 진공관 앰프와 스피커 같은 오디오 기기까지 세계적으로 명성을 얻고 고가에 판매되는 '명품'이 이탈리아에는 유독 많다.

이탈리아 중북부 도시 볼로냐에는 1,000년의 역사를 자랑하는 볼로냐 대학교가 있고 인근에는 포도밭이 즐비한 시골 도시 모데나와 레조 에밀리아가 있다. 이곳에는 오랜 전통을 바탕으로 미식가들의 입맛을 사로잡는 전통 발사믹 식초 제조 공장이 산재해 있다. 모데나의 발사믹 식초나 치즈와 햄 등의 육가공품은 전 세계 미식가들의 발길을 이끌며, 미식 여행의 주요 목적지가 되곤 한다. 오랜 시간 숙성된 명품 발사믹 식초는 고가로 수출되며, 이 비법은 대를 이어 전수되고 후손들은 이를 익혀 가업을 잇는다. 볼로냐 인근 작은 도시 마라넬로에는 페라리 사가, 여기서 멀지 않은 산타가타 볼로녜제에는 람보르기니 사가 있다. 이들은 모두 조그만 시골 도시의 작은 기업이다. 무엇보다 장인 정신이 깃들어 있다는 느낌이 강하다. 이렇게 이루어진 작은 명품 공장은 대대로 후손들에게 이어진다.

우리나라의 도예 기술은 빗살무늬 토기에서 시작해 고려 청자, 조선 백자, 분청 사기 등으로 다양하게 발전해 왔다. 그 기예는 이탈리아 못지 않을 정도로 깊고 심오하다. 과거뿐만 아니라 현대에도, 은은하고 심오한 빛을 발하는 도자기를 흙으로 빚고 구워내는 과정에는 장인 정신이 필요하다. 오랜 시간 정성들여 빚고 가마에서 구워낸 완성품이 일정 수준에 미치지 못했거나 작은 흠결이라도 있으면

도공은 미련 없이 도자기를 깨 부수어 버린다. 이탈리아 명품을 만들어 내는 사람들뿐만 아니라 도예가를 비롯해 다양한 산업체 현장에서 일하는 우리나라의 유능한 전문가들 역시 장인(master)이다. 그렇기에 이제 한국산이라는 표시가 붙은 제품은 믿고 살 수 있다.

우리나라도 삶의 질을 추구하는 방향은 비슷하지만, 이를 펼칠 수 있는 환경은 다르다. 대기업 위주로 성장해 온 우리나라에서는 잘 나가는 대기업에 취직하는 것이 젊은이의 꿈이었다. 뛰어난 성적을 보이는 젊은이들이 대기업에 매진하고 자기 시간을 갖기 힘든 시스템에 적응하려 노력하다 조기에 그만두는 경우도 많이 볼 수 있다. 요즘에는 삶의 균형과 안정적인 노후를 생각해 대기업보다 일 자체를 실현하는 가치는 좀 떨어지더라도 공무원을 향한 열기가 뜨겁다. 문과의 우수 인재들은 사법, 행정, 외무 고시를 거쳐 고위 공무원을 추구하고 이과의 우수 인재들은 전문직을 추구하고 그중에서도 의사를 가장 선호한다.

우리나라에서 자주 사용하는 단어 전문직(professional)은 장인보다는 주로 성직자, 법률가, 약사 혹은 의사를 일컫는다. 장인과 전문가는 어떻게 다를까? 장인은 대부분 예술이나 크든 작든 제조업에 종사하고 공식적인 자격증을 필요로 하지는 않는다. 대중의 평가에 의존하고 윤리 강령 같은 것은 없다. 하지만 전문직 종사자는 그 대상이 물건이 아닌 사람으로 자격증이 필요하며 장인과는 다른 고도의 윤리를 요구하는 직종이다. 그러기에 자체 윤리 강령과 자체 징계 위원회를 두고 있다. 엄격한 윤리 교육을 받았더라도 그 선을 넘어 사회적 물의를 일으키는 경우를 흔히 볼 수 있다.

생명 과학을 바탕으로 의학 공부에 매진하는 젊은 의학도들은 어떤 생각을 품고 있으며, 그들이 살아갈 미래는 어떨까? 의사는 어떻게 전문가 정신을 발휘하면서, 사회에서 인정받으며 살아갈 수 있을까? 이 질문에 대한 통찰을 제공해 주는 「의사의 전문가 정신(Surgical Professionalism)」이란 제목의 흥미로운 논문이 있다.[1] 이 논문에서 저자들은 다음과 같은 점을 강조한다.

첫째, 의사는 환자의 신뢰를 얻어야 한다. 이를 위해 전공 영역에서 탄탄한 의학 지식과 경험을 바탕으로 객관적이고 신뢰할 수 있는 진단과 처치를 내릴 실력을 갖추어야 한다. 진단이든 처치든 자신의 전문 영역을 비전문가인 환자가 잘 이해하도록 돕고, 환자가 기꺼이 자신의 몸을 맡기게 할 정도로 설득해야 한다.

둘째, 동료 의사들에게도 인정받아야 한다. 진단과 치료 방침을 정하는 회의나, 합병증 또는 사망 사례를 분석하는 집담회에서 자신의 견해를 논리적으로 개진하고 타당성을 입증해야 한다. 수년간 다양한 환자나 주제에 대해 토의하다 보면 자신의 역량과 밑천이 자연스럽게 드러나게 되어 있다. 특히 외과는 매월 갖는 사망 사례 집담회에서 합병증이나 사망에 이르는 과정, 수술의 적절성과 이후 관리의 정당성을 논리적으로 설명하고 잘 방어해 동료 선후배 의사들을 설득할 수 있어야 한다.

셋째, 자신이 진료하거나 연구한 데이터를 학회에서 발표하거나 논문으로 정리해 전문 분야 동료들로부터 평가받는 과정을 거쳐야 한다. 심사는 때로 혹독한 비판을 수반하며, 이 과정을 통해야만 저명한 의학 학술지에 실릴 수 있고 진정한 실력을 인정받을 수 있다. 이 단계에서는 개인적인 공명심으로 데이터를 조작하고 싶은 유혹에 직면할 수도 있다. 그러나 의료 전문가는 공학이나 예술 분야와는 달리 그 대상이 사람이기에 더 높은 차원의 윤리 의식을 겸비해야 한다. 유혹을 이기지 못하고 데이터를 조작해 전문가 집단뿐만 아니라 대중에까지 공개적으로 망신당하는 사례를 종종 볼 수 있다. 그렇다고 동료 평가(peer review) 없이 숨어서 혼자 진료를 지속한다면 객관성과 균형을 상실한 왜곡된 진료로 이어질 수 있다. 동료 집단이나 공공의 감시가 느슨한 기관에서는 제약 회사나 의료 장비 회사의 유혹이 언제나 도사리고 있으며, 리베이트 사건으로 형사 처벌을 받는 사례도 종종 발생한다.

이런 면에서 보면 의사는 장인과는 달리 이중으로 평가받는다고 할 수 있다. 공인된 자격증은 기본이고 진료에 있어서 첫 번째는 그가 진료한 환자들로부터, 두 번째는 작성한 연구 논문이나 평판에서 동료 및 대중의 평가를 받는다. 그러기에 의사는 자신의 분야에서 장인 수준으로 역량을 길러야 하고, 진료함에 있어 환자의 눈높이에서 교감하며 탁월한 진료를 행해야 한다. 또한 같은 전문 직종의 동료들로부터 좋은 평가를 받는 데에도 소홀히 할 수 없다.

윤리 문제와 별개로 의사의 조그만 과실로 빚어진 의료 사고에도 법원에서는 의사 면허 취소나 실형이라는 가혹한 형벌을 내리곤 한다. 하지만 그것이 인간이기에 어쩔 수 없이 빚어진 불가피한 실수였는지, 또는 고의적 과실에 가까운 범죄였는지 기준이 명확히 구분되어 법적 판단이 적용될 때 건강한 의료가 구현될 것이다. 의사에 내리는 형벌이 기하급수적으로 늘어나는 현실에서는, 의사는 자연스럽게 방어적 진료를 할 것이다. 그러면 고도의 윤리를 의식하더라도 환자에게 최상의 진료를 위해 위험이 수반될 수 있는 어려운 시술이나 수술은 피하려 할 것이다. 대신 위험이 적고 쉽게 반복할 수 있는 길을 선택할 것이다.

의사에 대한 일반 국민의 인식은 어떨까? 2017년 서울 대학교 의과 대학 이진용 교수의 연구에 따르면 의사, 변호사, 금융인 등 전문직 직업군 가운데 보건 의료 직업군(의사, 약사, 간호사)의 신뢰도가 전반적으로 높았으며, 그중에서도 의사가 가장 높은 것으로 나타났다. 의사를 떠올렸을 때 연상되는 이미지 또한 긍정적인 경우가 많았다. '치료, 신뢰, 전문성, 깨끗함, 존경, 엘리트, 구세주, 천사' 등을 언급한 비율이 58.2퍼센트로 절반을 넘었다. 중립적 이미지를 언급한 비율은 27.8퍼센트였으며, '권위적, 의료 사고, 과잉 진료, 불친절, 냉정, 도둑놈, 장사꾼' 등 부정적 이미지를 떠올린 응답자는 14퍼센트로 낮았다.[2]

통계 자료는 아니지만, 의사에 대해 '인품이 훌륭하다, 희생적이다, 베푼다, 존경스럽다' 라는 긍정적 평가와 더불어 '똑똑하다, 잘산다, 거만하다, 바쁘다'는 다소 곱지 않은 시각이 혼재되어 있다.

한편으로는 정부의 의과 대학 증원 정책으로 의료 체계가 격변기를 맞이하면서 의사와 국민 간 신뢰가 훼손되었고, 이를 바라보는 젊은 의사들의 우려가 커지고 있다. 2024년 6월 《메디컬 타임즈》가 전공의와 의대생들을 대상으로 시행한 설문조사에 따르면, 응답자의 90퍼센트에 가까운 이들이 의사에 대한 국민 인식이 부정적이라고 답했다.[3] 이는 의대 증원 정책을 일방적으로 밀어 부치는 정부를 거부하며 행동으로 저항했던 젊은 의료인들이 여론의 뭇매를 맞아 깊은 상처를 입었기 때문으로 여겨진다.

의정 갈등 사태가 발생한 지 1년 이상 지나면서 이 사태에 정부의 여론전 측면이 있었다는 사실과 그 내부 실태가 많이 알려지면서 의사에 대한 국민 인식은 다소 회복된 것으로 보인다. 앞으로 새 정부와 의료계 지도부가 이 사태를 어떻게 풀어 가느냐에 따라, 미래 의료를 책임질 젊은 의학도와 전공의들의 장래뿐만 아니라 국가 의료 체계의 성패도 결정될 것이다.

의사 스스로 자긍심을 가질 수 있도록 신뢰를 회복하는 것이 무엇보다 중요한 과제다. 부정적 시각을 불식시키고 환자나 동료, 나아가 사회로부터 신뢰와 존경을 얻기 위해서 의사는 전문가 정신으로 무장해야 한다. 뛰어난 젊은 인력이 대기업, 공무원, 그리고 의사를 지향하는 우리나라의 미래는 밝다고 할 수 없다.

우리도 이탈리아처럼 비록 작은 영역일지라도 창의적인 자신만의 세계를 실현해 가는 전문가가 곳곳에 자리 잡는다면 더욱 건강하고 튼튼한 사회가 될 수 있을 것이다. 의사들도 장인의 경지에 이를 정도의 지식과 의술을 갖추고, 고도의 윤리 의식을 가지고 자신을 찾는 환자에게 최상의 진료를 베푼다면 냉소적인 비난 대신 의사 집단을 신뢰하고 존중하는 사회가 될 수 있을 것이다. 국가는 이를 위해 법적 뒷받침을 해 주었으면 좋겠다.

무너진 필수 의료

대학 병원에서 외과나 흉부 외과, 산부인과처럼 전공의 지원자가 절대적으로 부족한 이른바 비인기과 교수들의 걱정은 이만저만이 아니다. 외과 전공의는 교수들의 수술을 보조하고, 수술 후 근접 치료를 담당하며, 미래의 유능한 외과 의사로 성장해 나가는 길목에 선 이들이다. 그러나 최근에는 전공의 정원을 절반도 채우지 못해 많은 수술에서 그 빈 자리를 전담 간호사나 보조 인력으로 대체해 왔다. 하지만 보조 인력은 말 그대로 보조 역할에 국한될 뿐, 시시각각 변하는 중환자의 상태를 파악하고 적절한 처치를 하는 인력은 아니다. 그 역할은 교수도 전담 간호사도 수행할 수 없다.

현실적으로 당직을 서면서 환자의 위기 상황에 빠르고 적절하게 대처하는 인력은 전공의다. 교수는 어려운 수술의 큰 그림을 그리고 직접 집도하며, 수술 후에는 변하는 상황에 따라 적절한 검사와 처치를 지시하고 감독할 뿐이다. 환자의 상태 변화에 따라 적절한 약과 용량을 처방하고 간호사에게 정확히 주입할 것을 실제로 지시하는 역할은 전공의가 담당한다.

"필수 의료와 멀어질수록 편하고 수입이 많다."라는 말은 어제오늘의 이야기가 아니다. 필수 의료란 생명 유지에 필요한 감시와 처치를 요하는 분야를 말하며, 이는 중환자를 다루는 힘든 일인데도 그만큼의 보상은 부족하다는 뜻이다. 전공의 지원율이 낮은 과는 대체로 중환자를 다루는 과들이다.

1989년 전 국민 의료 보험 시대가 시작된 지 30년이 지났다. 그동안 인구 대비 의사가 부족하다는 지적에 따라 의과 대학 정원이 대폭 확대되었고, 매년 배출되는 의사 수도 2배 이상 늘었다. 이에 따라 각 진료과의 전공의 정원도 늘었으나 외과에 지원하는 인원은 계속 줄어드는 상황이다. 최근에는 유수의 국립 의과 대학 부속 병원을 포함해 외과 지원자가 한 명도 없는 사태가 매년 이어지고 있다. 반면 이른바 인기과에는 전공의 정원의 3~4배에 달하는 지원자가 몰리며 재수, 삼수도 보통이다. 인기과와 이른바 메이저 수술과로 불리는 비인기과의 구분은 확연하다. 인기과는 4년 과정을 수월하게 마치고 전문의가 되면 높은 수입을 기대할 수 있는 반면, 비인기과는 전공의 과정이 힘들뿐더러 갖은 고생을 다 해 마쳐도 취업이나 개원이 녹록치 않다. 특히 비인기과는 환자의 생명을 직접 다루는 만큼 의료 사고의 책임과 위험이 더 많이 도사리고 있다.

최일선에서 환자를 돌보는 의사가 절대적으로 부족한 상황에서 중환자가 줄어들지 않는다면 어떤 일이 벌어질까? 생명이 외과 의사의 손끝에 달린 심장 질환자나 암 환자를 돌볼 의사가 모자라면 위급한 상황에서 적절한 처치가 이루어지지 못한다는 사실은 삼척동자도 알 수 있다. 보건복지부나 관련 정책 당국자는 이 사실을 잘 알고 있음에도 이런 현실을 의료계 내부 사정이라고 언제까지나 내버려 둘 심산인가?

2010년 8월 말, 외과 주임 교수 겸 과장으로 나의 직속 상관이었던 K 교수님이 임기 6개월을 남겨 놓고 사임했다. 4년 차 전공의 4명이 전문의 시험 준비를 위해 일선에서 물러나는 9월부터는 인력을 꾸려 가기가 쉽지 않게 되었다. 그 빈자리를 어떻게 채울 것인가? 나는 수술실 전문 간호사를 훈련시킬 계획으로 병원 당국에 전담 간호사 증원 신청을 했으나 거절당했다. 나는 그렇다면 주임 교수를 맡지 않겠다고 했다. 주임 교수 공백으로 병원 과장 회의에 참석자가 없어 중요 사안 논의나 전달 사항에 차질이 생기자 마침내 2명의 전담 간호사를 배치해 주겠다고 해 주임 교수 및 외과 과장을 맡게 되었다.

주임 교수를 맡고 외과를 꾸려나가기 위해 젊은 교수들과 아무리 머리를 맞대고 논의해도 문제가 풀리지 않았다. 정원 16명이 모두 차 있을 때는 최소한 2명의 전공의가 병원에서 당직을 서며 환자들을 돌볼 수 있었는데 이제 연차별로 전공의는 1명씩밖에 없어 총 4명

뿐이다. 야간 당직이 가장 큰 문제다. 최소한 전공의 2명이 당직을 서야 80~100명의 입원 환자, 10여 명의 중환자, 그리고 야간 응급 환자를 수술하고 대처할 수 있다. 그러나 이제는 전공의 1명과 교수 1명이 병원에 머물면서 당직을 서야 하는 상황이 되었다. 이런 의료 현장의 문제를 해소하기 위해 선결해야 할 최소한의 사항을 제안한다.

첫째, 힘들고 어려운 일을 하는 만큼 보상이 이루어져야 한다. 의료 보험 급여 정책에 변화가 필요하다. 어려운 수술에 대한 의료 보험 수가가 턱없이 낮다. 사람의 수술비가 동물보다 낮다. 인명보다 동물의 생명이 더 가치 있다는 말인가? 난이도 높은 수술에 대한 보험 수가는 간단한 약 처방이나 대증 치료(symptomatic treatment)보다 상식선에서 납득할 수 있는 수준으로 조절되어야 한다.

둘째, 전공의 수급 방식을 바꿔야 한다. 외과 계열에도 이른바 인기과가 있다. 급박하게 생사를 다루는 시술을 하지 않는 과들이다. 하지만 때로는 외과에서 응급 중환자를 처치하는 기법을 몸에 익혀 두어야만 하는 과이기도 하다. 그렇다면 외과 계열의 전공의 수련을 1~2년 공동으로 진행한 후 전공과를 선택하도록 하면 된다. 외과계 전공의 지원을 공동으로 받아 기본 수술 기법을 익힌 후, 일부만 외과나 흉부 외과 등 중환자를 다루는 전문의 과정을 밟도록 하면 된다. 실제로 흉부 외과나 외과에는 전문의가 그만큼 필요하지 않기 때문에 전문의 자격증을 받고서도 일반 의원을 개원하는 사례가 많다.

의료계 내 전문의 수급 불공정을 하루빨리 시정해야 국민의 생명을 담보로 한 전공의 지원 불균형이 해소되고, 미래의 유능한 외과 의사들이 끊임없이 배출될 수 있다. 명절 연휴에 중환자를 돌보며 병원을 지키는 소수 전공의의 "우리가 환자를 지키겠습니다."라는 결의를 보면서 숙연해진다. 이사야 42장 3절의 "상한 갈대를 꺾지 아니하며 꺼져 가는 등불을 끄지 아니하고 진리로 공의를 베풀 것이라."라는 구절을 말하며 이 현실을 잘 이겨 내라고 언제까지 다독거려 주기만 할 수는 없다.

한국 의료의 도약과 도전

2006년 9월 초 2년마다 열리는 세계 간담췌 외과 학회가 스코틀랜드 에든버러에서 열렸다. 전문가 1,700여 명이 참가하는 큰 학술 대회였으며, 한국에서도 많은 전문가가 참석해 활발히 발표하고 의견을 교환했다. 간 이식을 비롯해 우리나라 간담췌 외과의 수준을 평가하고 미래를 설계할 소중한 기회였다. 간 이식을 포함한 간 수술 분야에서 대한민국의 의료 수준은 10여 년 전만 하더라도 일본과 상당한 격차가 있었으나 경제력 향상과 함께 이제는 세계 어디와 비교해도 절대 뒤처지지 않는다는 것이 우리나라 참가자들의 공통적인 의견이었다.

이 학술 대회는 2년마다 유럽, 아시아-오세아니아, 남북아메리카 지역을 순환하며 개최된다. 8년 후에는 아시아-오세아니아 지역에서 열릴 예정이며, 우리는 이를 유치하기 위해 물밑에서 치열한 경쟁을 하고 있다. 초일류 국가의 컨벤션 사업은 문화 경제적 이득과 더불어 전문가 집단에 미치는 영향력과 관련 산업의 발전까지 그 파급력이 대단히 크다. 차기 대회 개최지를 결정하는 평의회에서는 개최지의 제반 여건을 우선 고려하고 그다음으로 해당 국가 전문가들의 능력을 평가한다. 여러 상황을 종합하면 우리나라가 유치할 가능성이 크지만, 최근 급격한 성장을 구가하는 중국과 경쟁하는 처지다.

이 문제를 고민하면서 자연스럽게 중국, 특히 홍콩과 비교하게 되었다. 홍콩에서 온 젊은 로니 푼(Ronie Poon) 교수가 현란한 수사법으로 내로라하는 대가들의 귀를 쫑긋 세우게 하는 강연을 컨벤션 센터의 중심부에 앉아 들으면서 나는 우리나라의 교육 문제를 다시금 떠올렸다. 홍콩과 싱가포르는 어릴 때부터 자연스럽게 영어를 익힌다. 대학 졸업 후 자신의 능력을 마음껏 발표하는 행운을 누리고 있지만, 이것은 그의 중고등학교 교육에 힘입은 것이다. 우리처럼 하향 평준화 교육이 아니라 학생 개개인의 능력을 마음껏 발휘할 수 있는 환경에서 성장한 덕분에 그는 전문의, 의학 연구자로서 본격적으로 활약하게 되었다. 그는 명석한 두뇌와 탁월한 아이디어를 지닌 유능한 외과 의사다. 한편 또 다른 중국인은 집행 위원회 평의원으로 활동하며 이 학술 대회의 자국 유치를 꾀하고 있다.

공교육을 바로 세우기 위해 대학 본고사를 없애고 고등학교 내신 성적으로 학생을 선발하는 정책이 시행되면서 도리어 사교육이 몇 배나 더 성행하게 되었다. 부모들은 아이들의 뒷바라지를 위해 가계 지출의 상당 부분을 사교육비에 털어 넣으면서 자신의 행복을 추구할 시간적, 재정적 여유를 잃고 있다. 중산층 가정에서 가계 지출의 한 축은 아파트 담보 대출금 상환이며 다른 한 축은 자녀 교육이다. 자녀 교육과 대출금 상환을 끝내고 나면 인생의 황혼기에 접어드는 것이 오늘날 중산층의 현실이다.

부모의 희생으로 십수 년간 공교육과 사교육을 거쳐 우수 학생으로 인정받아 의과 대학에 입학한 학생들은 또다시 수동적인 자세로 고등학생 때와 별로 차이가 없는 지식 주입형 교육을 받고 있다. 최근에는 의과 대학에서도 새로운 교육 방법론을 도입해 학생이 자발적으로 자료를 찾아 발표하거나, 실제와 비슷한 상황을 설정해 대처 능력을 평가하는 방법을 채택하기도 한다. 그러나 고학년이 되어 임상 실습에 나가면 지식과 경험을 바탕으로 어떤 문제에 대한 답을 요구받았을 때 제대로 표현하지 못하는 의대 학생이 많다. 특히 생활 환경과 사고 방식이 다른 외국인들과 영어로 발표하고 토론해야 하는 국제 학회에서는 더욱 큰 어려움에 직면한다.

대한민국의 건강한 남성이라면 대학 재학 중이나 졸업 후 2~3년간 병역 의무를 마쳐야 한다. 의과 대학을 졸업한 경우라도 예외는 아니며, 3년간의 병역 의무로 학문적인 성취를 위한 여정이 중단된다. 의사 수가 3배로 늘어났음에도 똑같은 기간을 봉사하고 있다. 젊은 시절 자신의 역량을 충분히 발휘할 기회인 3년이란 기간을 잃고 있는 현실이 안타깝다. 최근에는 많은 의대생들이 3년 장기 복무의 의무 장교 대신 2년 이하로 복무를 마칠 수 있는 일반 사병을 지원하고 있다. 정치권에서도 군의관 복무 기간을 줄이는 입법을 준비하고 있다니 다행이다.

현재 대한민국의 GDP는 세계 10위권에 진입해 있다. 세계 속의 한국이 진정한 정상 궤도에 올라서려면 세계인과 생각과 경험을 자유롭게 교류할 수 있는 능력이 필수적이다. 세계 간담췌 외과 학회에서 느낀 이 문제는 특정 학문 분야를 넘어 다른 모든 분야에도 공통으로 적용할 수 있을 것이다.

점진적으로 조기 영어 교육이 이루어지는 현 상황은 다행이지만, 사교육에 의존해서는 건강한 교육 환경을 구축하기 어렵다. 중고등학교 교육은 외국처럼 더 많은 체육 활동과 문화 시민으로 살아갈 수 있는 문화 예술 활동에 더 역점을 두어야 할 것이다. 그래야 대학교에서 튼튼한 체력을 바탕으로 학문 연구에 전념할 수 있다. 어릴 때부터 모국어뿐만 아니라 영어로 자기 생각과 지식을 발표할 수 있는 조기 영어 교육이 정착되어야 하며, 사교육이 아닌 공교육을 통해 아이디어를 많이 축적하는 중고등학교 시스템 구축이 그다음이다. 대학교에서는 자율적으로 독서와 학문에 전념하며 활발히 토론하는 분위기를 만들어 가야 할 것이다.

아울러 병역 의무 기간과 방법을 합리적으로 조정해 젊은 인재들이 자신의 능력을 고양할 수 있도록 노력해야 한다. 직장에 진출한 후에는 자신의 능력을 마음껏 발휘할 수 있는 자유로운 조직 문화를 조성하는 것도 필요하다. 이러한 변화는 일류 국가로 진입할 바탕이 될 것이다.

에든버러는 옛 스코틀랜드 왕국의 수도로, 천 년이 넘는 역사를 자랑하는 에딘버러 성을 중심으로 수백 년 된 건물이 거리에 즐비해 도시 전체가 세계 문화 유산으로 지정될 정도로 아름다운 풍광을 자랑한다. 공해 하나 없이 쾌적한 환경 속에서 말끔히 정돈된 거리에 자리 잡은 컨벤션 센터는 외관은 그리 크지 않아 보이지만, 많은 인원을 수용할 수 있도록 기능적으로 디자인되어 있었다. 중심에는 수천 명이 들어갈 수 있는 중앙 강당이 있고, 좌우 대칭 구조로 3층까지 다양한 크기의 회의장과 연결되는 등 놀라움을 자아냈다. 우리나라 몇몇 컨벤션 센터가 외형에 비해 기능적으로 편리하지 않음을 보아 왔던 나에게는 무척 부러웠다. 편리성뿐만 아니라 아름답고 편안한 조명, 세련된 로고 디자인, 내용이 충실하면서도 참가자에게 여유를 줄 수 있도록 운영된 프로그램은 누구에게나 좋은 학술 대회라는 인상을 받게 했다.

컨벤션 사업은 고부가가치를 창출하는 산업일 뿐만 아니라, 학술 대회가 성공할지 여부를 좌우하는 핵심 요소다. 성공적인 국제 학회를 위해서는 참석자의 호기심을 끌 수 있는 역사적, 문화적인 전통을 바탕으로 편리한 교통, 쾌적한 숙박, 훌륭한 음식에 세계 각국에서 온 참석자의 마음을 움직이는 지역민의 친절한 태도까지 있어야 한다. 이러한 외적 구성에 더해 학술 대회의 내용이 충실하다면 그야말로 화룡점정이 될 것이다.

우리나라의 역사와 문화가 규모 면에서 유럽에 비해 작다는 사실은 부정할 수 없다. 그러나 우리의 문화 유산에는 소박하면서도 깊이 있는 한국의 미가 남아 있다. 기가 질릴 정도로 웅장하고 거대한 서구 기독교 문화와는 다른, 인간적이고 따뜻하며 정감 어린 한국 문화와 그 속에서 살아가는 성실하고 활기찬 한국인의 모습에 반한 사람도 많이 보았다. 국가의 부(富)와 품격 있는 문화의 조화를 꿈꾸며, 교육, 정치, 경제, 건설, 문화 정책이 어우러진 새로운 컨벤션을 생각해 본다.

∗∗

세계적인 간 이식 권위자인 서울 아산 병원 외과 이승규 교수가 위원장을 맡은 '2014년 세계 간담췌 외과 학술 대회 유치 위원회'는 2008년 인도 뭄바이 대회에서 유치에 성공했다. 이승규 교수는 대회 위원장까지 맡아 세계 각지에서 3,000여 명이 참가할 역대급 행사를 치르게 되었다. 이를 계기로 한국 간담췌 외과의 역량은 간 이식, 복강경 및 로봇 수술 등을 중심으로 세계 무대에서 두각을 나타내며 확고히 자리매김했다.

2011년에는 한국 간담췌 외과 학회 춘계 학술 대회를 영어 발표로 진행했다. 한국 간담췌 외과 학회지도 영문화했다. 반발도 많았지만, 회장이었던 서울 대학교 의과 대학 김선회 교수의 비전과 온화하면서도 강한 의지가 이를 가능하게 했다. 당시 학술 대회에 참가한 인원 400여 명 중 대부분이 한국인이었고 외국인은 간 이식 수술을 보러 온 젊은 연수자 몇 명 정도가 전부였다. 한국 사람들 앞에서 좌장도 발표자도 질문자도 모든 과정을 영어로 진행했다. 내 기억으로 외국인 질문자는 한 사람도 없었다. 서로 잘 아는 사이인데 익숙하지 않은 영어로 진행하려다 보니 조금은 어색하고 세밀한 소통에 어려움이 있었지만, 내용을 이해하고 교감하는 데는 별로 불편함이 없었다. "걱정했던 것보다 잘 된 것 같아." 학술 대회를 마친 후 이사회에서 진행한 평가회에서 김선회 회장은 만면에 미소를 띠며 말했다. 가지 않은 길을 개척하는 지도자는 늘 기대와 걱정을 함께 할 수밖에 없는 것이다.

**

그로부터 13년이 지난 2024년 한국 간담췌 외과 학회 국제 학술 대회 및 60차 정기 학술 대회가 '간담췌 주간 2024(HBP Surgery Week 2024)'라는 이름으로 3월 20일부터 4일간 열렸다. 한국인 등록자는 410명, 발표가 286개 사례였고, 외국인 등록자는 225명, 발표가 476개 사례로 외국인 발표가 더 많은 명실상부한 국제 학술 대회로 성장했다. 동남아시아뿐만 아니라 유럽과 북아메리카에서도 전공의가 많이 참석했다. 예전에는 우리나라 의대생, 전공의, 간호사 들이 병원별로 삼삼오오 모여 발표장과 전시장을 돌아다녔는데 이번에는 대부분이 교수였고 학생과 전공의는 찾아볼 수 없었다. 그들이 정부의 의대 정원 증원 발표에 저항하며 학교와 병원을 떠났기 때문이다. 한국인보다 외국에서 온 참가자가 더 많다. 젊은 교수 중에도 학생과 전공의를 대신해 병원을 지키느라 참석하지 못한 이가 많아 안타까움을 더했다. 잔칫집에 외빈은 많은데 정작 주인이 자리를 비운 격이다. 그런데도 학술 대회는 매우 성공적으로 진행되었다. 최신 추세를 반영한 주제와 알찬 프로그램 덕분에 외국인 참가자들은 연신 "원더풀!"을 외치며 높은 만족감을 드러냈다.

    1980년대 이후 많은 한국 의사가 미국이나 일본 등으로 장단기 연수를 떠나고, 세계 학술 대회에 부지런히 참석하며 선진 의학을 배워 왔다. 지금도 그 흐름은 이어지고 있다. 하루가 다르게 변하는 의료 기술과 정보를 배우지 않으면 발전은커녕 퇴보하기 때문이다. 해외 연수와 국제 학술 대회를 통해 새로운 정보와 연구 아이디어를 얻고, 현장에 돌아와 이를 어떻게 도입하고 연구할지 고민하며 한 걸음씩 나아간 결과 오늘날의 세계적인 한국 의료로 발전하게 되었다. 이제 한국에서 열리는 학술 대회에 전 세계에서 참가하려는 열기가 30년 전 우리나라 의사들이 세계 학회에 참석하고자 했던 열정에 비견될 만하다. 미래를 바라보며 꾸준히 준비해 온 학술 단체 임원들의 노력으로 맺은 결실이다.

    이처럼 한국에서 시작된 의학 학술 대회도 국제화에 성공하며 새로운 위상을 세워 가고 있다. 높은 의료 수준과 개방적이면서도 영어로 소통이 가능한 분위기 속에서 의료 기술을 배우기 위해 많은 외국인이 장단기 연수를 오고 있다. 그 범위는 동남아시아뿐만 아니라 미국과 유럽, 오스트레일리아 및 남아메리카까지 다양하다. K-팝을 비롯한 한국 문화, K-컬처가 세계적으로 확산되는 현상과 함께 한국 의료도 국제화에 성공했다.

한국의 의료 황금닭을 더 키우려면

의대생들은 모두 휴학계를 내 학교에 나오지 않고, 전공의들은 사직서를 내고 병원을 떠난 지 3주가 지났다. 봄은 왔지만, 의과 대학 건물에는 냉기가 감돌고 암 환자들은 소리 없는 아우성이다. 정부는 보건복지부 차관을 앞세워 내일까지 복귀하지 않으면 전공의 면허를 3개월 정지하겠다고 연일 겁박 중이다. 전공의 공백으로 마취가 원활하게 이루어지지 않아 나는 병원에 머물며 환자를 진료하고 수술을 최소한으로 줄였지만, 마음은 착잡하기만 하다. 고위 공무원과 대통령이 휘두르는 전횡(專橫)으로 전공의 수련 생태계와 의학 교육이 파괴되는 현실이 안타깝다.

미국《뉴스위크(Newsweek)》가 발표한 2024년 '아시아 태평양 최고 전문 병원 순위'에서 국내 병원이 9개 분야 중 6개에서 1위를 차지했다.[1] 이는《뉴스위크》가 글로벌 시장 조사 기관인 스태티스타(Statista)에 의뢰해 아시아 태평양 지역 9개국(한국, 일본, 호주, 인도, 인도네시아, 말레이시아, 싱가포르, 대만, 태국) 의료진 8,000여 명을 대상으로 설문 조사한 결과다. 이는 아시아 태평양 지역 주요 국가 전문가들이 우리나라의 의료 인력, 기술과 인프라 수준을 최고로 인정했다는 뜻이다. 필수 의료 분야에서 한국 의료가 최고 수준이라는 객관적 평가를 받은 셈이다.

한국의 의료 서비스는 2024년 기준 세계 2위다. 2017년과 2018년에는 2년 연속 세계 1위에 올랐지만, 2019년부터 대만에 밀려 아쉬움을 남기며 5년 연속 세계 2위 자리를 유지하고 있다.

2024년 의료 서비스 순위는 다음과 같다.

1. 대만 86.0점
2. 한국 82.7점
3. 일본 79.3점
4. 네덜란드 78.9점
5. 프랑스 78.1점

그 외에 영국은 18위, 독일은 23위, 중국은 34위, 미국은 38위에 자리하고 있다.[2]

경제 협력 개발 기구(Organisation for Economic Co-operation and Development, OECD)에 따르면 한국의 기대 수명은 83.6세로 세계 3위다. 1위는 일본으로 84.6세, 2위는 스위스로 83.9세다. 반면 인도는 70.2세, 중국은 78.1세, 미국은 중국보다 낮은 76.4세에 머물러 있다.

미국은 의료 양극화와 의료 서비스 사각 지대라는 두 독감을 앓느라 세계 최강국이자 세계 최부국의 자존심이 상할 대로 상했지만, 백약이 무효다. 버락 오바마 대통령이 8년 동안 고군분투했으나 개혁에 실패했다. 방법은 딱 하나, 박정희식 건강 보험 제도를 도입하는 것이다. 과거 고국의 일가친척을 측은하게 바라보던 미국 교포들조차 이제 여차하면 한국으로 의료 관광에 나선다. 항공료와 관광비를 제해도 이득이며, 덤으로 한국말도 마음껏 쓸 수 있다. 나도 미국에서 온 담석증 환자를 여럿 수술했다.

앞의 자료를 종합해 보면 한국은 최단 기간에 이룬 눈부신 경제 성장의 성과를 의료 서비스에 관한 한 역시 최단 기간에 가장 공평하게 분배했다는 결론에 이른다. 성장도 1위, 분배도 1위! 국내에 갇혀 체감하지 못하지만, 객관적 데이터로 타국과 비교했을 때 드러나는 자랑스러운 우리 업적이다.

1977년 박정희 정부에서 도입한 의료 보험은 2000년 김대중 정부의 도농(都農) 의료 일원화로 이어지면서 한국은 남녀노소, 빈부에 무관하게 양질의 의료 서비스를 받게 되었다. 국민개보험(國民皆保險)의 원칙, 곧 전 국민의 의료 보험 가입이라는 제1원칙과 보험료 소득 비례제라는 제2원칙에 바탕을 둔 원대하고 빛나는 계획으로 탄생한 박정희의 의료 황금닭을 역대 정부가 잘 지키고 더 키운 덕분이다.

그러나 법립폐생(法立弊生, 법을 세우고 나면 폐단이 생긴다.)이란 사자성어처럼 아무리 좋은 제도라도 시간이 지나면 상황과 조건이 달라지면서 모순이 드러나게 마련이다. 이것을 고치거나 보완하는 일을 개혁(改革)이라 한다. 노무현 정부는 한국 의료 황금닭의 두 가지 고질병을 알았다. 그중 하나는 개혁에 성공했지만, 다른 하나는 실패했다.

세계 최고 수준의 인천 국제 공항이 위치한 영종도에 세계 최고 수준의 병원을 설립하고 유치하려던 개혁은 귀족 의료니, 영리 병원이니 하는 사이비 명분론에 밀려 노무현의 지지 세력에 의해서 좌절되었다. 그러나 김근태 당시 보건복지부 장관이 조용히 밀어붙인 개혁은 아무런 저항 없이 성공했다. 그의 혜안과 뚝심 덕분에 5대 중증 환자는 의료비 부담을 30퍼센트에서 5퍼센트로 낮출 수 있었다. 대한민국은 가난한 중증 환자도 높은 수준의 5년 이상 생존율을 자랑한다. 그전에 단행된 김대중 정부의 의약 분업도 아쉬운 점이 없지 않지만, 그런대로 성공작이라 할 만하다.

2024년 2월 윤석열 정부는 20년 이상 동결되었던 3,058명의 의대 입학 정원을 한꺼번에 2,000명 증원한다는 정책을 발표했다. 찬성 8할, 반대 2할이라는 국민 여론을 업고 의료계를 강하게 압박하며 총선을 2개월 앞두고 선거전에도 이용하고 있다. 그들이 정책을 밀어붙이는 방식은 군사 작전을 방불케 한다. OECD 자료를 앞세워 의사 숫자가 인구 1,000명당 최하위인 2.51명(OECD 평균 3.6명)이라는 사실만으로 언론도 국민도 열렬히 지지하는 모양새다. 그러나 이 주장에 잘못된 부분도 많다는 사실이 알려지면서 의료계의 입장을 이해하는 여론도 늘어나고 있다.

여기에 두 가지 고려 사항이 빠졌다.

첫째, 우리나라는 의사 통계에 들어가지 않는 한의사가 존재한다. 의사는 13만 5000명, 한의사는 2만 7000명이다. 이 둘을 더하면 16만 2000명이다. 이를 인구 5174만으로 나누고 1,000명 단위로 환산하면 3.13명이다. OECD 평균보다는 여전히 적지만, 터무니없이 적은 수준은 아니다.

둘째, 의사 수와 의료 서비스가 얼마나 비례하느냐는 문제다. 오스트리아(5.32명), 스페인(4.58명), 리투아니아(4.48명), 독일(4.47명), 스위스(4.39명), 이상은 인구 1,000명 의사 수가 많은 순위다. 그런데 이 국가들의 의료 서비스는 2024년 OECD 기준 각각 10위, 7위, 16위, 23위, 20위에 그친다. 결론적으로 의사 숫자와 의료 서비스는 상관관계는 있지만, 인과 관계는 없다. 우리나라의 의사 수가 적지 않음에도 적다고 연일 몰아붙이지만, 의료 서비스 순위가 아시아 태평양 1위, 세계 2위라는 사실은 경이적인 일이다. 이는 세계 최고 수준의 건강 보험 제도와 전국 의사의 헌신이 결정적 역할을 했기 때문이다.

많은 상급 종합 병원은 법정 공휴일과 토요일에 외래 진료가 없지만, 중소 병원과 개인 의원은 토요일에도 병원 문을 열어 놓고 환자를 진료하고 있다. 정부가 매해 어떻게 하면 공휴일을 더 만들까 궁리하는 와중에도 병원은 24시간 진료 체계를 유지하며 아픈 환자를 돌본다. 명절에도 당번을 정해 병원을 열어 놓는다.

　의사 협회의 주장대로 소아과, 산부인과, 외과 같은 필수 의료의 진료비는 입법을 통해 건강보험공단에서 획기적으로 인상해야 한다. 더는 의사의 소명 의식과 직업 선택의 자유에 맡겨서는 안 된다. 1989년 열린 전 국민 의료 보험 시대는 아픈 이에게 병원 문턱을 낮추는 획기적인 계기를 마련했다. 이전까지 인기를 누리던 외과는 의대 졸업생에게 비인기과로 전락했으나, 소명감에 불타는 젊은 의사들은 사람을 살리는 일에 긍지를 갖고 외과 지원을 주저하지 않았다. 소유보다 행함에 가치를 두는 뜻 있는 젊은 의사들은 흉부 외과나 외과를 비롯한 필수 의료 분야에서 자긍심을 갖고 보람을 느끼며 일했다. 전 국민 의료 보험이 시행된 지 35년이 지난 지금, 급여 시스템에 큰 변화는 없었지만, 의료 시스템에 많은 변화가 있었다. 국가 경제 규모가 수백 배 팽창했으나 의료 보험 수가는 그에 걸맞게 인상되지 않았다. 그러다 보니 의료계에서는 비보험 진료를 통한 수입 창출이 기하급수적으로 늘어나고 유망한 인재가 피부과, 성형 외과, 안과, 재활의학과로 몰려 갔다. 필수 의료 분야를 지원하는 젊은 의사가 급격히 줄어들었다. 거기다가 의료 사고에 대한 가혹한 형벌이 입법되면서 걸핏하면 의사를 구속해 실형을 살게 했다. 이제는 필수 의료 분야에 사람들이 앞다투어 가도록 만들어야 한다. 동서고금 어디서나 사람은 이익과 소명 의식이 합치할 때 가장 열심히, 신바람 나게 일한다.

　김대중 정부의 도농 건강 보험 일원화, 노무현 정부의 중증 환자

본인 부담 경감 등도 재정 문제가 제일 큰 난관이었지만, 슬기롭게 잘 극복했다. 이번에도 정부와 의사가 머리를 맞대면 얼마든지 해결할 수 있다. 의료 서비스 세계 2위에서 다시 세계 1위로 올라서서 10년 이상 왕관을 유지하는 것도 가능하다.

전공의는 정신적으로나 육체적으로나 극한 직업에 속한다. 주 52시간이 지켜지지 않는 유일한 직종이며, 주 80시간 근무가 일상이다. 특히 코로나19 범유행 때 그들과 간호사의 헌신이 없었으면 피해가 얼마나 더 컸을지 상상만 해도 끔찍하다. 그만큼 그들은 혹사당했고, 사명감으로 자신을 채찍질하면서 일했다. 감사할 일이다. 그랬던 전공의 대부분이 이제는 사직서를 던졌다.

전공의는 극한의 힘든 일을 하면서 필수 의료에 꼭 필요한 기술과 상황 대처를 배운다. 그렇지만 일의 강도는 전공의 4년 동안 같지 않다. 처음에는 위기에 처한 환자 곁을 밤낮없이 지키지만, 연차가 올라갈수록 그 강도가 줄어들고 4년 차가 되면 하급 전공의를 지도하는 입장에 선다. 이렇게 전문의가 된다. 정부는 전공의가 떠난 상급 종합 병원이 정상으로 돌아가지 않으니 30~40퍼센트 되는 전공의 의존도를 줄이고 전문의로 채우겠다고 한다. 밤샘 당직을 하는 의사는 전공의가 맞다. 그러나 전공의는 평생 전공의가 아니다. 배우는 시기에 일시적으로 거쳐 가는 위치다. 전공의를 평생 하라고 하면 못한다. 그런데도 정부는 전문의를 늘려서 활력 징후가 흔들리는 환자 옆에서 잠 안 자고 날밤을 새우게 하겠다는 탁상공론을 하고 있다.

의과 대학 학생과 전공의가 떠난 의료계에서는 이 현장을 지키면서 불리한 여론과 잠재적 범법자 취급에 맞서 여론전을 펼치고 무엇을 개혁하고 무엇을 손대지 말아야 할지, 정부부터 법을 지키라고, 고등 교육법 34조의 5항과 6항을 따르라고 주장해 왔지만 정부는 그때마다 이치에 맞지 않는 안을 내놓곤 했다. 대학 입시안은 3년 전에 확정해서 중3부터 적용해야 하고, 대학교는 그에 따라 2년 6개월 전에 입시안을 확정해야 한다. 그 어떤 정책보다 교육 정책은 예측 가능성과 준비 기간이 필요하기 때문이다. 그에 맞추어 각 대학은 대학 정원도 2년 6개월 전에 확정하고 고시해야 한다. 그러니까 의대생 증원은 3년 후인 2027년부터 적용해야 한다.

정부와 의사와 대학 당국이 서로를 적으로 생각하지 말고, 서로의 선의를 존중하고 조정하여, 세계적인 자랑거리인 한국의 의료 황금닭을 더 키우는 데에 초점을 맞추면, 한층 좋은 제도를 정착시킬 수 있을 것이기 때문이다.

마지막으로 하나 보탤 것이 있다. 윤석열 정부의 연구 개발비 5조 원 삭감과 복지·노동 분야 예산 16조 원 증액이다. 연구 개발비는 2023년 31조 원에서 2024년 26조 원으로 줄었지만, 복지 예산은 226조 원에서 242조 원으로 늘었다.

교육 연구 생태계의 가장 하위 집단인 이공계 대학생, 대학원생이 연구 과제가 졸지에 취소되거나 대폭 축소되어 실험 실습비가 대폭 깎이면 무슨 재미와 무슨 희망으로 공부할까? 그렇지 않아도 인재가 쏠렸는데, 고등학생들은 또 어디로 진학할까? 더구나 의대 정원이 2,000명이나 늘어나면 그쪽으로 인재가 몰릴 것임은 불을 보듯

뻔하다. 아마 명문대 재학생이나 졸업생 중에도 의대로 적을 옮기는 사람이 속출할 것이다. 심지어 회사에 잘 다니던 사람들도 직장을 그만두고 N수생의 대열에 끼어들 것이다.

새로 들어설 정부는 겸손한 자세로 세계 최고 한국 의사들이 사명감과 이익을 일치시켜 초격차로 세계 1위로 올라서서 10년 20년 승승장구할 수 있도록 의료 제도를 마련해 주길 바란다. 의대생과 전공의, 의대 교수도 이제 손과 발과 몸으로가 아닌 말과 글로써 정부와 국민을 설득해야 한다. 이 어려운 상황에서도 꿋꿋하게 자리를 지키며 여전히 세계 최고 수준의 의료 서비스를 제공하는 분들이 있기에 이 나라는 오늘도 굴러가며 전진하고 있다.

* 이 글에 이용한 많은 자료를 제공해 준 고등학교 퇴직 교사인 친구 최성재 선생에게 감사한다.

아름다운 마무리

지금껏 살아오면서 선택을 내려야 하는 순간을 계속해서 경험했다. 청년기에는 의사로서 전공 과목 선택이 큰 결단을 요했고, 그 이후의 선택은 비교적 쉬웠다. 정년을 1년 앞두고서 조기 퇴직이란 쉽지 않은 결정을 해야 하는 순간이 왔다. 외과를 선택할 때는 고민하고 기도하면서 선택했기에 전공의 시절 고된 시련에도 흔들리지 않고 전 과정을 마칠 수 있었다. 그 이후 외과 의사, 의과 대학 교수로서 자긍심을 가질 만큼 일했고 성취도 얻었으며 누린 것도 많았다.

2024년 2월 16일, 윤석열 정부는 느닷없이 의대 입학 정원을 2,000명 증원한다고 발표했다. 이에 학생은 휴학, 전공의는 사직으로 저항하자 학교 강의실은 텅 비었다. 전공의들이 없으니 교수들이 그들이 하던 일을 도맡았고 배우면서 일하던 마취과 전공의가 없으니 수술을 반으로 줄여야 했다. 교수들에게 진료받은 후 수술 일정을 서너 달 뒤로 잡을 수밖에 없어 암 환자들은 두려움에 떨며 기다리고 있다.

강의실에서 강의와 병원 내 거의 모든 집담회가 취소되어 병원에 실습 나온 학생과 전공의 교육이 중단되었다. 의사 협회나 전국 교수 협의회 간부들은 집단 휴진으로 정부에 맞서 대항해 왔으나 70~80퍼센트의 여론 지지를 등에 업고 정부는 요지부동으로 정책을 밀고 나아갔다. 서울 대학교를 비롯한 5대 대학 병원에서 앞장서서 대안을 제시해도 윤석열 정부는 흔들리지 않고 오히려 병원을 나간 전공의들을 더 강한 어조로 협박하며 밀고 나갔다. 의료계는 집단 우울증에 빠진 채 몇 달이 흘렀다. 이 답답한 현실에 어떻게 대처해야 하느냐를 계속 고민했지만, 나로서는 환자를 지키는 것 외에 할 수 있는 일이 없었다.

5년 전부터 본과 2, 3학년을 상대로 '의사와 문학 그리고 예술'이란 전공 선택 과목을 개설해 인문학 강의에 나름 열의를 다해 왔다. 옆을 돌아볼 겨를 없이 밤낮 의학 공부에 매달리는 학생에게 잠시 눈을 들어 자신을 돌아보고 미래를 어떤 모습으로 살아갈 것인가를 살펴보고 환자에게 어떻게 다가가야 하는가, 어떤 말로 이들과 대화하는 것이 좋겠는가 생각하는 시간을 갖도록 하고 싶었다.

나는 문학을 통해 스스로 성찰하는 교육 방법을 선택했다. 수업의 절반은 의료와 관련된 인문 고전을 선정해 독서 후 발표하며 학생 간에 질의 응답하는 토론 수업이고, 나머지 절반은 문학과 예술 분야에서 저명한 외부 강사들의 강의로 이루어져 있다. 의과 대학에 이런 수업이 있다는 것이 매우 신선하고 가치 있는 시간이라 생각했다. 학생들의 학기 말 강의 평가와 설문 조사에서도 나름 의미 있는 시간이었음을 확인할 수 있었다. 그러나 고등학교와 대학교 기간을 코로나19 범유행 속에서 지내 온 학생들은 말을 시켜도 입을 닫았고 수업이 이전만큼 역동적이지 않아서 힘이 빠졌다. 많은 의료인은 의대 교육 부실과 역량 미달 의사의 양산이 지금까지 일군 세계 최고 수준의 의료 시스템을 무너뜨리는 결과를 낳을까 우려하며 저항하고 있다. 이게 나중에 복지 수준의 강화로 국운이 융성하는 계기가 될지, 의료계의 재앙이 될지 지금으로선 장담할 수가 없다.

이런 상황에서 의욕 없이 의과 대학 교수이자 상급 종합 병원의 외과 의사로서 마지막 1년을 채우는 것이 무슨 의미가 있을까 회의감이 들었다. 원래는 정년을 채우지 않고 퇴직하리라는 생각은 조금도 하지 않았다. 정년 후 요양 병원으로 자리를 옮기는 것보다는 내 역량을 활용 가능한 병원에서 더 일할 수만 있다면 가치가 있으리라 생각해 왔다. 이럴 때 외과 의사로서 나의 활동을 인정하고 좋게 평가해 준 개인 종합 병원 원장에게서 초빙 제안이 와, 여러모로 고민하다가 감사히 받아들이기로 했다. 30년 근무한 대학교에서 영예롭게 퇴직할 수 있기를 바라며 명예 퇴직을 신청했으나 거절되었다.

지금까지 살아오면서 오랜 가치 기준인 『성경』에서 일러주는 삶의 이치와 향교에서 4년간 사서(四書) 원전 강독을 들으면서 다져진 가치들을 곱씹어 보게 되었다.

미가 6장 8절에서 선지자 미가는 이렇게 말했다.

"사람아 주께서 선한 것이 무엇임을 네게 보이셨나니, 여호와께서 네게 구하시는 것이 오직 공의(公儀)를 행하며, 인자(仁慈)를 사랑하며, 겸손(謙遜)히 네 하나님과 함께 행하는 것이 아니냐."

『대학(大學)』서두의 「대학장구서(大學章句序)」에서는 "대학지도 재명명덕 재신민 재지어지선(大學之道 在明明德 在親民 在止於至善, 대학의 도는 밝은 덕을 밝히고, 신민을 새롭게 하며, 지극한 선에 이르는 데 있다.)"이라고 했다. 공자는 "견리사의 견위수명(見利思義 見危授命, 이익에 직면하면 의로움을 생각하고, 위험에 직면하면 목숨을 던질 각오로 책임을 다한다.)"이라고 했고 맹자는 '호연지기(浩然之氣)'를 지고한 가치로 여겼다. 나는 여기 열거한 『성경』 구절과 동양 고전의 이 가치를 청년 시절부터 가슴에 새기고 외과 의사로서 살아 왔다.

미가 선지자의 권면은 환자 가족으로 인연을 맺은 조각가에게 의뢰해 나무판에 새겼고, 대학장구서의 문구는 마찬가지로 보호자로 인연을 맺은 유명 서예가 석대(石帶) 송석희(宋錫熙) 선생님께 횡액(橫額) 작품으로 주문해 거실에 걸어 놓고 있다. 나의 피와 뼛속에 녹아 흐르는 핵심 가치들이다. 미가 권면의 핵심은 '공의, 인자, 겸손'이다. 사서의 가르침은 '도, 신민, 선, 의'를 담고 있다. 맹자의 '호연지기'는 내 안에 옳음을 가득 채워 놓으면 외부에서 어떤 풍파가 몰려와도 흔들리지 않는다는 것이다. 선지자들은 상황에 따라 구체적인 지침을 제시하지 않는다. 대신 총론과 방향성을 제시한다. 조기 퇴직을 결정하고 대학 당국과 마지막 정리를 진행하는 과정에서 이 결정이 마음에 새겨 왔던 가치와 부합하느냐로 충돌이 일어났다.

오랜 친구 J 변호사에게 자문을 구했다. 그는 부산 지방 법원 부장 판사를 끝으로 변호사로 20여 년간 활동해 왔다. 나는 그가 법원에 계속 남아 있었다면 대법관은 했으리라 생각할 정도로 그의 명석하고도 올곧은 판단을 믿어 왔다. 나의 예상과는 달리 그의 의견은 단호했다. 그는 나와 마찬가지로 『성경』에서 말하는 '공의'와 공자의 '견리사의 견위수명'에서 의(義)의 의미를 근원적으로 해석해 보려 했던 자신의 고민을 풀어 놓았다. 구약의 선지자들이 히브리 어와 헬라 어로 기록한 근원적인 의란 무엇을 뜻하는가? 공자가 말하는 사사로운 이익과 '의'가 충돌할 때 나는 어떻게 행동할 것인가? 또 지금까지 어떻게 행동해 왔는가? 서예, 도예 작품으로 만들어 머리맡에 두고 있는 이 구절들은 어려울 때마다 그의 결정에 지침이 되는 가치였다는 고백을 한 바 있다. 이건 인간이 어떤 상황에서 어떻게 판단하고 행해야 하는지를 알려 주는 옛 선각자들의 지혜로운 지침이다.

그는 자신이 늘 되새겨 왔던 명제와 함께 내가 살아온 모습을 옆에서 봐 왔기에 하는 충고라며 "마지막 1년까지 봉사를 다 하고 나오라."라고 했다.

"의료계가 큰 혼란에 빠진 이 어려운 시기에, 말이나 글로 저항하거나 행동하는 것이 아니라 학생, 전공의, 그리고 환자를 끝까지 지킨다는 것 자체가 무엇과도 바꿀 수 없는 소중한 가치다. 우선은 나 자신에게, 다음은 은혜를 입은 기관에, 마지막으로 학생과 전공의 제자들에게 그렇다.

국가 의료 체계가 흔들리는 이 시점에 의과 대학 교수이자 대학 병원의 외과 의사로 재직 중이라는 사실은 대단히 중요한 특권이다. 교수로서, 그리고 외과 의사로서 대학과 병원에서 끝까지 임무를 다하고 박수를 받으며 정년 퇴임으로 퇴장하는 것은, 눈앞의 사사로운 이익보다 훨씬 더 지고한 가치가 있다."

그는 이렇게 단호하게 충고했다.

그날 밤 다시 돌아보니 잊고 있던 것들이 드러나기 시작했다. 짙은 안개가 순식간에 걷히는 듯했다. 휴학한 학생과 사직한 전공의들의 아픔이 눈에 들어왔다. 사태 초기에 의사 협회나 전국 의과 대학 교수 협의회 대표들은 학생들과 전공의들의 행위를 지지한다는 성명서를 언론을 통해 연일 발표했다. 그러나 학생이나 전공의들과 뜻을 같이했지만, 교수들은 환자를 외면할 수 없었다. 병원을 지키며 여건이 허락하는 한 진료와 수술을 이어갔다. 마취가 제한적으로 이루어지니 외과 교수들끼리 수술 예약 경쟁을 해야 했다. 외과의 가장 연장자로서 수술 날 첫 스케줄로 우대받던 나 역시, 수술 위원회와 외과 회의를 거쳐 일주일 중 오직 오후 반나절만 수술할 수 있도록 허락받았다. 수술을 위해 찾아오거나 의뢰 받은 환자들에게는 양해를 구하며 두세 달 후로 예약을 잡아 주었다. 암 환자들은 특별히 마취과나 외과 내의 다른 교수들에게 양해를 구해 좀 당겨 예약하기도

했다. 의대생과 전공의 및 교수들이 낸 의대 증원 집행 정지 소송은 고등법원에서 기각 및 각하되었으며, 대법원에 상고했지만 고등법원 판결이 그대로 확정되었다. 이에 따라 2025년 의대 정원은 1,509명을 증원해 총 4,567명으로 늘어난 입학 전형 계획이 확정되었다.

법적으로 완결된 의대 증원 결정으로 학생들과 전공의들은 휴학과 사직이라는 희생이 무의미해졌고, 앞으로 나아갈 길을 잃었다. 강의실과 병원으로 복귀할 명분이 없다. 학생들은 교수들에게 원망 섞인 시선을 보내기도 한다. 자신들이 행동에 나섰을 때 교수들이 병원 진료를 중단하며 함께 연대하지 않았기에, 정부가 학생과 전공의들을 지속적으로 압박하며 정책을 강행할 수 있었다는 불만에서다. 이 사태가 어떻게 종결되고 학생과 전공의 들이 언제 복귀하게 될지는 아무도 모른다. 백성들에게 선정을 펼친 요순 임금이 그리워진다.

의료계와 의과 대학에 닥친 이 절체절명의 위기를 외면하고 퇴장하는 것은 책임 있는 자세가 아니라는 자각이 생겼다. 언제가 될지 모르지만, 학생들이 돌아오면 그동안 밀린 인문학 강의로 마지막 소임을 다하고 전공의들이 돌아오면 교수들과 함께 이른 새벽에 이루어지는 전체 집담회에서 저들의 발표에 때로는 비판적, 때로는 격려성 논평을 해 주리라. 내게 배당되는 강의 시간에는 외과 의사로서 경험과 지식과 지혜를 들려주고 떠나리라. 필수 의료를 지키기 위해 밤새 필수 의료과를 지켜야 하는 외과 전공의들이 과연 다시 돌아올 수 있을지에 대한 우려는 여전하지만 말이다.

이런 상황 속에서 국가, 의료계, 학생 및 전공의 들에 대한 내 생각을 더욱 깊이 돌아볼 기회를 J 변호사는 내게 열어 주었다. 선택의 갈림길에서 내가 지켜야 할 가치는 지금의 사익이 아니라 공의를 우선으로 하며 의과 대학 교수직을 마무리하는 것임은 분명하다. 정년 퇴직으로 함께 고락을 나눈 동료 직원들의 갈채를 받으며 정문으로 퇴장하는 것이, 나 자신뿐만 아니라 나를 가까이서 지지해 준 아내와 자녀들에게도 영예로운 일이리라. 또한, 나를 신뢰하며 성원해 준 수많은 환자에게도 떳떳할 것이다.

정년으로 아름다운 마무리 후에도 심신이 허락한다면 손길을 필요로 하는 곳에서 그날까지 외과 의사로 머물고 싶다.

맺음말: 그게 인생이지

인턴 시절부터 수술을 배우고 환자들과 고락을 함께하며 20년간 기록한 일기장을 「외과 의사 노트」라는 제목으로 정리해 민음사에서 처음 공모한 '올해의 논픽션상'에 응모했다. 기대하지 않았는데 우수상에 당선되어, 2003년 『나는 외과 의사다』라는 이름으로 출판되었다. 책 제목은 편집장의 제안이었는데, 내로라하는 선배 외과 선생님들의 시선을 의식해 처음에는 수용할 수 없다고 했다. 그러나 책 내용이 '다른 사람은 경제 논리를 앞세워 피부과, 안과, 성형 외과를 하더라도 나는 행함으로 최고의 가치를 구현하는 외과 의사다.'라는 선언적 의미를 담고 있기에 더도 덜도 아닌 적절한 제목이라는 그의 설득에 결국 수용했다.

그로부터 다시 20여 년이 지나 나는 이제 정년을 몇 달 앞두고 있다. 외과 수련을 시작할 때나, 20년 전 책을 쓸 때나, 그리고 지금도 의료 환경의 왜곡은 크게 달라지지 않았다. 피부 미용으로 시선을 돌리는 젊은 의사가 늘어나면서 고되고 보상을 누리지 못하는 외과를 비롯한 필수 의료를 꿈꾸는 젊은이들은 상대적으로 더욱 줄어들게 되었다. 의대 정원 증원을 둘러싼 의정 갈등이 1년 이상 지속되어 필수 의료의 한 축인 외과 수련 시스템이 더욱 악화되는 현실이 가슴 아프다.

의과 대학에서는 학생들이 머리를 싸매고 공부해도 벅찬 학사 일정을 중단하는 모습, 그리고 환자 곁에서 배운 지식을 적용하고 때로는 밤을 지새우면서 절체 절명의 환자들을 구해 내야 할 젊은 의사들이 허송세월하는 모습을 지켜보아야 했다. 한편으로는 지난해와 올해 입학한 학생들을 동시에 교육해야 하는 상황을 맞아, 6년간의 학사 일정을 어떻게 소화할지 머리를 싸매고 고민하고 있다. 이들은 모두 의술을 배우고 익혀 우리나라 의료를 이끌고 가야 할 인재들이다.

병원이 정상적으로 돌아갈 때는 매주 이른 아침 학생과 전공의, 그리고 교수들이 함께 외과 전체 집담회를 가졌다. 이 집담회는 환자 진료와 연구를 주제로 발표하고 비판을 주고받으며 더 나은 방향을 모색하는 자리였다. 학생과 전공의는 이 과정을 통해 배웠고, 교수 역시 자신의 궤도를 점검하고 수정하며 의술을 발전시켜 왔다. 그러나 이 집담회도 의정 갈등 이후 1년 넘게 중단된 상태다. 이제는 전공의가 복귀해도 집담회가 정상적으로 회복될 수 있을지 의문이다.

　의료 시스템이 정상적이었을 때 우리는 스스로 자긍심을 가지며 외국에서도 부러워할 만큼 우수한 의술로 신속히 환자들을 치료해 왔다. 그러나 이제는 중한 질환으로 진단받고 곧바로 수술받지 못해도 운명으로 받아들이며 기다리는 것이 일상화되었다. 이런 상황을 묵묵히 견디는 환자들을 바라보며 고마움과 더불어 미안한 마음을 지울 수 없다.

　살아오면서 원래 계획한 대로 되지 않을 때가 더 많았다. 때로는 일이 틀어지면서 오히려 뜻밖의 행운을 얻기도 했다. 피할 수 없는 상황에 처했을 때 우리는 흔히 "이 또한 지나가리라."라는 말로 현재를 허허롭게 받아들이고 미래에 희망을 걸곤 한다. 자연 재해처럼 누구의 잘못도 아닌 불가항력 앞에서는 이 말이 위안이 되기도 한다. 그러나 상대로부터 부당한 대우를 받았다고 느낄 때는 울분이 더욱 깊어지기 마련이다. 살아가다가 불가피한 상황을 받아들이는 태도를 프랑스 어로는 "세라비(C'est la vie)", 곧 "그게 인생이지."라고 표현한다. 그래도 낙담하며 앉아 있기보다는 한 걸음 물러서서 탈출구를 모색하는 것이 우리의 인생이 아닐까?

후주

의과 의사 인생의 전환점

1. Pringle, James H. "Notes on the Arrest of Hepatic Hemorrhage Due to Trauma." *Annals of Surgery*, vol. 48, no. 4, 1908, pp. 541-549. https://doi.org/10.1097/00000658-190810000-00005.

2. Rudiger, H. A., K. J. Kang, D. Sindram, H. M. Riehle, and P. A. Clavien. "Comparison of Ischemic Preconditioning and Intermittent and Continuous Inflow Occlusion in the Murine Liver." *Annals of Surgery*, vol. 235, no. 3, 2002, pp. 400-407. https://doi.org/10.1097/00000658-200203000-00012.

간암 유전자를 찾아서

1. Ju Dong, Yang, Seol So-Young, Leem Sun-Hee, Kang Koo Jeong, et al. "Genes Associated with Recurrence of Hepatocellular Carcinoma: Integrated Analysis by Gene Expression and Methylation Profiling." *Journal of Korean Medical Science*, vol. 26,

no. 11, 2011, pp. 1428-1438. https://doi.org/10.3346/jkms.2011.26.11.1428.
2. The Cancer Genome Atlas Research Network. "Comprehensive and Integrative Genomic Characterization of Hepatocellular Carcinoma." *Cell*, vol. 169, no. 7, 2017, pp. 1327-1341. https://doi.org/10.1016/j.cell.2017.05.046.
3. ICGC/TCGA Pan-Cancer Analysis of Whole Genomes Consortium. "Pan-cancer Analysis of Whole Genomes." *Nature*, vol. 578, no. 7793, 2020, pp. 82-93. https://doi.org/10.1038/s41586-020-1969-6.

인생은 짧고 의술은 길다

1. 고대 로마 시인 퀸투스 호라티우스 플라쿠스(Quintus Horatius Flaccus)의 『송가(*Odes*)』 중 "현재를 잡아라, 가급적 내일이란 말은 최소한만 믿어라. (*Carpe diem, quam minimum credula postero.*)"에서 발췌한 경구다.

명의보다 명(名)시스템의 시대

1. Keun Soo, Ahn, Kang Koo Jeong, et al. "Benefit of Systematic Segmentectomy of the Hepatocellular Carcinoma: Revisiting the Dye Injection Method for Various Portal Vein Branches." *Annals of Surgery*, vol. 258, no. 6, 2013, pp. 1014-1021. https://doi.org/10.1097/SLA.0b013e318281eda3.

수술보다 어려운 싸움

1. Reason, James. "Education and Debate. Human Error: Model and Management." *British Medical Journal*, vol. 320, no. 7237, 2000, pp. 768-770. https://doi.org/10.1136/bmj.320.7237.768.

치유의 예술

1. Tae-Seok, Kim, Yang Kwangho, et al. "Surgical Outcome and Risk Scoring to Predict Survival After Hepatic Resection for Hepatocellular Carcinoma with Portal Vein Tumor Thrombosis." *Annals of Hepato-Biliary-Pancreatic Surgery*, vol. 28, no. 2, 2024, pp. 134-143. https://doi.org/10.14701/ahbps.24-048.

외과 의사, 역량의 절정기는 언제일까?

1. Willius, Fredrick A., editor. *Aphorisms of Dr. Charles Horace Mayo and Dr. William James*

Mayo, Mayo Foundation, 1997.
2. Waljee, Jennifer F., Lazar J. Greenfield, Justin B. Dimick, and John D. Birkmeyer. "Surgeon Age and Operative Mortality in the United States." *Annals of Surgery*, vol. 244, no. 3, 2006, pp. 353–362. https://doi.org/10.1097/01.sla.0000234803.11991.6d.

의사와 전문가 정신

1. Berian, Julia R., Clifford Y. Ko, and Peter Angelos. "Surgical Professionalism: The Inspiring Surgeon of the Modern Era." Annals of Surgery, vol. 263, no. 3, 2016, pp. 428-429. https://doi.org/10.1097/SLA.0000000000001425.
2. 박소영, 「의사, 전문직 중 대국민 신뢰도 '1위'」,《의협신문》, 2017년 1월 24일, www.doctorsnews.co.kr/news/articleView.html?idxno=115060.
3. 김선경, 「악마화된 젊은 의사들… 그들이 바라보는 현 사태는」,《메디컬타임즈》, 2024년 7월 2일, www.medicaltimes.com/Main/News/NewsView.html?ID=1159458.

한국의 의료 황금닭을 더 키우려면

1. "Best Specialized APAC Hospitals 2024." *Newsweek*, rankings.newsweek.com/best-specialized-apac-hospitals-2024.
2. Numbeo. "Health Care Index by Country 2024." *Numbeo*, 2024, https://www.numbeo.com/health-care/rankings_by_country.jsp?title=2024.

그날까지 외과 의사
차트에 담지 못한 기록들

1판 1쇄 찍음 2025년 6월 10일
1판 1쇄 펴냄 2025년 6월 20일

지은이 강구정
펴낸이 박상준
펴낸곳 (주)사이언스북스

출판등록 1997. 3. 24.(제16-1444호)
(06027) 서울시 강남구 도산대로1길 62
대표전화 515-2000, 팩시밀리 515-2007
편집부 517-4263, 팩시밀리 514-2329
www.sciencebooks.co.kr

ⓒ 강구정, ㈜사이언스북스, 2025. Printed in Seoul, Korea.

ISBN 979-11-94087-29-8 03510